広島・長崎への原爆投下再考

日米の視点

Kimura Akira　Peter J. Kuznick
木村　朗／ピーター・カズニック　著

Norimatsu Satoko
乗松聡子　訳

法律文化社

　　　　　　はしがき

　2010年は原爆投下から65年目になる。オバマ米政権下で核軍縮機運が高まる中、5月にはニューヨークで核不拡散条約（NPT）再検討会議が開催された。2009年1月に「チェンジ」を掲げて登場した米国のオバマ大統領は、プラハで同年4月に行った演説で「米国は、核兵器国として、そして核兵器を使ったことがある唯一の核兵器国として、行動する道義的責任がある」と語り、「核兵器のない世界」の実現に言及した。国連本部で2010年5月7日に開かれたNPT再検討会議で、日本原水爆被害者団体協議会（日本被団協）を代表して被爆者の谷口稜曄さん（長崎市在住、81歳）は「核兵器がなくなるのを見届けなければ、安心して死んでいけません」と訴えた。しかし、被爆者を中心とする多くの人々が期待したような十分な成果を得られたとは必ずしもいえない。

　この「核兵器のない世界」を実現する上で、最大の障害になっているのが「核抑止論」、すなわち核兵器の相互保有による「恐怖の均衡」によって国家間の戦争を回避して平和や安全を維持するという「核抑止」や「拡大核抑止」という考え方である。また、それと表裏一体の関係にあるのが、早期終戦と人命救済による原爆投下の正当化、つまり原爆投下は日本の早期降伏を実現し米軍による本土上陸作戦が行われた場合の日米双方の多大な人的犠牲を回避するためであったとする、いわゆる「原爆神話」だ。

　日米両国間において、20世紀（あるいは第二次世界大戦と冷戦）最大の負の遺産ともいえるのが、この原爆投下の是非をめぐる米国の戦争責任の問題である。戦後アメリカは、早期終戦・人命救済の観点から原爆投下を一貫して正当化してきたが、情報公開の進展とそれに基づく米国の研究者・ジャーナリストなどによる原爆投下決定過程の批判的見直しが進んだ結果、米国内の世論も少しずつ変わりつつある。しかし、基本的には多くの一般の米国民は「原爆神話」と「核抑止論」の呪縛から逃れられていないのが現状だ。国際社会からの

絶大なる期待を受けて登場した現オバマ政権の新しい核戦略・核兵器政策においても、核先制使用戦略を打ち出した前ブッシュ政権と同じく、「核抑止力」を前提とした危険な発想・考え方から脱却できていないことは明らかである。

一方、日本政府も、戦後一度も原爆投下の責任問題を正式に米国に提起しなかったばかりでなく、むしろ「原爆神話」を容認するかのような消極的な対応・姿勢に終始してきた。そして、日米安保体制の下での「核の傘」に安住してきたこともあって、日本が「唯一の核攻撃被害国」（「唯一の被爆国」という言葉は適切ではないので用いない）でありながら、本当に説得力のある核廃絶の訴えがこれまでできていないという実情がある。そして、久間章生元防衛大臣の「（原爆投下は）しょうがない」という発言（2007年6月）に見られるように、政治家を含む少なからぬ日本国民も、米国同様、「原爆神話」と「核抑止論」の呪縛から逃れられていないというのが実情ではないだろうか。

オバマ政権となっても核攻撃の抑止を核兵器の「唯一の目的」とする方針は見送られる一方で、核兵器の先制使用政策を依然として放棄しようとはしていない。その米国が近い将来において朝鮮半島や中東地域などで核兵器を再び使用し、それを日本が全面的に支持するというような最悪の事態が発生するのを防ぐためにも、日米両国およびアジア諸国を含む世界全体が、政府・市民のそれぞれのレベルにおいて、原爆投下問題についての共通認識を早急に確立することが求められていると思われる。

本書の共同執筆者であるピーター・カズニック氏（アメリカン大学・歴史学教授、核問題研究所所長）は、マンハッタン計画に積極に関わってきた科学者の責任や米国の核抑止戦略を研究し、理論面ばかりでなく運動・実践の分野においても真正面から追及してきた気骨のある平和研究者・平和活動家であると同時に、1995年の原爆投下50年を契機に、毎年多くの学生を引率して広島・長崎を訪問して平和学習を行っている熱心な平和教育者でもある（第Ⅲ部を参照）。

特に注目されるのが、次の二つの活動にカズニック先生が積極的に関わられたことである。

その一つは、1995年に米国のワシントン郊外の国立スミソニアン航空宇宙博

物館が予定していた、広島への原爆投下機「エノラ・ゲイ」の機体と、犠牲者の遺品など広島・長崎の原爆被災資料の同時展示が、カズニック先生たち歴史家の激しい抗議行動がなされたにもかかわらず、退役軍人の会などの強い反対で中止になった際に、スミソニアン博物館に展示を計画していた被災資料の一部を展示してもらえないかとの広島・長崎両市の関係者からの打診を受けて、被爆50周年に合わせた、日本以外では唯一の原爆展をアメリカン大学で開催されたという事実である。

　また、もう一つは、その8年後の2003年12月15日に、国立スミソニアン航空宇宙博物館別館で、同じく「エノラ・ゲイ」が日本にもたらした原爆被害について説明せずに単に「すばらしい技術的成功」として展示された際にも、カズニック先生らが中心となって「核の歴史と現在の政策に関する全国的議論のための委員会」を組織し、日本の被爆者たちにも呼びかけたうえで、「エノラ・ゲイ」公開にあわせて日本から数人の被爆者を含む人々が訪米してともに要請・抗議活動を行うとともに、原爆展示のあり方、原爆投下の正当性の是非、現在のアメリカの核政策などの問題についてアメリカの市民との対話集会を開催するなどの活発な活動をされたことである。

　このようなカズニック先生の平和研究・平和運動・平和教育が一体となった生き方に、私も強い共感を覚えている。そのカズニック先生（第Ⅱ部）と私（第Ⅰ部）の広島・長崎への原爆投下に対する認識には、もちろん細部の違いはあるとはいえ、原爆投下は軍事的に不必要だっただけでなく、戦争を長引かせて日米双方の犠牲者を拡大したこと、また原爆投下を米国側の戦争犯罪として一方的に糾弾するのではなく、日本側にもその責任が問われなくてはならないこと、などかなりの部分で一致していると思われるかもしれない。もしそうであるとするならば、それは、「原爆投下の歴史について米国人を教育することは非常に重要なことだが、困難なことでもある」（ヒロシマ平和メディアセンターのHPにある「ヒロシマと世界」：原爆投下・核抑止力「容認」を覆す被爆証言の力、2010年6月28日）とのカズニック先生の重要な指摘が、そのまま日本にも当てはまると私が感じているからだと思う。

本書が、日米両国において、過去における日本への原爆投下と現在・未来における核兵器使用を肯定・容認するものとそれを否定・克服しようとする相対立する二つの流れ・考え方がせめぎ合っている現状において、広島・長崎への原爆投下の意味を改めて考え、ともに核廃絶の展望をひらくための一助になるならば、それは私たちにとって望外の喜びである。

　2010年8月（原爆投下65年目の夏を迎えて）

共同執筆者　木村　朗

目　次

はしがき

第Ⅰ部　日本側の原爆投下認識　　　　　　木村　朗

序　論　原爆投下問題への日米共通の視点・アプローチを求めて …… 3

第1章　"原爆神話"からの解放を目指して ………………………………… 14
　　　　──長崎原爆と重慶爆撃への視点を中心に

第2章　原爆（核兵器）と劣化ウラン兵器の禁止・廃絶を求めて …… 38

補　論　「原爆神話」に関するインタヴュー記事・講演録・書評等 …… 52

　1　今こそ「原爆神話」の解体を！ …………………………………… 52
　　　　──鹿児島大学教授・木村朗さんに聞く

　2　原爆神話の虚構 ……………………………………………………… 57

　3　核をめぐる危機とチャンス ………………………………………… 62
　　　　──ヒロシマ・ナガサキ・ビキニ　核の惨禍から廃絶へ

　4　書評　金子敦郎著『世界を不幸にする原爆カード──ヒロシマ・
　　　ナガサキが歴史を変えた』（明石書店、2007年7月発行）の薦め ………… 68

第Ⅱ部　米国側の原爆投下認識　　ピーター・カズニック

序　論　原爆投下65年、論争は続く ………………………………… 75

第1章　未来を危険にさらす決断 ……………………………………… 83
　　　　　──ハリー・トルーマンの原爆投下決定が世界にもたらした意味

第2章　自己弁護の余生 ………………………………………………… 118
　　　　　──エノラ・ゲイ機長ポール・ティベッツと乗組員たちのその後

第Ⅲ部　原爆投下認識に関する討議

講　演　なぜ原爆は投下されたのか ………………………… 木村　朗　185
　　　　　──日本が降伏した真の理由は？

コメント　………………………………………………… ピーター・カズニック　194

コラム1　「原爆投下」の真実を求めて ……………………… 藤岡　惇　199
　　　　　──ピーター・カズニックさんとの交流の思い出

コラム2　ヒロシマ・ナガサキから次代に繋ぐ ……………… 乗松聡子　203
　　　　　──「こんな別れが末代まで二度とあっちゃいけん」

あとがき

第Ⅰ部
日本側の原爆投下認識

　　　　　　　　　　　　　　　木村　朗

第Ⅰ部の構成は、**序論**で、日本の原爆投下研究の現状と課題を概観するとともに、**第1章**で、原爆投下と日本降伏をめぐる「原爆神話」の見直し、特に長崎への二発目の原爆の意味、あるいは無差別爆撃と原爆投下との関連を、「被害」と「加害」の二重性、「戦争」と「原爆」の全体構造（あるいは戦争の記憶と被爆体験の統一）という複合的視点から検証を行う。また、**第2章**では、核をめぐる危機と好機が同時進行する現在の状況において、戦後65年目の視点から、原爆（核兵器）と劣化ウラン兵器の禁止・廃絶をめぐる諸問題を考える。そして、**補論**では、筆者のこれまでの原爆投下問題に関する論考を、当時の原文のまま掲載している。

序　論　原爆投下問題への日米共通の視点・アプローチを求めて

1　日米両国の原爆観・歴史認識のギャップ

　2007年6月末に当時の久間章生防衛相が講演で、先の大戦での米国の原爆投下について「あれで戦争が終わったんだという頭の整理で今、しょうがないなという風に思っている」「勝ち戦と分かっている時に原爆まで使う必要があったのかどうかという、そういう思いは今でもしているが、国際情勢、戦後の占領状態などからすると、そういうことも選択としてはあり得るということも頭に入れながら考えなければいけないと思った」などと語り、被爆者団体などからの強い抗議を呼ぶなど波紋を広げて辞任にいたったことは記憶に新しい。日本原水爆被害者団体協議会（日本被団協）の田中熙巳事務局長が、「閣僚としての彼の発言は常軌を逸したものだ。数十万人がひどい苦しみの中で亡くなったことを認識すべきだ」と怒りを率直に語ったように、同防衛相の発言は、直ちに被爆者の反発を招いたのである。[1)]
　まさにこの発言は、原爆投下によって日本が降伏を決定したのであり、その結果、百万人もの米兵ばかりでなく、多くの日本人の生命も救われたのだという「原爆神話」に通じる歴史認識を反映したものであった。日本への原爆投下はあくまでも早期終戦と人命救済のためだったとする論理は、原爆投下を正当化するばかりでなく、将来における核兵器の使用を容認する核抑止論にもつながる考え方である。また、久間発言に見られる、ソ連参戦による日本分割という「悪夢」を避けるためには原爆投下も「やむをえなかった」とする発想も、論理のすり替えであると同時に、原爆投下の非人道性と犯罪性を覆い隠すものだと言わねばならない。ブッシュ前政権になって採用された米国の核の先制使用戦略がオバマ現政権となった今日でも明確には放棄されていない現実を考え

れば、こうした発想がいかに危険であるかが分かるであろう。

　長崎県出身の国会議員でさえこのような発言をしてしまうことに驚きを覚えたのは私だけではなかったと思う。しかし、久間発言に見られる、ソ連参戦による日本分割という「悪夢」を避けるためには原爆投下も「やむをえなかった」とする発想は、実は少なからぬ国会議員だけでなく、かなりの一般国民も共有しているであろうと思われる。なぜなら、久間氏の事実上の発言撤回や「辞任」、さらには当初は問題視しない意向であった安倍首相による事実上の「罷免」が、久間発言の誤りの重大性を認識して行なわれたものでは必ずしもなかったことや、久間発言に対する強い怒りと反発を表明したのは少なくとも当初は被爆者を中心とする被爆地の一部市民に限定されたものだったという事実が存在するからである。

　その一方で、久間発言直後の7月3日にロバート・ジョセフ核不拡散問題特使（当時は国務次官）が、ワシントンでの米露の核軍縮に関する記者会見で、原爆を最初に使用した米国が核不拡散を主導することの道義的な正当性を問われたことについて、「原爆の使用が戦争の終結をもたらし、連合国だけでなく、文字通り日本人も含めた多くの命を救ったということに関しては、歴史家の意見が一致していることだ」と、広島、長崎への原爆投下に関して言及した[2]。また、このジョセフ特使の発言を受け、当時の安倍晋三首相は翌4日、官邸での記者会見で、「広島と長崎でおよそ21万人もの死者を出し、いまだに後遺症に悩まされる多くの被爆者を生み出した原爆を許すことはできない」と述べ、「原爆は決して許されるものではないという気持ちに変わりはない」とも語ったと伝えられている[3]。

　こうした原爆投下をめぐる日米両国の要人の幾つかの発言とその波紋は、原爆投下認識における日本国内の「揺れ」や日米間の「溝」の深さを物語っていると言えよう。しかし、ここで見逃すことができないのは、いわゆる原爆神話について「歴史家の意見が一致している」というジョセフ特使の発言である。なぜなら、このような発言は、これまでの米国や日本などでの原爆投下に関する歴史研究の蓄積と成果を否定するものであると同時に、「原爆神話」がいま

では米国においてもほとんどの歴史家によって支持されなくなったという歴然とした事実を完全に無視するものであったからである。

このような米国政府高官による発言は、それ以降もたびたび表明されるものであり、米国政府が依然として原爆投下を正当化する姿勢と見解を持ち続けていることを示している。たとえば、シーファー駐日米大使は講演後の質疑応答の中で、「原爆投下は正しかったと思うか」という高校生からの質問に、「(原爆投下に) 賛成しないまでも理解できる」と前置きした上で、「降伏しない日本に原爆を投下したのは、より多くの人命が失われないためだった」などと答えている。[4]

その一方で、次のような注目すべき証言もある。「原爆投下が必要だったとは思わない。賢明な選択ではなかった。ただ、戦争では、国の上層部がすべての動きを把握しているわけではない。これは私の強い印象だが、原爆投下決定を下したトルーマン大統領、マーシャル陸軍参謀総長、スティムソン陸軍長官の３人は、３月の激しい空爆で日本各都市がいかに大きな損害を受けたかを詳細に知らなかったのではないかと思う。原爆投下がなければ核競争の時代の到来は避けられたし、北朝鮮の現在の問題も起きていない。」これは、米国のケネディ、ジョンソン両政権で国防長官を務めたロバート・マクナマラ氏（当時、87歳）が、2004年１月に日本のマスコミのインタビューに答えたときの証言である。[5] 原爆投下およびアジア・太平洋戦争終結60年を翌年に控えた時期に、日本への原爆投下に対する率直な反省・批判が一人の米国政府元高官によってなされた意味は決して小さくないと思われる。

オバマ米大統領は、2009年４月５日のプラハ演説で「核兵器国として、そして核兵器を使ったことがある唯一の核兵器国として、行動する道義的責任がある」と米国大統領として初めて「道義的責任」に言及して注目を集めたが、同年11月13日の訪日時での記者会見で原爆投下の歴史認識について質問された際、ある意味で予想されたこととはいえ、それに真正面から答えることはなかった。このオバマ大統領の姿勢は、広島と長崎への訪問を控えた事実と合わせて、原爆投下問題が現在でも日米両国間を緊張させる微妙な政治問題であるこ

とを物語っている。

　以上のように、日米両国の原爆観、すなわち原爆投下をめぐる歴史認識には、(個人的には多様な見方があるとはいえ、) 基本的に大きな差異があることが分かる。それでは、わたしたちは、このような日米両国間ばかりでなく日本国内においてさえ存在する原爆投下認識における深刻なギャップをどうすれば克服することができるのであろうか。

2　原爆投下問題の研究史の概観

　1980年代から90年代初頭において生じた旧ソ連・東欧諸国の急速な脱社会主義化とその結果としての冷戦の終結は、「冷戦とは何であったのか」という問題を改めて世界に提起することになった。冷戦の起源・責任については、従来、ポーランド問題に代表されるような東欧でのソ連の膨張主義や国際共産主義運動を通じた世界革命の追求に主因を求めるソ連責任論が一般的であった。現在でもそうした見方が主流であるとはいえ、それとは異なる有力な見解も現れ始めている。当時のソ連の能力・条件からして、ソ連側が冷戦開始のイニシアティヴを取ったという見方は一方的で米国の側にも大きな原因があったとする米ソ共同責任論や、冷戦の起源を第二戦線創設問題やギリシャ内戦問題や原爆開発・投下問題に求める米国主要責任論がそれである。この問題については、第二次大戦で2700万人もの犠牲者など甚大な損害を被っていた当時のソ連には冷戦を発動させるだけの能力も意図も基本的になかったという点で米国主要責任論の立場がより説得力があると思われる。また冷戦開始の主要原因を、第二次世界大戦中から戦後直後にかけての国際関係の劇的な構造変化に対する米英両国を中心とする西側諸国の「過剰反応」にあったとみなすことができよう[6]。

　そこで、ここでは冷戦の起源との関わりで、最近の原爆投下研究の現状とその新しい特徴を簡潔にまとめることから始めたい。日本における原爆投下研究は、米国での原爆投下研究の影響を強く受ける形で始められた。原爆投下の動

機と目的については、マンハッタン計画に関する第一次資料を保有する米国やその同盟国である英国の研究が先行したからで、ある意味で当然であったと言えよう。

　米国の原爆投下問題に関する研究史の流れは、大きく３つに分類することができる。[7]

　第一は、米国政府の原爆投下を正当化するための「公式解釈・見解」である。米国の正統派の立場は、原爆投下は日本の早期降伏と本土上陸作戦が実施された場合の連合軍の犠牲者を回避するためであり、日本降伏の決定的な要因もまた原爆投下であった、といういわゆる早期終戦・人命救済説に立つものであった。また、その代表的論者が、ファイス氏（ハーバート・ファイス著『原爆と第二次世界大戦の終結』南窓社（1974年））である。これは、まさにスティムソン陸軍長官の1947年論文「原爆投下の決定」に代表される米国政府の「公式解釈」を代弁するもので、その後、米国の退役軍人を中心に一般国民に浸透する、原爆投下を正当化する「原爆神話」の基礎となったものである。日本の多くの研究者・ジャーナリストは、こうした米国政府の「公式解釈・見解」を批判する立場から原爆投下研究を出発している。

　第二は、冷戦との関係の視点を導入して「公式解釈・見解」を批判する「修正主義」的立場である。この立場は、原爆投下の真の目的を政治的あるいは外交的なものと解釈するもので、ソ連に対する威嚇であったとする英国のブラケット氏（P.M.S.ブラケット著『恐怖・戦争・爆弾──原子力の軍事的・政治的意義』法政大学出版局（1951年））や「原爆外交」を強調する米国のアルペロビッツ氏（ガー・アルペロビッツ著『原爆投下決断の内幕──悲劇のヒロシマ・ナガサキ（上）（下）』ほるぷ出版（1995年））がこの立場を代表する論者である。日本では、西島有厚氏（西島有厚著『原爆はなぜ投下されたか──日本降伏をめぐる戦略と外交』[新装版]青木書店（1985年））、荒井信一氏（荒井信一著『原爆投下への道』東京大学出版会（1985年））、進藤榮一氏（進藤榮一著『戦後の原像──ヒロシマからオキナワへ』岩波書店（1999年））、長谷川毅氏（長谷川毅著『暗闘──スターリン、トルーマンと日本降伏』中央公論新社（2006年））などをあげることができる。

第三は、「公式解釈」を批判する点では「修正主義」的立場と同じであるが、原爆投下決定過程の分析から巨大なマンハッタン計画機構の「はずみ」(momentum)(「勢い」「状況」とも訳される)による決定と位置づけるものである。これは、トルーマン政権では厳密な意味での原爆投下「決定」はなされておらず、ルーズベルト前政権から引き継いだ政策をそのまま「遂行」した、すなわち「決定」したのではなく「回避」しなかっただけだと考える立場である。この「ルーズベルトの負の遺産」を強調する立場を代表する研究者が、バーンスタイン氏(バートン・バーンスタイン「検証・原爆投下決定までの三百日」『中央公論』1995年2月号)やシャーウィン氏(マーティン・J・シャーウィン著『破滅への道程——原爆と第二次世界大戦』TBSブリタニカ(1978年))らであり、そうした潮流にはR・J・リフトン氏(R・J・リフトン／G・ミッチェル著『アメリカの中のヒロシマ(上)(下)』岩波書店(1995年))、ウォーカー氏(J.サミュエル・ウォーカー著『原爆投下とトルーマン』彩流社(2008年))、バード氏(カイ・バード／マーティン・シャーウィン著『オッペンハイマー——「原爆の父」と呼ばれた男の栄光と悲劇(上)(下)』PHP研究所(2007年))らがいる。

　日本では、必ずしも上記の分類にそのまま当てはまるとは限らないが、原爆投下問題に取り組んでいる数少ない研究者として、麻田貞雄氏(麻田貞雄「原爆投下の衝撃と降伏の決定——原爆論争の新たな視座」『世界』616号(1995年12月)、および同「原爆投下の衝撃と降伏の決定」細谷千博他編『太平洋戦争の終結——アジア・太平洋の戦後形成』柏書房(1997年))、中沢志保氏(中沢志保「ヒロシマとナガサキ——原爆投下決定をめぐる諸問題の再検討」『国際関係学研究』23号(1996年)、および同「原爆投下決定における"公式解釈"の形成とヘンリー・スティムソン」『人文・社会科学研究』文化女子大学紀要15(2007年1月))、山田康博氏(山田康博「ナンバーズ・ゲーム——日本本土上陸作戦はどれくらいの死傷者をだすと推定されたのか——原爆投下をめぐる最近の研究動向」『大阪外国語大学アジア太平洋論叢』9号(1999年)、および同「『ナンバーズ・ゲーム』10年後の再論——原爆投下をめぐって——」『アジア太平洋論叢』18号(2009年7月))、西岡達裕氏(西岡達裕「原子爆弾の投下の決定」斉藤孝編『二十世紀政治史の諸問題』彩流社(1997年)、および同「F・

D・ローズヴェルトと原子爆弾の投下——"弾み説"の批判的再検討」学習院大学大学院政治学研究科『政治学論集』10（1997年3月）、西岡達裕著『アメリカ外交と核軍備競争の起源——1942-46』彩流社（1999年））、藤田怜史氏（藤田怜史「アメリカのマスメディアにおける原爆投下——"ヒロシマの記憶"再考」『駿台史學』134号（2008年8月）、および同「スティムソン論文再考——原爆投下決定をめぐる公式見解と歴史論争」明治大学大学院文学研究科編『文学研究論集』31号（2009年））、などをあげることができよう。

　これ以外の関連研究として、無差別爆撃と原爆投下の関係に注目したものに、前田哲男著『戦略爆撃の思想——ゲルニカ、重慶、広島』凱風社（2006年）、ロナルド・シェイファー著『アメリカの日本空襲にモラルはあったか——戦略爆撃の道義的問題』草思社（1996年）、荒井信一著『空爆の歴史——終わらない大量虐殺』岩波書店（2008年）、田中利幸著『空の戦争史』講談社（2008年）、吉田敏浩著『反空爆の思想』日本放送出版協会（2006年）、生井英考著『空の帝国　アメリカの20世紀』講談社（2006年）などの研究書・文献がある。

　また、原爆（投下）と人体実験の関係に注目した研究書・文献として、芝田進午「被爆50年　これからの課題——人体実験としての原爆——」長崎総合科学大学長崎平和文化研究所『平和文化研究』第19・20集合併号（1997年）、高橋博子著『封印されたヒロシマ・ナガサキ——米核実験と民間防衛計画』凱風社（2008年）がある。また関連文献として、笹本征男著『米軍占領下の原爆調査——原爆加害国になった日本』新幹社（1995年）、椎名麻紗枝著『原爆犯罪——被爆者はなぜ放置されたか』大月書店（1985年）、アルバカーキー・トリビューン編『マンハッタン計画——プルトニウム人体実験』小学館（1994年）、山崎正勝／日野川静枝共編『原爆はこうして開発された』［増補版］青木書店（1997年）、沢田昭二他著『共同研究　広島・長崎原爆被害の実相』新日本出版社（1999年）、河井智康著『原爆開発における人体実験の実相——米政府調査報告を読む』新日本出版社（2003年）などがある。特に、高橋博子氏の研究業績は、1940年代から50年代にかけての米核戦略史を主な対象に機密解除された米

公文書で米国政府の「公式解釈・見解」の虚構を解き明かした貴重な作品で、注目に値する。

その他にも、日米の戦争観と原爆観の相違をはじめて体系的に扱った油井大三郎著『日米戦争観の相剋──摩擦の深層心理』岩波書店（1995年）、戦後定着した「黙殺」神話や「百万人」伝説を批判的に考察した仲晃著『黙殺──ポツダム宣言の真実と日本の運命（上）（下）』日本放送出版協会（2000年）、原爆神話の意味とスミソニアン原爆論争を分析した斉藤道雄著『原爆神話の50年──すれ違う日本とアメリカ』中央公論社（1995年）、マンハッタン計画の知られざる真実に膨大な資料を駆使して迫った歌田明弘著『科学大国アメリカは原爆投下によって生まれた──巨大プロジェクトで国を変えた男』平凡社（2005年）、マンハッタン計画に参加した科学者たちの役割と責任や原爆投下と戦後世界の国際秩序との関係など多岐にわたるテーマを扱った金子敦郎著『世界を不幸にする原爆カード──ヒロシマ・ナガサキが歴史を変えた』明石書店（2007年）、日本敗戦直後の広島・長崎でアメリカ人記者達は何を見て何を記述したかを中心に原爆被害の隠蔽の実態を明らかにした繁沢敦子著『原爆と検閲──アメリカ人記者たちが見た広島・長崎』中央公論新社（2010年）、対日終戦工作で大統領と対峙した元CIA長官の正体を新資料多数で描いた有馬哲夫著『アレン・ダレス　原爆・天皇制・終戦をめぐる暗闘』講談社（2009年）、日本降伏・ソ連参戦前の原爆投下にこだわったトルーマン大統領とバーンズ国務長官の姿勢を追及する鳥居民著『原爆を投下するまで日本を降伏させるな──トルーマンとバーンズの陰謀』草思社（2005年）、広島と長崎に原爆が落とされた最大の原因を核兵器カルテルの金儲けのための狂気に求める鬼塚英昭著『原爆の秘密　国外篇──殺人兵器と狂気の錬金術』成甲書房（2008年）、など独自のアプローチをとる研究書・文献がある。

3　今後の原爆投下研究の方向性

早期終戦および人命救済のためという米国の公式解釈・見解は、新しい確認

された事実によって研究者の間ではすでに説得力を失っているといえる。また特に、冷戦の起源としてのソ連抑止説（戦後世界での米国の優位性確立とソ連の影響力封じ込め）から人体実験説（新兵器の実戦使用での威力の確認）へという最近の新しい研究の傾向が注目されよう。そこで、原爆投下の原因・目的について、ここで改めて考えてみたい。「早期終戦及び人命救済のために原爆投下は必要かつ正当であった」とする米国側の公式見解を批判する見解として、これまでもっとも有力であったのが冷戦の起原としてのソ連抑止説である。これは、「（日本への――筆者）原子爆弾の投下は、第二次大戦の最後の軍事行動であったというよりも、寧ろ目下進行しつつあるロシアとの冷たい外交戦争の最初の大作戦の一つであった」（英国のP.M.S.ブラッケット教授）や「原爆外交」（米国のガー・アルペロヴィッツ教授）という言葉に示されている立場であり、多くの点で基本的に同意できるものである。

　この戦後世界での米国の世界的な覇権確立とソ連の影響力・発言力の封じ込めのための原爆投下という考え方は、確かに戦後直後に本格化する冷戦との関係をみれば今日でも非常に説得力のある見解であると言えよう。しかし同時に、それとは異なる隠された要因があったのではないかというのが筆者の立場・見解である。すなわち、「原爆投下は新型兵器の実験、とりわけ人体実験を含むものであった」という解釈・評価がそれである。現時点で筆者は、原爆投下にはいうまでもなく複数の原因・目的があったのであり、そのなかでもソ連抑止説と人体実験説が特に重要で両者の関連や投下要因における比重等を今後明らかにしていかなければならないと考えている。また、原爆投下の犯罪性・残虐性として、大戦中における非戦闘員の大量殺戮という「戦争犯罪」「人道に対する罪」ばかりでなく、戦後（特に占領期における）被爆者の救済放置とモルモット扱い（治療に名を借りた実験データの収集等）、さらに原爆被害の隠蔽と「原爆神話」の意図的な捏造という情報統制・世論操作を含めてその全容と責任を明らかにする必要がある。そして、こうした視点からの真相解明が進めば、さらに冷戦そのものが歴史的必然であったというよりも、むしろ意図的に作り出されたものであったという隠された真実が浮かび上がるのではない

だろうか。

　結論として言えることは、原爆投下は軍事的に不必要で政治的には有害であったばかりでなく、道徳的かつ法的な観点から見ても正当化することはできない明らかな戦争犯罪（日本・日本人に対して、というよりも、国際社会・人類全体に対しての「人道に対する罪」）であったということである。換言すれば、早期終戦あるいは人命救済という「人道上の理由」で原爆投下がなされたという「原爆神話」は、原爆投下を正当化するために、あるいは第二次世界大戦における最大の（ある意味ではナチス・ドイツを凌ぐほどの）「戦争犯罪」であることを覆い隠すために戦後になって米国（部分的には日本政府）によって作られた「虚構の論理」であった。なぜなら、原爆（投下）が戦争を早期終結させたのではなく、「原爆が第二次世界大戦の終結をもたらしたというより、むしろ戦争終結を遅らせたということだ」（米国のマーティン・J・シャーウィン教授）という指摘に示されるように、原爆（その開発の完成と実戦での「実験的」投下という本当の目的）があったために戦争終結が遅れたのだというのが歴史的事実・真相であったからである。

　原爆投下によってソ連参戦前に日本が降伏すれば（たとえソ連参戦後に日本が降伏した場合であっても）対日占領政策を含むアジアでの戦後のソ連の影響力拡大を封じ込めることができるという狙いがあった。そして、原爆投下のもう一つの隠された目的は、原爆の破壊力・効果の確認と人体への影響力の測定という、新型兵器の実戦使用とそれによる都市全体の破壊と住民の皆殺しという人体実験でもあった。さらに、原爆投下は国際社会全体への威嚇と戦後秩序における米国の覇権確立という目的も含んだものであり、その結果、当時の国際環境からして必ずしも歴史的必然性はなかった冷戦を壮大な無駄遣いである核軍拡競争をともなう形で生じさせることにもなった。また、こうした原爆開発・投下の背景として、第二次世界大戦中に着手されたマンハッタン計画を契機に形成され、第二次世界大戦後に推進された強大な核・原子力政策の下で肥大化する軍産学複合体の存在があったことと無関係ではないことを強調しておきたい。つまり、日本への原爆投下の背景には戦後の核軍拡競争の到来を前提とし

た莫大な軍需利権を見込んだ軍産複合体の意図があったと考えられるのである。

　原爆（核兵器）の威力を政治的発言権の拡大に利用する、米国による「原爆外交」（米・アルペロビッツ教授）は、21世紀を迎えた現在でも世界的覇権を維持するための道具として生き続けている。今もなお、核抑止論に固執し続けるすべての核保有国や「非核三原則」を掲げながら日米安保体制下での「核の傘」の呪縛から逃れられない日本政府に対して、その根本的転換をうながすだけの力をつけることが今こそ私たちに求められている。

　本書は、原爆投下問題への共通認識を確立するための一つのささやかな試論にすぎない。それは、現時点ではあくまでも一つの仮説であり、細部を含めての論証が今後さらに必要である。核抑止論の批判と克服、その結果としての核廃絶・核のない世界の実現は、この原爆投下をめぐる諸問題についての共通認識の形成・確立と結びついていることはいうまでもない。21世紀における平和な世界秩序（「戦争と核のない世界」）を構築するためにも、国籍・民族・宗教・職業・専門分野などを越えて、一人でも多くの市民（研究者・ジャーナリストを含む）がさまざまな視点から新たにこの問題にアプローチして、その真実と本質がより一層明らかになることを心から期待したい。

【注】
1) 共同通信社の2007年6月30日付配信記事。
2) 『朝日新聞』2007年7月5日付。
3) 共同通信社の2007年7月5日付配信記事。
4) 『西日本新聞』2008年8月1日付夕刊。
5) 『読売新聞』2004年1月31日付（ワシントン発）。
6) 木村朗著『危機の時代の平和学』法律文化社（2006年）の特に第1編「冷戦史の一断章——社会主義とナショナリズムの相克」を参照。
7) 鳥海靖・松尾正人・小風秀雅共編『日本近現代史研究事典』東京堂出版（1999年）を参照。

第1章 "原爆神話"からの解放を目指して
　　　──長崎原爆と重慶爆撃への視点を中心に

　　はじめに

　アジア太平洋戦争末期に米国によって日本の広島・長崎に対して行われた原爆投下は、人類にとって核時代の幕開けを告げたばかりでなく、戦後世界における冷たい戦争（以下、冷戦）の開始の合図となった。つまり、原爆投下は、人類最初の核戦争ばかりでなく、戦後世界を長く支配することになる冷戦という二つの異なる「新しい戦争」の扉を開く契機となったのである。この冷戦は、大戦末期における米ソ間の戦後構想をめぐる対立から生じたものであり、ある意味で戦争（それも最初の核戦争）の産物であった。また、冷戦は、米国を中心とする西側陣営とソ連を盟主とする東側陣営との間での世界市場・勢力圏をめぐる権力政治的対立と社会体制のあり方をめぐるイデオロギー的対立という二重の相克を意味していた。この米ソ対立を中核とする東西冷戦では、東西（あるいは米ソ）双方によって「力による平和」が追求され、また核による「恐怖の均衡」によって世界秩序・社会体制ばかりでなく、人間の心の中までが日常的に支配されることになった。

　しかし、1980年代末に東側陣営の急速な崩壊という形で冷戦が終結すると、新しい世界秩序が模索される中で冷戦期には封じ込められていたさまざまな矛盾が表面化すると同時に、戦後処理に伴う未解決の様々な問題が浮上した。すなわち、これまで冷戦構造の下で抑えられていた、民族・宗教対立の激化、南北・南南問題の深刻化、環境破壊の進行、人口爆発と飢餓・貧困の拡大、大量難民の発生といったさまざまな矛盾が一挙に目に見える形で噴出した。さらに、東京裁判・ニュルンベルク裁判の見直しが浮上し、米国が行った日本への原爆投下の是非と核兵器の合法性・違法性、日本軍が行った重慶大爆撃、南京

大虐殺、七三一部隊、強制連行、従軍慰安婦（戦時性奴隷）等さまざまな残虐行為・戦争犯罪とそれに対する戦後補償・戦後責任などが改めて問われることになったのである。

　こうした中で、米国は戦後一貫して日本への原爆投下の正当性を主張し続けている。日本への原爆投下を正当化する論理は、「原爆（の投下）が戦争を終わらせ、(50万人から) 100万人の米兵の命を救った」という見方であり、今日においてもこのいわゆる早期終戦・人命救済説が米国の支配的な見解となっている。しかし、新たに情報公開された資料に基づく研究・検証の蓄積によって、この早期終戦・人命救済説が必ずしも当時の事実関係に基づいたものではなく、戦後権力（占領軍・日本政府など）によって意図的に作り出された「原爆神話」であることが次第に明らかになりつつある。

　戦後50年を経た時点で起きた米国でのスミソニアン原爆展論争や20世紀末に行われたコソヴォ紛争でのNATO空爆、9・11事件後のアフガニスタン・イラク攻撃の正当性をめぐる議論との関わりで、日本への原爆投下の意味と背景を改めて問い直す動きが生まれていることが注目される。また、「原爆神話」を肯定する立場が、核兵器による威嚇と使用を前提とした「核抑止論」の保持と密接不可分の関係にあることはいうまでもない。

　一方、戦後の日本では、毎年8月6日と9日の「原爆の日」に、広島・長崎両市が「平和宣言」を発表し、その中で原爆被害の恐ろしさと核兵器廃絶、「核と戦争のない世界」の実現を世界中の人々、とりわけ核保有国の指導者に訴えてきた。近年では、原爆投下の「被害者」としての視点ばかりでなく、先の大戦での日本の「加害者」としての立場に言及することが多くなっている。こうした一定の肯定的な変化が見られる一方で、安保体制の下で米国の「核の傘」に依存する日本政府の立場は、現在でも原爆投下を正当化し核兵器の保有・使用を肯定している米国政府を正面切って批判することができず、原爆投下を「戦争犯罪」として明確に告発する被爆者たちの声を依然として無視しているというのが実情である。

　被爆者が年々高齢化している今日、広島・長崎の被爆体験を思想化して後

世・未来の世代に継承することは焦眉の課題となっている。戦争被害者・被爆体験者が生存されている間に、日本政府に対して過去の清算の履行を迫るとともに、核の傘への依存を止めて非核三原則を法制化することを求めなければならない。また米国政府に対して、原爆投下の違法性・犯罪性の承認と原爆投下への率直な謝罪・反省を迫ると同時に、核抑止論の見直し・放棄と核政策の全面的転換を要求することがますます重要かつ緊急の課題となっている。

　こうした課題を実現していくためにも、原爆投下の本当の意味と真実を明らかにし、日米両国間ばかりでなくアジア諸国を含む全世界の共通認識を政府・市民のそれぞれのレベルにおいて早急に確立することが特に重要である。その鍵を握っているのが、「被害」と「加害」の重層性、「戦争」と「原爆」の全体構造（あるいは戦争の記憶と被爆体験の統一）、という複合的視点であろう。また、日米両国ばかりでなく、アジア諸国をはじめ原爆投下問題への共通認識を確立するためには、特に長崎の視点からこの問題にアプローチすることが有効であると思われる。なぜなら、これまでの原爆投下をめぐる議論では、広島の場合と比べて長崎への原爆投下があまり注目されてこなかった事情があること、またそこには何か重要な「落とし穴」があったと考えられるからである。

　そこで、本章では、原爆投下と日本降伏をめぐる「原爆神話」の見直しを行うとともに、特に長崎への二発目の原爆の意味、あるいは無差別爆撃と原爆投下との関連を「被害」と「加害」の二重性、「戦争」と「原爆」の全体構造（あるいは戦争の記憶と被爆体験の統一）という複合的視点からあらためて問い返してみたいと思う。それと同時に、「無条件降伏」に固執して原爆投下を行った米国だけでなく、「国体護持」に執着して原爆投下をまねいた日本側の責任を同時に問うこともももう一つの課題としたい。また、原爆投下と外国人・在外被爆者、特に韓国・朝鮮人被爆者問題についても、故鎌田定夫先生（長崎平和研究所初代所長）が提起された「被爆体験の思想化」という新たな視点・アプローチから考えてみたい。

1 「原爆神話」からの解放

　これまでの原爆投下をめぐる議論は、米国側の影響もあってどちらかといえば、原爆投下が軍事的に本当に必要であったのか、あるいは必要でなかったのかという問題を中心に論じられてきた。こうした問題設定を通じて、もし軍事的に必要であったならば原爆投下は正当化できる、また逆に軍事的に必要でなかったのならば正当化できない、という形で議論が展開されてきたわけである。しかし、こうした従来の議論の立て方はそもそも内在的な矛盾を含んでいると思われる。なぜなら、人倫・道徳の根源的な立場、真の人道的観点から見れば、そもそもナチス・ドイツの脅威を理由とした原爆の開発自体も誤りであり、ましてや原爆の使用はどのような状況であったとしても決して正当化することのできない非人道的な残虐行為であった、といえるからである。そして、このような見解・立場は、原爆投下を国際法違反であり、「戦争犯罪」「人道に対する罪」として位置づけて国際的な司法の場で裁こうという最近の世界的なレベルでの市民の動向とも結びついている。

　ここではそのことを前提とした上で、なぜ日本に原爆が投下されたのか、また日本に原爆を投下する必要がはたして本当にあったのか、そして日本の広島・長崎への二発の原爆投下は正当化することが出来るのかという問題、さらには原爆投下やソ連参戦などと日本の降伏決定との関係はどのようなものであったのか、という原爆投下をめぐるさまざまな問題を現在の新たな視点から振り返って検討してみたい。

　「原爆投下こそが日本の降伏と戦争の早期終結をもたらしたのであり、その結果、本土上陸作戦が実施された場合に出たであろう50万人から100万人にのぼる米兵の犠牲者ばかりでなく、それ以上の日本人やアジア人の生命をも同時に救うことになった[1]」という見方（いわゆる早期終戦・人命救済説）は、原爆投下を正当化するために、あるいは第二次世界大戦における最大の「戦争犯罪」であることを覆い隠すために、戦後になって米国政府によって作られた（その

後、日本政府によっても追認された)「原爆神話」「虚構の論理」である。しかし、この早期終戦及び人命救済のためであったという考え方は、米国政府の今日にいたるまでの公式見解であり、現在でも多くの米国国民がその見解を疑うことなく信じている。また、残念なことに、日本政府が戦後こうした米国の見解を強く否定せずに、あたかも受け入れたかのような姿勢に終始したこともあって、日本国民のかなりの部分も、この公式見解をそのまま鵜呑みにしているという現実がある。久間元防衛大臣の「(原爆投下は)しょうがなかった」発言もその一例であろう。しかし、こうしたいわゆる「原爆神話」が必ずしも事実に基づいたものではなく、戦後権力(占領軍・日本政府など)によって意図的に作り出された「虚構」そのものであることが次第に明らかになりつつある。

　最初に確認しておく必要があるのは、「原爆が第二次世界大戦の終結をもたらしたというより、むしろ戦争終結を遅らせたということだ」[2](米国のマーティン・J・シャーウィン教授)という基本的事実である。米国は、すでに1943年5月の軍事政策委員会や翌年9月の英国とのハイドパーク協定(1944年9月)で原爆投下の対象を日本にすることをほぼ決定していた。原爆の投下対象が当初のドイツから日本に変えられた理由は、日本の方が知識水準から見て原爆投下が失敗した場合の情報漏れの可能性が少ないと見られたこと、ドイツへ投下した場合に放射能物質を使った何らかの報復攻撃がなされる可能性を恐れたことなどが指摘されているが、日本人に対する人種的偏見が影響した可能性も排除することはできない。また、グローブズ将軍が「当初から米国の敵はドイツではなくソ連であった(つまり原爆投下の対象は日本であった——筆者)」と証言しているように、この決定はさらにずっと前(例えば、原爆搭載可能なB-29の生産が始まった1939年や、実際にB-29がアジア・太平洋地域に配備されて飛行訓練が開始された1941年)に行われた可能性もある。[3]

　また、米国は1945年春以降になされた日本側の、ソ連を仲介とする終戦工作を暗号解読などで正確につかんでおり、ポツダム宣言草案に当初盛り込まれていたような形で天皇制存続の容認など降伏条件を緩めることも可能であった。ここで重要なことは、当時のバード海軍次官やグルー国務次官やスティムソン

陸軍長官など多くの政府要人が「降伏条件の明確化」、すなわち天皇制存続の容認などの降伏条件の部分的修正を求める一方で、それが「無条件降伏」とは矛盾しないものであると考えていたという事実である。だが、結局、最後の段階でバーンズ国務長官の進言をトルーマン大統領が受け入れて天皇制容認条項を削除した。また、ポツダム宣言にはこれも当初予定されていたはずのソ連の署名が入っていなかった。これは、米英両国が少なくとも原爆実験が成功するまでは対日戦への参加を強く要請・懇願していた相手であるソ連を意図的に排除して、その代わりに重慶の蒋介石政府を急遽参加させた結果であった。また、正式な外交ルートを用いず回答期限もつけないなど、米国が後から主張したような公式の最後通牒あるいは原爆投下への事前警告といえるような代物ではなかった。つまり米国側は日本側の拒否を見通した上で、敢えて「無条件降伏」を突きつけたのである。

さらに、トルーマン大統領は、原爆実験の成功を見届けるためにポツダム会談開催を当初の7月1日から7月15日に延期させるとともに、重慶の蒋介石政府とソ連との条約締結時期もできるだけ遅らせるように働きかけていた。そして、ポツダム宣言発表（7月26日）前に日本へ原爆を投下する事実上の決定（7月25日）を行っていた。そして、原爆の威力を知らしめるために、例えば無人島や東京湾などに事前に投下して、日本に対して警告を与えるという選択肢（原爆開発に協力した科学者たちなどからの提案）をトルーマン大統領は最終的に拒否した。

以上のことから、米国・トルーマン大統領がポツダム会談直前に開発に成功した原爆を何としても投下できる環境・条件を作ろうとしていたこと、またそのために意図的に戦争の終結が引き延ばされたということが理解できよう。

また、人命救済説に関しては、トルーマン大統領などが戦後に原爆投下を正当化するために持ち出した50万から100万という想定戦死者数は、九州上陸作戦にともなう当時の実際の米側推定死傷者数が「2万人以内」（1945年6月18日のホワイトハウス会議用資料）や、「6万3千人」（1995年に開催予定であったスミソニアン原爆展の展示案）であったことと比較しても、かなりの「誇張」を含んで

いた。また、日本側の犠牲にも「配慮」したとの主張は、2ヵ所の原爆投下で、1945年末までに多くの朝鮮人・中国人や連合国捕虜などを含む約21万人（広島約14万人、長崎約7万人）、いままでで35万人以上にもなる原爆犠牲者が出たことや今もなお放射能後障害で苦しんでいる多くの被爆者の存在を思えば、これがいかに的外れの議論であるかがわかるであろう。[4]

この問題を考える前提として、当時の米国指導部がソ連参戦などで日本が降伏する可能性が大きく本土上陸作戦そのもの（1946年3月1日に予定されていた関東上陸作戦はむろんのこと、1945年11月1日に実施予定の九州上陸作戦も）が不要となる可能性が高いと判断していた事実をどのように考えるのか、さらに、そもそも新たな攻撃に伴う双方の側の犠牲者の多寡で、しかも一方の側は戦闘員で、他方の側は非戦闘員が対象という決定的相違を問うことなく、その攻撃の正当性を争う議論自体が不毛なものではないのか、という点をまず問う必要がある。

それでは、米国はなぜあの時期に急いで原爆を日本に投下しなければならなかったのであろうか。その背景には、当時ヨーロッパを舞台に拡大しつつあった米ソ対立、すなわち冷戦があった。ソ連がドイツ降伏（1945年5月8日）後3ヵ月以内に対日戦に参戦する、というヤルタ会談でも確認された合意が存在していた。この合意は、満州の関東軍を叩くために米国側が要請し北方領土・満州の権益と引き換えにソ連がそれに応えたもので、原爆投下時点においても有効であった。7月16日の原爆実験の成功から8月6日の広島への原爆投下までの短期間に米国が事を性急に運んだ理由も、ポツダム会談でソ連が対日参戦を公約した8月15日に間に合わせるためであった。すなわち、それは、原爆投下によってソ連参戦前に日本が降伏すれば（たとえソ連参戦後に日本が降伏した場合であっても）、対日占領政策を含むアジアでの戦後のソ連の影響力拡大を封じ込めることができるというのが最大の狙いであった。その意味で、まさに「原子爆弾の投下は、第二次大戦の最後の軍事行動であったというよりも、寧ろ目下進行しつつあるロシアとの冷たい外交戦争の最初の大作戦の一つであった[5]」（英国のP.M.S.ブラッケット教授）のであり、日本への原爆投下の真の理由もそこにあった。

原爆神話を形成するもう一つの見方に、日本が降伏を決定した最大の要因は原爆投下であった、という原爆「天佑」説がある[6]。それは、原爆投下以外に日本を降伏させる方法はなかった、という米国の立場を正当化するものであり、日本は戦術や精神力ではなく科学力の差で負けたのだ、という日本側（特に軍部）にとっても都合のいい論理であった。この原爆投下を正当化する見解は、8月6日の広島への原爆投下によって9日未明に早められたソ連の対日参戦（対日宣戦布告は8月8日）の影響を不当に過小評価するものであるが、これは戦後、占領軍・米国政府ばかりでなく、日本政府によってもこれまで基本的に受け入れられてきた。しかし、日本側のその後の研究によって、日本にとってソ連参戦の「衝撃」がいかに大きく決定的なものであったかが次第に明らかにされつつある[7]。ここでも、日本降伏の決定要因として、原爆投下とソ連参戦の「ダブルショック」のどちらを重く見るかという問題の立て方、それ自体の意義を否定するものではないが、そこには一つの大きな「落とし穴」があることを指摘しておく必要がある。なぜなら、原爆投下を「非人間的な決定（許されざる選択）」「国際法違反（戦争犯罪）」であるとする立場を取るならば、原爆投下以外の選択肢（平和的手段と軍事的手段の双方）をまず問わねばならないと考えるからである。

　いずれにしても、当時の日本は米軍による激しい戦略爆撃や海上封鎖によって継戦能力をすでに失っており、原爆投下や九州上陸作戦が実施されなくともソ連参戦後間もなく日本が降伏していたことだけは確かである。また、8月15日という時点での日本降伏の決め手は、ソ連参戦でも原爆投下でもなく、結局、二発の原爆投下を終えた後に、「ポツダム宣言」では意図的に削除した天皇制の維持を、間接的に「保証」した米国政府からの最終的な公式返答である「バーンズ回答」であったという基本的な事実は、もっと注目されるべきであろう。

　総じていえば、日本への原爆投下は、冷戦の起源としてのソ連に対する威嚇と抑制、さらにいえば戦後世界における米国の世界的覇権（核による平和、力による世界支配）の確立を最大の目的としていた。そのために米国は、原爆投下

のチャンスが来るまで日本が降伏することを引き延ばし、原爆が使用可能になると、明確な事前警告を与えることもなく性急に原爆を日本に投下した。原爆投下を正当化する「米国の論理」（早期終戦・人命救済説）は説得力を欠いており、また多くの米兵の命を守るためであっても、戦闘員の犠牲を避けるための民間人の大量殺戮は、明らかな国際法違反であるといわねばならない。[8]

　もちろん、米国による日本への原爆投下がいかなる理由によっても正当性をもちえないとしても、侵略戦争を引き起こした日本側の戦争責任がそれによって無くなるわけではない。また、「国体護持（天皇制の維持）」のためには国民の生命さえも軽んじた、当時の日本側の戦争最高指導部の「狂気」も戦争継続の大きな要因であったことを忘れてはならない。この点で、戦後一般に流布されているように天皇による「聖断」によって日本国民が救われたのではなく、逆にそれはあまりにも遅すぎたというのが真実である。なぜなら、もしそれがもっと早くなされていたならば原爆投下やソ連参戦（あるいは凄惨な沖縄戦さえ）も無く、大きな犠牲者を出さずにすんだからである。米国政府が第三発目以降の原爆投下という選択肢を捨てずに、東京や京都などを次なる標的とした準備が軍部（グローブズ、マーシャル、アーノルド将軍など）で直前までなされていたという事実があるだけに、この問題は重大である。

　原爆投下につながる日本側の責任ということでさらにいえば、日本の明治時代以来の植民地支配とその延長としての侵略戦争、特に日本軍による重慶への無差別爆撃や南京大虐殺などの残虐行為が、ファシズム対民主主義という形で「正義」を掲げる連合国（特に米国）側が行った都市住民を標的とした東京大空襲や二度にわたる原爆投下という明らかな「戦争犯罪」「人道に対する罪」を正当化させる口実を作ることになった。このように考えれば、原爆投下は日米両政府、すなわち「国体護持」にあくまでも執着した日本政府と、「無条件降伏」に最後まで固執した米国政府とのある意味での合作、あるいは一種の共同作業による結果であったといえよう。また、この原爆投下の選択・決定とその悲惨な結果は、日本側には文字通りの地獄の苦しみを、米国側には自国に対する道徳的な誇りの喪失と取り返しのつかない罪を犯したという良心の呵責を与

えたという意味で、日米双方の国民にとっての大きな悲劇であった。

また、もし米国トルーマン政権が無条件降伏の緩和、すなわち天皇制容認のメッセージをドイツ降伏後の早い段階で日本側に伝えていれば、日本ははやければ1945年5月に、あるいは遅くとも1945年7月末には降伏した可能性が極めて高いといえるであろう。あのときもしそうであったならば、米軍による原爆投下もソ連による対日参戦もなかったことになり、その後の朝鮮半島の分断が回避された可能性が出てくるばかりでなく、中国革命の正否（少なくとも中国国共内戦での毛沢東が主導する解放軍の勝利は引き延ばされたであろう）にも大きな影響を与えたことは確かであろう。そのことの意味合いはきわめて大きなものがあり、今後の重要な研究課題として残されていることを指摘しておきたい。

2　長崎への二発目の原爆投下の意味

日本への原爆投下の理由としては、主に米国側の研究成果として、すでに述べた米国の公式見解である「早期終戦・人命救済説」やソ連に対する威嚇・抑制と戦後世界での覇権確立の他にも、日本の「卑怯な」真珠湾攻撃と「バターン死の行進」などの「野蛮な」戦争捕虜虐待に対する「報復」と、その背景にある人種的偏見の影響、20億ドルという巨大な開発費用の「回収」を求める議会・国民からの強い圧力の存在、新型兵器の威力を試すための実戦使用と人体実験の必要性、ルーズベルトの負の遺産とマンハッタン計画実施機構の「はずみ」、米国指導者（トルーマン、バーンズ、グローブズなど）の野心と人種的偏見、などが指摘されてきた。[9]

また、主に日本側から見た原爆投下研究の最近の新しい特徴として、大別すれば、Ａ．「原爆投下の必要性・正当性」を中心とする政治・軍事上の問題から、「原爆投下の道義性」を問う人道上・国際法上の問題へ、Ｂ．冷戦の起源としてのソ連抑止説（戦後世界での米国の優位性確立とソ連の影響力封じ込め）から人体実験説（新兵器の実戦使用での威力の確認）へ、Ｃ．アウシュヴィッツ、南京大虐殺との「ジェノサイド（大量殺戮）」としての共通性への注目、Ｄ．真珠

湾攻撃と原爆投下の相殺説から、重慶爆撃と原爆投下の共同加害説へ（「被害」と「加害」の重層性、「人道に対する罪」としての「無差別爆撃」と「大量殺戮」、無差別都市爆撃の延長線上としての原爆投下という位置づけ）、という４つの傾向を指摘できる。

　これらの見解・指摘は、問題が多い欺瞞的な20億ドル圧力説を除けば、それぞれが非常に説得力があり、今後さらに原爆投下問題の解明を進めていくためにも有力な手がかりになると思われる。ここでは、特に、冷戦の起源としてのソ連抑止説（戦後世界での米国の優位性確立とソ連の影響力封じ込め）から人体実験説（新兵器の実戦使用での威力の確認）へという最近の新しい視点を長崎原爆との関連で考えてみたい。

　これまでの原爆投下研究では、日本への原爆投下は「人類史上初の出来事」であった第一発目の広島への原爆投下とほとんど同一視される傾向が強く、第二発目である長崎への原爆投下の意味はともすれば見落とされがちであった。このような傾向は、第二次世界大戦後の世界的な原水爆禁止運動においても、「ヒロシマ」と比べて「ナガサキ」の名前・存在があまり知られておらず最近にいたるまで非常にその影が薄かった事情とも通じるものがある。しかし、私は、ここに重大なもう一つの「落とし穴」があったと考えている。というのは、米国による原爆投下の動機・目的を考える場合に、広島原爆と長崎原爆との共通性のみが注目され（あるいはそれが自明の前提とされ）、両者の相違や微妙な差異が無視・軽視されることになったからである。

　すでに述べたように、戦後世界での米国の世界的な覇権確立とソ連の影響力・発言力の封じ込めのための日本への原爆投下という評価・位置づけは、確かに戦後直後に本格化する冷戦との関係をみれば非常に説得力のある見解であることに異論はない。しかし同時に、それとは異なる隠された要因があったのではないのかというのが私の立場・見解である。すなわち、「原爆投下は新型兵器の威力を試し、その効果を確認するための実験であり、とりわけ人体への影響の測定という実験を重視したものではなかったのか」という解釈・評価がそれである。ここでそのことを全面的に論証する余裕・準備はないが、現時点

で私は、原爆投下には複数の動機・目的があったのは事実であるが、その中でもソ連抑止説と人体実験説が特に重要で両者の関連や投下要因における比重などを今後明らかにしていかなければならないと考えている。

最近の米国の歴史研究者の中では、日本への原爆投下は不要であったという見解が多数派になりつつあるという。より厳密に言えば、「一発目の原爆投下の必要性をどのように考えるかはともかく、8月9日に長崎に落とされた二発目の原爆は、ほぼ間違いなく不必要なものだった」(米国のバートン・バーンスタイン教授) という認識が拡がっているということである。しかし、それではなぜ長崎に原爆が落とされることになったのかという問題を正面から問い、またそれを人体実験説との関連で考える米国の研究者はなぜかほとんど見当たらない。この点は、原爆投下問題を専門とする米国側の研究者で日本語資料を読みこなせる者がほとんどいないという現状とも関連があると思われるが、日米間で原爆投下問題での共通認識をこれから形成していくにあたって、大きな鍵を握っていることだけは確かである。

これまでの議論との関連でいえば、長崎に二発目の原爆を投下した目的の一つは、広島への原爆投下の悲惨な結果を確認したうえで、その直後に行われたソ連参戦の影響を最小限にし、日本の降伏はあくまで原爆投下によるものとするためであったと考えられる。広島への原爆投下によってソ連参戦が、予定されていた15日から9日未明に早められることになった(対日宣戦布告は8月8日)。それは、原爆投下によってできればソ連参戦前に日本を降伏させたい、という米国・トルーマン大統領の意図を察したソ連・スターリン書記長が、2月のヤルタ密約での対日参戦の見返りとしての利権確保を確実にするために、蒋介石政府との協定成立前にもかかわらず既成事実を作ろうと急遽参戦したとの解釈が成り立つ。また、長崎への原爆投下は、真相はなお不明であるが、これも当初は11日に投下される予定であったのが天候の事情からグローブズ将軍の指示で急遽9日に早められたといわれている。

ここで一つの疑問が生じる。この長崎への原爆投下の決定に、はたしてトルーマン大統領は直接に関わっていたのか、もし関わっていたとすれば具体的

にどのような手順でいかなる決定を行ったのか、という問題である。トルーマン大統領やバーンズ国務長官らが直接関与していたとするならば、天候の理由ではなく、政治的理由によって長崎への原爆投下が早められた可能性も出てくるが、今のところ直接の証拠は見つかっていない。また逆に、マンハッタン計画の現場の最高責任者であったグローブズ将軍は、トルーマン大統領は日本への原爆投下の最終決定は行ったものの、その具体的手順の細部には直接関わっていなかったことを示唆している。そして、トルーマン大統領が長崎原爆の後で、第三発目を含む、それ以上の原爆投下の中止を命じたことは事実として確認されているとはいえ、この点をめぐる真相はいまだ明らかになっていないといえよう。

　長崎への二発目の原爆投下について注目する見解は、これまで主に日本側（特に長崎）の研究者によって提起されてきており、その多くは人体実験説と密接に関係している。[11] それは、長崎の視点から原爆投下問題にアプローチするもので、長崎原爆は広島に投下されたウラン型とは異なるプルトニウム型であり、アラモゴードで実験済みであったとはいえ、広島原爆と同じく、やはり実戦での使用でその威力と効果を試すためであったのではないか、という点を重視する。これは、7月25日の時点で出された原爆投下指令が二種類の原爆を準備が出来次第、連続して投下することを厳命していた（すなわち、広島原爆と長崎原爆は「ワンセット」としてとらえられていた）という事実とも符合するものである。つまり、米国政府は都市の物理的破壊ばかりでなく都市住民の皆殺しを狙って新型兵器の実戦使用を行ったのであり、人体実験の性格が濃厚であったという主張である。これが真実であるならば、原爆投下は戦争の短期化と人命の救済という「人道的行為」であったという「原爆神話」が根底から崩れ去ることになり、これまで主張されてきたいかなる「米国の論理」をもってしても原爆投下を正当化することは到底できなくなる。

　また、それを裏付ける事実として、1．米軍が原爆の効果・威力が最も発揮出来るような都市を投下対象に選んだこと、2．原爆の効果・威力を正確に知るためにその投下対象に選ばれた都市に対して、この決定以降、通常爆撃を行

うことを禁止したこと、3．原爆搭載機とは別に天候観測機や写真撮影機を飛ばして原爆の効果・威力を測定するための機器（ラジオゾンデ）を投下したこと、4．日本への原爆投下前に事前デモンストレーションや事前警告を行うのは原爆の威力・破壊力を損なうだけで「正気の沙汰ではない」とグローブズ将軍が主張していたこと、5．米軍が戦後に出した報告書で広島と長崎の原爆投下を一つの「実験」として位置づけ広島は成功で長崎は失敗であったとの評価を行っていたこと、6．戦後の占領期において米軍がABCC（「原爆傷害調査委員会」）を通じて放射能の人体への影響を調べるために被爆者を「モルモット扱い」して治療に名を借りた実験データの収集などを行いその後の核開発のために利用したこと、7．長崎への投下目標地点が当初いわれていた三菱兵器工場などの軍事施設ではなく都市中心部の常盤橋であったと判明したことによって、原爆投下の本当の目的は都市住民の殺戮であったことが証明されたこと、などを挙げることができよう。

　これに関連した重要な事実として、1945年春の時点でグローブズ将軍やバーンズなどが原爆投下の条件が整う前に日本が降伏して原爆投下の機会を失うことを恐れていたこと、またトルーマン大統領は原爆実験が失敗した場合にはソ連参戦を避けるために平和的な手段で日本降伏を実現する意図があることを示唆していたこと、などが注目される。そして、こうした事実から、原爆投下の真の目的は、ソ連に対する威嚇・示威であったという前に、何よりも降伏間近な日本に対する最後の「絶好のチャンス」を活かした新型兵器の実戦使用と人体実験であった、という一つの仮説を導くことができる。

　こうした仮説を最も早くから主張していた人物の一人が故芝田進午氏である。彼の次の言葉は実に説得力に富んでいる。
《広島・長崎への原爆攻撃の目的は何だったのか。一つには戦後世界での米国の覇権確立であり、二つには「原爆の効果」を知るための無数の人間への「人体実験」だった。だからこそ、占領直後に米軍が行ったことは、第一に、原爆の惨状についての報道を禁止し「人体実験」についての情報を独占することだった。第二に、史上前例のない恐ろしい火傷、放射能障害の治療方法を必死に

工夫していた広島・長崎の医者たちに治療方法の発表と交流を禁止するとともに、死没被爆者のケロイドの皮膚や臓器や生存被爆者の血液やカルテを没収することだった。第三に、日本政府をして国際赤十字からの医薬品の支援申し出を拒否させることだった。たしかに「実験動物」を治療するのでは「実験」にならない。そこで、米軍は全力を尽くして被爆者の治療を妨害したのである。第四に、被爆者を「治療」せず「実験動物」のように「観察」するABCC（「原爆傷害調査委員会」と訳された米軍施設）を広島・長崎に設置することだった。加害者が被害者を「調査」するというその目的自体が被爆者への人権蹂躙ではなかったか。》[12]

3　無差別爆撃と大量殺戮――「重慶爆撃」から「ヒロシマ・ナガサキ」へ

　原爆投下問題を見直す場合のもう一つの重要なアプローチとして、無差別爆撃と原爆投下の関係を問う視点、すなわち「無差別爆撃による大量殺戮の延長」としての原爆投下がある。そこで、無差別爆撃と大量殺戮という視点から、まず無差別爆撃の起源から原爆投下への歴史的変遷を概観し、次にその無差別爆撃の今日的形態との共通性を考えてみたい。まず「非戦闘員（民間人）の大量殺戮」という明らかな戦争犯罪としての無差別爆撃の起源についてであるが、それは戦略爆撃の思想および実践の変遷と密接な関連をもっている。この「戦略爆撃」という言葉は、当初は軍需施設・工業地帯への「精密爆撃」という意味で用いられたものであり、必ずしも最初から「無差別爆撃」と結びついたものではない。しかし、兵器の性能・破壊力が向上して戦争がしだいにエスカレートするなかですぐに都市住民や都市全体の破壊を目的とする無差別爆撃へと変わることになった。無差別爆撃は、スペインのゲルニカに対するナチス・ドイツの爆撃からはじまり、日本軍による重慶爆撃、独軍によるロンドン爆撃やそれに対する報復としての米英軍によるハンブルク・ドレスデンなどへの爆撃、そして日本の東京・大阪・名古屋などへの大空襲、最後に広島・長崎への原爆投下へとつながることになった。こうした戦略の残虐さの段階的な上

昇と比例して、交戦当事国における人道的価値・倫理的基準は急速に後退・低下することになる。そうした戦争の変質と人道的・倫理的基準の転換を背景として注目されるのが、日本軍によって引き起こされた重慶爆撃である。これは、1931年の満州事変から上海・南京・武漢への日本軍による攻撃・占領が続く中で行われた、当時の中国の国民党政府が本拠を置いていた臨時首都・重慶に対する初めての長期的戦略爆撃であり、当初から無差別爆撃の様相を色濃く呈していた。

　この重慶爆撃は、1938年2月18日から、1943年8月23日までの5年半の長期間にわたって行われ、死者11,889人、負傷者14,100人を出し、破壊した家屋17,608戸であったといわれる。[13]

　前田哲男氏は、重慶爆撃の特徴として、第一に、重慶爆撃は都市全体の破壊、あるいは都市住民の生命の剥奪そのものを狙った攻撃であったということ、また第二に、空軍力のみによる攻撃であったということ、さらに第三に、それが相手国（指導者および民衆）の戦争の継続意志の破壊、すなわち戦意喪失が目的であったということ、の三点を挙げている。そして、その重慶爆撃を無差別都市爆撃の歴史の中に位置づけ、「戦政略爆撃」なる名称を公式に掲げて実施された最初の意図的・組織的・継続的な空中爆撃で、それまでの戦争と人間の関係を「戦争と人間関係の希薄化」へと一変させた「（徹底的に）眼差しを欠いた戦争」であったばかりでなく、また日米関係史のなかで「もう一つの真珠湾」と表現できる意味と影響力を米国人の対日観に今日にいたるまでおよぼし続けていることなどを指摘している。[14]

　このような中国の首都・重慶に対する日本軍による残虐な無差別爆撃は、「戦略爆撃のブーメラン」（前田哲男氏の言葉）という形で、その後の日本に対する米国の攻撃（東京・大阪・名古屋等への無差別爆撃と広島・長崎への原爆投下）となって返ってくる。まさに「広島に先行するヒロシマ」「東京空襲に先立つ無差別都市攻撃の先例」であった。そして、重慶爆撃と原爆投下に共通する特徴として、以下の諸点を挙げることができる（また、これらの点は、現在のアフガニスタン・イラク戦争にもそのまま当てはまる）。

第一点は、無差別爆撃を正当化する戦争目的と軍事の論理である。これは、無差別爆撃によって一般国民に「衝撃」と「恐怖（畏怖）」を与えて、敵国民の戦意・継戦意思を喪失させるのが最大の戦争目的であることだ。この点は、「衝撃と畏怖」あるいは「イラクの自由」と命名された米英軍等によるイラク攻撃作戦の目的（戦闘員の戦意喪失および非戦闘員の戦争継続・抵抗意思の剥奪）とも共通している。

　第二点は、無差別爆撃をしても敵との距離が遠いために、相手側の死傷した姿等の惨状を直接目にすることはないために良心の呵責や罪悪感を感じずにすむことだ。この点は、アウシュヴィッツ、南京等での大量殺戮と無差別爆撃・原爆投下との大きな違いでもある。このことは、安全な遠隔地からのハイテク兵器によるピンポイント爆撃という「戦争のゲーム化」にも形を変えて現れているといえよう。

　第三点は、早期終戦・人命救済、すなわち戦争を短期間で終結させて犠牲者を最小限にできるという正当化の論理である。だが、これは勝つためには手段を選ばないという野蛮な戦争のやり方をあたかも「人道的方法」であるかのように言う非常に欺瞞的な動機づけであると指摘せざるを得ない。

　第四点は、無差別爆撃を行う場合に、新型兵器の実験や訓練という要因が常にともなうことである。例えば、重慶爆撃では、新しい「零式戦闘機」、あるいは新しい爆撃機「一式陸上攻撃機」、新しい焼夷弾「新四号」等が用いられた。また、重慶爆撃はその後の日米戦争の前哨戦としての性格、すなわちそのための「訓練」を兼ねていたともいわれている。最近のアフガニスタン戦争およびイラク戦争において、劣化ウラン弾やクラスター爆弾ばかりでなく、デージー・カッター、サーモバリック爆弾、電磁波爆弾等のあらゆる新型兵器が実戦で使用されたことは記憶に新しい。

　第五点は、第一次世界大戦・第二次世界大戦とともに登場した「総力戦」という考え方である。それは、戦争の勝敗を決するのは最前線での戦闘能力を支える、銃後・後方におけるその国の経済力と国民全体の総合的な団結力であるという戦争観であり、この「新しい国民戦争」に勝つためには本国の産業基盤

を破壊することが決定的に重要な意味をもつことになったのである。そして、「戦闘員と非戦闘員の区別」や「軍事目標に限定した戦略爆撃」という道徳的規範が次第に失われ、都市全体の破壊や全住民の抹殺を目的とするような無差別爆撃が行われるようになったということである。

　第六点は、植民地主義と人種差別主義の結合という考え方である。これは、自分たちの側が「正義」「民主主義」であって、邪悪な敵や劣っている民族に対してはどのような手段を用いても構わないというある種の人種的な偏見や差別に基づく考え方である。その結果、敵国の軍事・政治指導者ばかりでなく一般国民も等しく邪悪であるという「敵の悪魔化」「敵の非人間化」が行われて、異教徒撲滅あるいは害虫駆除と同じような感覚で敵国人の皆殺しや大量殺戮さえ正当化されるようになる。東京大空襲や二度にわたる原爆投下を平然と行い、その悲惨な結果を知った上でもなおそれを正当化する姿勢の背後にはこのような考え方があったのである。また、日本軍による真珠湾攻撃や連合軍捕虜虐待などに対する怒り・憎しみとそれに対する報復という感情がそれに拍車をかけたことも間違いない。

　以上から、無差別爆撃を正当化する論理は、そのまま原爆投下を正当化する論理と重なることがわかるであろう。しかし、このような考え方は、根本的には植民地主義や人種差別主義に根ざしたものであり、人道的観点からも決して容認できないことは明らかである。特に問題なのは、こうした無差別爆撃や原爆投下を正当化する考え方が、過去ばかりでなく現在においても形を変えて生き続けているということだ。すなわち、冷戦終結直後の湾岸戦争で「正義の戦争」という考え方が復活し、その後のボスニア・コソヴォ紛争やアフガニスタン戦争・イラク戦争でも「人道のための戦争」「平和のための戦争」という形で拡大・強化されている。しかし、こうした考え方は、「空からの（国家）テロ」ともいうべき無差別爆撃の非人道性・残虐性を覆い隠す、きわめて偽善的かつ欺瞞的な考え方であるといえよう。

　そして、この点に関連して吉田敏浩氏が、空爆加害者と空爆被害者の間に横たわる圧倒的な「距離」「隔たり」を、①「空間的距離・隔たり」、②「心理的

距離・隔たり」、③「身体的距離・隔たり」、④「政治経済的距離・隔たり」、⑤「科学技術的距離・隔たり」、⑥「差別意識的距離・隔たり」、⑦「情報的距離・隔たり」、の7点にわたって指摘されているのが注目される[15]。また、生井英考氏は、無差別爆撃が「見えない戦争」と化しているとし、「かつての戦争と違って高度に機械化された現代の戦争では、攻撃する側と攻撃される側の経験があまりにも大きな非対称を描き、敵味方の双方にとってお互いを見えない存在としてしまうのである」と指摘している[16]。まさに空爆加害者が良心の呵責にとらわれない秘密がここに隠されている。

4 故鎌田定夫先生に学ぶ「被爆体験の思想化」と韓国・朝鮮人被爆者問題──「被害」と「加害」の二重構造を越えて

　ここでは、長崎において被爆者問題と核兵器禁止・廃絶運動をその生涯にわたって追究された故鎌田定夫先生（長崎平和研究所初代所長）の足跡を取り上げて「被爆体験の思想化」と韓国・朝鮮人被爆者問題を考えてみたい。鎌田定夫先生がご自分の人生の中で最も精力と情熱を注がれたのが反原爆表現運動の一環としての被爆証言記録運動であった。1969年（昭和44年）8月に鎌田先生は秋月辰一郎氏らとともに『長崎の証言』を創刊する。そして、「長崎の証言の会」について、次のように語られている。

　「長崎の証言の会は、反核証言活動を独自課題とする自立的市民組織として、国家権力や党派、自治体からさえ自立し、つねに地球的に考え、原点"ヒロシマ・ナガサキ"から行動すべく努めてきた。証言記録の作成や編集刊行という作業は、きわめて地道で一定の技術と集中力を要するが、同時にその普及と持続の点では、集団の知恵とエネルギーが不可欠である。証言の会が、長崎・広島を起点に世界各地の被爆者を結び、日本全土にネットワークを組みながら、日常は運営委員会と事務局を中心に運営するという、逆ピラミッドの形をとりつつ、世界と日本の一切の重みを引き受け、つねに自主独立をつらぬこうと努めてきたのはこのためである[17]。」

「被爆者たちの体験と訴えを出来る限り正確な文章表現、体験記録として提出すること、それを通して政府の被爆者対策やアメリカの核政策への追随を告発し、国家補償にもとづく被爆者の完全援護と核兵器全面禁止運動への内側からの論理的思想的根拠を固めていくこと、また、その証言活動を通して、被爆者と市民の強固な国民的連帯をつくりあげていくこと、これらの問題意識と動機から"長崎の証言"運動が出発する。」[18]

　その活動の中で鎌田先生が重視されたのが、戦争・原爆の全体構造（戦争と原爆が内包する様々な人間的因子、貧困と抑圧、差別の構造）を描くことができる視点と方法を確立すること、また被爆者自身が自己の体験を相対化・客観化し他者に説得力を持って語れるようになることであった。後者の点との関連では、例えば、「ただ被害者意識で訴えるのじゃなく、いかに普遍性を持つような訴えになるのかという意味で、体験そのものを、被害と加害の関係の中で、もっと構造的にとらえる。そうすれば非体験者、あるいは日本人じゃない人、若い世代にも伝承可能です。自分たちの問題として翻訳が可能なんですね。自分たちの日常体験の中に翻訳できなければ、昔のことを昔のこととして語るだけでは、伝わらないんですね」とも述べている。[19]

　また、被爆者が「最も人間的に生きるべく運命づけられた人々」と呼ばれることに言及して、「これは、取りようによっては、被爆者の聖化・賛美につながりかねない。だが、被爆者がたえず原爆後障害に脅かされる存在であることを除けば、彼は『生まれながらにしてもっとも人間的な存在』というわけではない。…中略…『彼は自分の行為を通して人間となる』、つまり、被爆者としてのさまざまな試練に耐え、…中略…核権力とその追従者に核廃絶をせまる人間的行為によって、彼は一被爆者としてでなく、もっとも人間的な人間になるであろう」と語っている。[20]

　このように鎌田先生は、被爆者自身が自己の体験を相対化・客観化し他者に説得力を持って語れるようになることが重要であることを強調されるとともに、それとの関連で、被爆者が高齢化するなかでいかに原爆教育・平和教育を建て直すかが急務となっていることを指摘されていた。また、反原爆の精神的

原点としての被爆体験を安保闘争挫折後に分裂した「核廃絶・平和運動」の統一と団結の回復、(原爆被害者・核被害者をはじめ) すべての人々の国際的な連帯の実現につなげていくことが今こそ求められていると強調されていた。

さらに注目されるのが、在外被爆者や連合軍捕虜を含む外国人被爆者問題への取り組みである。鎌田先生は、被爆体験の全体像と外国人の被爆という視点、あるいは日本の加害と戦争責任(「被害」と「加害」の重層性) という側面からも原爆と戦争の問題を追究された。被爆者の証言集では、日本人被爆者の証言だけでなく、外国人被爆者の証言も積極的に発掘した。「何よりもまず、かつての帝国主義的掠奪と十五年戦争での加害責任を問うことから始めねばなるまい。朝鮮・韓国人被爆者たちの証言は、このことを疑う余地のない事実として明証している。」[21]、「外国人被爆者・在外被爆者こそが、日本軍国主義とアメリカ原爆帝国主義に挟撃された二重の被害者である。」[22]、「韓国・朝鮮人被爆者こそ、『人類が直面する"核兵器廃絶"という緊急かつ最高の課題』を解く鍵を握っている存在である」(「こころの被爆者」より) という言葉には、広島や長崎では日本人ばかりでなく日本の侵略戦争・国家総動員体制の下で強制連行された多くの外国人が被爆したという事実、広島・長崎の被爆構造にはアジア太平洋戦争における「日本軍国主義」による加害・被害とともに米国の「原爆帝国主義」による加害・被害が二重に刻印されているという認識が見事に表現されている。

そして、韓国・朝鮮人や中国人の強制連行や捕虜収容所の問題も構造的なテーマとして取り込む。奇襲・瞬間性、無差別・根絶性、全面・持続・拡大性という原爆被害の特質や核戦争の隠された本質の解明がここから可能となった。その一端は、私も2007年8月に韓国・ハプチョンの韓国原爆被害者協会陜川支部を訪問してお会いした、支部長・沈鎮泰(シム・ジンテ) さん、元監事・柳永秀(ユウ・ヨンス) さんなどのお話からも実感できた。

また、鎌田先生が最後までこだわっておられたテーマの一つが「長崎と広島に投下された原爆の本質とは何だったのか」という問題である。この問題について鎌田先生は、「原爆投下の意味の普遍化」(日本・米国・アジア諸国での共通

認識の確立)、すなわち日本国内における被爆者と一般国民との間はもとより、日本人の原爆認識と米国・アジア諸国の一般大衆の間での認識ギャップを埋めていくことの重要性を常に指摘されていた。

鎌田先生の「アメリカの原爆攻撃と戦後の被爆者放置、被爆実相の隠蔽等は、明らかな非人道的行為であり、かつ国際法背反行為である」「天皇の戦争責任をはじめ、強制連行・強制労働や"従軍慰安婦"、731部隊、日米取引・二重外交の存在など、日本の戦争責任と戦後補償の問題の多くは未解決である」[23]という言葉がその意義と重要性をよくあらわしている。

最後に、「広島・長崎の被爆構造には、アジア・太平洋戦争における日本軍国主義による加害・被害とともに、アメリカの原爆帝国主義による加害・被害が二重に刻印されました。」(「『ヒロシマ・ナガサキ』とは、その今日的意味」長崎平和研究所のHPより)という鎌田先生の指摘を肝に銘じて、私たちは今後とも解決すべき重要課題として、積極的に取り組んでいく必要があるであろう。

【注】
1) 斉藤道雄著『原爆神話の50年——すれ違う日本とアメリカ』(中公新書)中央公論社(1995年)を参照。
2) 「マーティン・J. シャーウィン氏へのインタビュー」中国新聞ヒロシマ50年取材班編『核時代　昨日・今日・明日』中国新聞社(1995年)36頁。
3) 例えば、岩城博司氏は、米国はすでに1939年の時点で日本への原爆投下を決定していたと指摘している(岩城博司著『現代世界体制と資本蓄積』東洋経済新報社(1989年)16頁)。また、スチュワート・L. ユードル氏(米国)によれば、ドイツの具体的な原爆開発計画は実際には存在せず、米英両国はそれを1939～1942年という早い段階から知っていたという(スチュワート・L. ユードル著『八月の神話——原子力と冷戦がアメリカにもたらした悲劇』時事通信社(1995年)39-47頁)。
4) 山田康博「『ナンバーズ・ゲーム』10年後の再論——原爆投下をめぐって——」『アジア太平洋論叢』18号(2009年7月)を参照。
5) P.M.S. ブラケット著『恐怖・戦争・爆弾——原子力の軍事的・政治的意義』法政大学出版局(1951年)211頁。
6) その代表的なものとして、例えば、麻田貞雄「原爆投下の衝撃と降伏の決定——原爆論争の新たな視座」『世界』616号(1995年12月)および同「原爆投下の衝撃と降伏の決定」細谷千博他編『太平洋戦争の終結——アジア・太平洋の戦後形成』柏書房(1997年)を参照。

第Ⅰ部　日本側の原爆投下認識

7) 主な著作として、西島有厚著『原爆はなぜ投下されたか——日本降伏をめぐる戦略と外交』［新装版］青木書店（1985年）、荒井信一著『原爆投下への道』東京大学出版会（1985年）、進藤榮一著『戦後の原像——ヒロシマからオキナワへ』岩波書店（1999年）、長谷川毅著『暗闘——スターリン、トルーマンと日本降伏』中央公論新社（2006年）などを参照。

8) 例えば、エドワード＝セント・ジョン著『アメリカは有罪だった——核の脅威の下に（上）（下）』朝日新聞社（1995年）、田中正明著『パール判事の日本無罪論』小学館（2001年）、C.G.ウィーラマントリ著『核兵器と科学者の責任』中央大学出版部（1987年）、松井康浩著『原爆裁判——核兵器廃絶と被爆者援護の法理』新日本出版社（1986年）などを参照。

9) 原爆投下問題を扱った米国などの主な研究書（日本を除く）としては、P.M.S.ブラケット著『恐怖・戦争・爆弾——原子力の軍事的・政治的意義』法政大学出版局（1951年）、L.ギオワニティ／F.フリード共著『原爆投下決定』原書房（1967年）、ハーバート・ファイス著『原爆と第二次世界大戦の終結』南窓社（1974年）、マーティン・J.シャーウィン著『破滅への道程——原爆と第二次世界大戦』TBSブリタニカ（1978年）、ガー・アルペロビッツ著『原爆投下決断の内幕——悲劇のヒロシマ・ナガサキ（上）（下）』ほるぷ出版（1995年）、アージュン・マキジャニ／ジョン・ケリー共著『原爆投下のシナリオ　Why Japan?』教育社（1985年）、ロナルド・タカキ著『アメリカはなぜ日本に原爆を投下したのか』草思社（1995年）などの文献を参照のこと。また、アジア・太平洋戦争が「人種（主義）戦争」であったとの指摘については、例えば、ジョン・W.ダワー著『容赦なき戦争——太平洋戦争における人種差別』平凡社（2001年）、ロナルド・タカキ著『アメリカはなぜ日本に原爆を投下したのか』草思社（1995年）および同著『ダブル・ヴィクトリー——第二次世界大戦は、誰のための戦いだったのか？』柏艪舎（2004年）などを参照。

10) バートン・バーンスタイン「検証・原爆投下決定までの三百日」『中央公論』1995年2月号411頁。

11) 長崎への原爆投下の意味に注目する数少ない貴重な研究・文献としては、例えば、犬丸義一「長崎になぜ原爆が投下されたか」『平和文化研究』第12集（長崎総合科学大学発行、1989年）、鎌田定夫「長崎原爆とは何であったか」マヤ＝モリオカ・トデスキーニ編集『核時代に生きる私たち——広島・長崎から50年』時事通信社（1995年）、田崎昇「長崎になぜ？——原爆投下をめぐる二つの疑問について考察する——」『長崎平和研究』第18号（2004年10月）、などを参照。この主題を直接扱った米国側の文献に、Joseph Laurance Marx "Nagasaki; The Necessary Bomb?" Macmillan Pub Co (September 1, 1971) がある。

また、原爆と人体実験の関係に注目した研究には、芝田進午「被爆50年　これからの課題——人体実験としての原爆——」『平和文化研究』第19・20集合併号（長崎総合科学大学発行、1997年）、高橋博子「核時代における国家と国民——原爆医療情報と民間防衛」紀平英作編集『帝国と市民——苦悩するアメリカ民主政』山川出版社（2003年）

がある。また関連文献として、笹本征男著『米軍占領下の原爆調査——原爆加害国になった日本』新幹社（1995年）、椎名麻紗枝著『原爆犯罪——被爆者はなぜ放置されたか』大月書店（1985年）、アルバカーキー・トリビューン編『マンハッタン計画——プルトニウム人体実験』小学館（1994年）、山崎正勝・日野川静枝共編『原爆はこうして開発された』青木書店（1997年）、沢田昭二他著『共同研究　広島・長崎原爆被害の実相』新日本出版社（1999年）、河井智康著『原爆開発における人体実験の実相——米政府調査報告を読む』新日本出版社（2003年）、なども参照。

12）　芝田進午・広島大学名誉教授「被爆者援護法——もうひとつの法理」（『毎日新聞』1994年9月6日付）より抜粋。

13）　中国・重慶市で2003年12月に開催された「重慶爆撃65周年国際シンポジウム」での報告資料より。私も参加して報告を行った。拙稿「原爆投下と無差別爆撃——重慶から広島・長崎へ——」『長崎平和研究』第16号（2004年10月）を参照。

14）　前田哲男著『戦略爆撃の思想——ゲルニカ、重慶、広島』凱風社（2006年）25-28頁および438-440頁。その他の重慶爆撃と無差別爆撃については、例えば、前田哲男著『戦略爆撃の思想　ゲルニカ-重慶-広島への軌跡』朝日新聞社（1988年）および同「日本が戦争の歴史に加えたこと——『9・11』への補助線」磯村早苗／山田康博共編『グローバル時代の平和学２　いま戦争を問う』法律文化社（2004年）58-88頁、荒井信一『空爆の歴史——終わらない大量虐殺』岩波書店（2008年）、田中利幸著『空の戦争史』（講談社現代新書）講談社（2008年）、ロナルド・シェイファー著『アメリカの日本空襲にモラルはあったか——戦略爆撃の道義的問題』草思社（1996年）などを参照。

15）　吉田敏浩著『反空爆の思想』日本放送出版協会（2006年）24-27頁を参照。

16）　生井英考著『空の帝国　アメリカの20世紀』講談社（2006年）201頁を参照。

17）　鎌田定夫「反原爆——人間のあかし」『長崎の証言20年　1969〜1989』長崎の証言の会（1989年）16頁。

18）　鎌田定夫「歴史の証言から歴史の変革へ」『広島・長崎30年の証言（下）』未來社（1976年）137頁。

19）　中村尚樹「こころの被爆者」『長崎平和研究』第13号（長崎平和研究所編集・発行、2002年4月）13-14頁（中村尚樹著『「被爆二世」を生きる』中央公論新社（2010年）に所収）。

20）　鎌田定夫「被爆者の声はどこまで核権力にせまったか」『証言——ヒロシマ・ナガサキの声』第14集（2000年9月）26頁。

21）　鎌田定夫編『被爆朝鮮・韓国人の証言』朝日新聞社（1982年）290頁。

22）　長崎総合科学大学長崎平和文化研究所編集『ナガサキの平和学』八朔社（1996年）。

23）　原爆投下と日本の戦争責任との関連をどう考えればいいか、という問題については、次の高橋哲哉氏の短いが本質を突いた鋭い論考を参照のこと（「アメリカは広島、長崎の原爆投下を謝罪していないのに、なぜ日本だけが謝罪しなければならないのですか？」『世界（増刊）』通号687号（2001年4月））。

第2章　原爆(核兵器)と劣化ウラン兵器の禁止・廃絶を求めて

はじめに

　現在の世界においては、核をめぐって危機と好機の相反する状況の同時進行が見られる。すなわち、一方では、イランや北朝鮮（朝鮮民主主義人民共和国を略す）への核兵器およびミサイルの拡散をめぐって国際的な緊張が生じている。米国や日本などの強硬姿勢などもあって、最悪の場合は核兵器（新型戦術核兵器）の先制使用を含む核戦争の危機が現実のものとなりかねない、きわめて危険な状況となっている。また、他方では、核兵器を生物・化学兵器とともに国際法上で非合法化すべきだとする国際的な提言が世界の有識者でつくる「大量破壊兵器委員会」（WMDC＝ハンス・ブリクス委員長）によって2006年6月1日に出された。また、同年7月15・16日には被爆地・広島で、「原爆投下を裁く国際民衆法廷・広島」が開催され、トルーマン大統領ら被告15人全員に有罪判決が出された。さらに、翌8月3〜6日に同じく広島で「劣化ウラン兵器（DU）禁止を訴える国際大会・ICBUW」が開催され、被爆地広島から世界へ向けたDU廃絶行動への参加を呼び掛ける「ヒロシマ・アピール」が採択された。

　本章では、このような状況・背景を踏まえて、戦後65年目の視点から、原爆（核兵器）と劣化ウラン兵器の禁止・廃絶をめぐる諸問題を考えることにしたい。[1]

1　「グローバルヒバクシャ」という視点への注目

　原爆投下に関わる視点として、今日新たに注目され始めているのが「グロー

バルヒバクシャ」という新しい視点である[2]。これは、「ヒバクシャ」をいわゆる「ヒロシマ・ナガサキ」の原爆犠牲者に限定するのではなく、より広い視点から核被害者を把握していこうとするものである。すなわち「グローバルヒバクシャ」とは、ウラン鉱山での採掘作業に駆り出された労働者や核（・原爆）開発・実験に動員された労働者（その多くは「先住民」たちであった！）・科学者・兵士（核戦争状況下での戦闘能力を試された「アトミック・ソルジャー」）、そして核（原水爆）開発・実験に巻き込まれた周辺住民・漁民（マーシャル諸島、ビキニ環礁・エニウェトク環礁やネバダ・セミパラチンスクなどに住んでいた人々や偶然に実験海域を通りかかって被害を受けた日本のマグロ漁船・第五福竜丸の乗員も）はもとより、核・原子力の「平和利用」（より正しくは「産業・商業利用」）である原子力発電所・原子力関連施設で働く人々とその風下地域住民など、いわゆる放射線「被曝」を受けた核被害者たちを含めた概念である。この中には特殊な事例としてマンハッタン計画の一環として行われた「人体実験」の対象とされた民間人（その多くがマイノリティーで、重病患者や受刑者などが含まれていた）やチェルノブイリ・スリーマイル島や東海村などでの原発事故に遭遇した多くの人々も当然含まれる。また、より広義の意味では、これから述べる劣化ウラン兵器と枯れ葉剤の使用によって被害を受けた人々も「グローバルヒバクシャ」の中に位置づけることができるであろう（劣化ウラン兵器と枯れ葉剤が大戦中のマンハッタン計画との関連の中で研究・開発されたばかりでなく、その当初の使用対象が日本であったという事実も注目される[3]）。

　この「グローバルヒバクシャ」という新しい視点によって、「ヒロシマ」の前にも「ナガサキ」の後にも「ヒバクシャ」が生まれていたばかりでなく、現在でも増え続けているという事実が自然に見えてくる。また、「唯一の被爆国」としての日本というこれまでの原爆被害に関する認識が、（外国人被爆者・在外被爆者の問題と並んで）いかに浅薄なものであったかも知ることが出来よう。さらに、この劣化ウラン兵器を含む放射能兵器（枯れ葉剤は放射能兵器ではないがその有毒性において類似の効果・影響を持つ）の特殊性は、その後遺症が被爆（あるいは被曝）後も長く継続するという被害の永続性とともに、その恐るべき影

響・効果が戦闘員と非戦闘員の区別ばかりでなく、敵味方の区別さえも越えてあらわれるという、被害の無差別性と二重性という点においても注目されなければならない。以上のことを踏まえた上で、ここでは、劣化ウラン兵器と枯れ葉剤による被害の問題を考察したい。

2　劣化ウラン兵器と枯れ葉剤による新しい被害

　劣化ウラン弾（劣化ウラン兵器の中の一つ）をめぐる問題が日本を含む先進諸国のメディア・新聞各紙に登場するのは、NATO軍によるユーゴ空爆に参加して帰還したNATO軍兵士の中から白血病・癌などの症状で数名の死者を出すという事態に直面した2000年末以降のことであった。劣化ウラン弾の危険性については、すでに1991年の湾岸戦争後に「湾岸戦争症候群」と呼ばれる被曝に起因する障害が帰還した多国籍軍兵士（特に米英軍兵士）の間で表面化し、劣化ウラン弾使用との関連が多くの専門家によって指摘されていた。また、ボスニア紛争の際にも劣化ウラン弾の使用とその後遺症が注目を集めていたばかりでなく、コソヴォ紛争でもNATO空爆の最中から劣化ウラン弾使用による深刻な人的被害と環境破壊が懸念されていたのである。そして実際に、湾岸戦争では約100万発（300t相当）、ボスニア紛争では10,800発、ユーゴ空爆では31,000発の劣化ウラン弾が使用されたばかりでなく、アフガニスタン戦争、イラク戦争ではそれ以上の大量の劣化ウラン弾が市街地においてさえ使用されたと指摘されているのである。湾岸戦争からの帰還兵ばかりでなく、すでにボスニア紛争・コソヴォ紛争やアフガニスタン戦争・イラク戦争からの帰還兵の中からかなりの死者が出ているのである。[4]

　次に、このような問題に関する報道の仕方で「異常」と思われるのは、ユーゴ空爆に参加して帰還したNATO軍兵士の健康問題のみが注目されているという事実である。NATO軍によるユーゴ空爆が本当に「人道的目的」であったならば、投下対象となったコソヴォやセルビア・モンテネグロ（そして、ボスニア、イラクも）の地域住民（アルバニア人ばかりでなく、セルビア人・モンテネ

グロ人も当然含まれる）全体の生命・健康問題がまず第一に考えられなければならない。しかし、NATO空爆の最中もそうであったように、現実にはNATO軍兵士の犠牲回避が最優先されているのである（いうまでもなく、コソヴォ紛争に先立つ湾岸戦争・ボスニア紛争、さらにはNATO空爆後に行われたアフガニスタン戦争・イラク戦争にもあてはまる）。このことは、「人道のための戦争」・「正義の戦争」と宣伝されたNATOによるユーゴ空爆が、実は「アルバニア系住民の保護・救済」のためなどではなく、NATO自体の利益（生き残り・存続強化）のためであったことと無関係ではない。[5]

　劣化ウラン弾は、敵側の戦車・装甲車などを破壊する目的で「貫通性」を高めるために放射性弾頭を用いた一種の「（核爆発のない）核兵器」（米英軍の戦車・戦闘機などに装備）であり、強い重金属毒性とともに放射能毒性をもっている。それが、米国が日本に投下した原子爆弾やヴェトナム戦争で使用した枯れ葉剤などと同様の非人道的兵器、「悪魔の兵器」であることは明白である。NATO空爆（あるいは湾岸戦争・ボスニア紛争）における劣化ウラン弾の使用は、明らかな「国際人道法違反」・「戦争犯罪」であり、勝つため（自国民の犠牲を最小限にするため）には手段を選ばない米国流の戦争の特徴を如実に物語っていると言えよう。そのことと関連して注目されるのは、「湾岸戦争症候群」にかかった多国籍軍兵士の多くが米英両軍の兵士であった（米英首脳は劣化ウラン弾の危険性をその段階でもある程度知りながら戦場での勝利・犠牲回避を優先してそれを使用したといわれる）のに対して、旧ユーゴ紛争の場合（「コソヴォ症候群」、あるいはボスニア紛争の場合も含めて「バルカン症候群」と呼ばれる）は、米英両軍を除く他のNATO軍（特に、ドイツ、イタリア、ベルギー、ポルトガル、ドイツなどの兵士）から多く犠牲者が出ていることである。これは、劣化ウラン弾の危険性を知る米英首脳が自国軍兵士の安全には配慮しながら（米英軍は劣化ウラン弾の最多投下地域の担当からなるべくはずされ、また米英軍が劣化ウラン弾を回収する際には汚染防止措置がとられたと言われる）、他の同盟国首脳やNATO軍兵士には知らせずにそれを使用・放置したからである。NATO空爆の際に生じた中国大使館「誤爆」事件でも示されたような米国の単独行動主義・秘密主義がここ

にもあらわれていると言えよう。

　こうした事実がこれまで明らかにならなかった理由は、米英首脳が意図的に劣化ウラン弾に関わる情報を隠蔽してきたためばかりでなく、ボスニア政府やコソヴォのアルバニア人指導者が平和履行部隊（IFOR）・平和安定化部隊（SFOR）やコソヴォ展開部隊（KFOR）の縮小・撤退を恐れて抗議・公表を控えたこと、また米英以外のNATO加盟国指導者が米欧間の亀裂・対立を恐れて真相究明に及び腰であったこと、そしてイラクの場合には、その当時、「独裁者」フセインが「勝利」を演出するために自国の被害・犠牲を最小限に見せかけようとしたことなどがあげられる。

　NATO諸国（とりわけ米英）首脳がまず行うべきことは、コソヴォおよびセルビア・モンテネグロ（そして、当然ボスニア、イラク、アフガニスタン）での住民の健康調査・治療と劣化ウラン弾の処理・汚染防止であり、徹底した実態調査（因果関係の徹底究明と現地調査の早期実施）・責任者処罰と被害住民への謝罪・補償である。劣化ウラン弾の使用禁止・廃棄が必要であることは言うまでもない。この点で、米国の同盟国でかつ「唯一の被爆国」であり、沖縄の鳥島での演習（1995年～96年）で1520発の劣化ウラン弾が使用された事例がある日本も無関係ではない。この問題で明確な立場・見解を示そうとしない日本政府は、そうした曖昧・無責任な対応・姿勢を根本的に転換して、米国に対して、未だに沖縄の嘉手納基地に劣化ウラン弾が貯蔵されているという情報をまず確認し、劣化ウラン弾の持ち込みと配備・使用への反対姿勢を明確に打ち出すべきである。

　9・11事件後に米国によって行われたアフガニスタン・イラク攻撃（「新しい戦争」・「対テロ戦争」）では、湾岸戦争で初めて登場した劣化ウラン弾をはじめとするあらゆる新型の非人道的兵器が大量に使用された。米国は、国際的非難が集中しているにもかかわらず、それをあくまでも「正義の戦争」として正当化しようとしている。また、これとの関連で、米国が第二次世界大戦後に犯した「もう一つの戦争犯罪」であるヴェトナム戦争における枯れ葉剤使用とその被害をめぐる問題にもあらためて注目する必要があろう。米軍による枯れ葉作

戦は、ケネディ政権下の1961年から始まり71年まで続いた。その目的は、農地を砂漠化して当時勢力を強めつつあった南ヴェトナム解放戦線を一掃することであった。枯れ葉剤の散布総量は約9万キロリットルで、その中には劇毒性の発ガン物質であるダイオキシンが大量に含まれていた。その結果、戦争中ばかりでなく、戦後も今日にいたるまで現地のヴェトナム人（戦闘に従事した解放軍兵士と戦闘に直接関わらなかった地域住民、その両者の家族）ばかりでなく米国人（帰還米兵とその家族）からも多くの疾病や健康被害が生じ続けている。[6]

　以上のように、「一種の核兵器」（厳密には「放射能兵器」）ともいわれる劣化ウラン弾使用をめぐる問題は、原爆投下や枯れ葉剤使用などとも本質的に共通する問題を含んでいる。それは、米国が情報操作による真相の隠蔽や歪曲された事実を前提として作られた「虚構の論理」によって正当化しようとしている点である。この問題を、米国が行う「正義の戦争」「人道（平和）のための戦争」という名の「（偽りの）作られた戦争」「終わりのない戦争」との関連で追及し解決することが急務ではないだろうか。またそれは、特に人体実験と情報操作、あるいは無差別爆撃と大量殺戮、さらに秘密主義（権力）と営利追求主義（資本）といった、現代国家における民主主義の根本的なあり方（権力・資本と民衆・メディアとの関係など）と直接に関わる問題であるだけに、今日の世界における最も緊急性が高い最重要課題となっているといっても過言ではないだろう。[7]

3　核兵器廃絶と原爆法廷の意義——道徳的・法的アプローチの強化を

　世界における核や平和・民主主義をめぐる状況は、かなり深刻なものとなっている。2001年の9・11事件以降、世界的規模での「対テロ戦争」の一環として「核先制使用」「先制攻撃」「予防戦争」を正当化する国々（特に、米国、英国、日本という新三国同盟とイスラエル）によって、主権国家であるアフガニスタン・イラク・レバノンに対するあからさまな侵略戦争・植民地戦争が行われているばかりでなく、イラン、シリア、北朝鮮（共和国政府）に対しても新たに

繰り返される危機が迫っているからである。日本が取るべき選択肢は、こうした侵略行動・加害行為に加担することであってはならない。日本が憲法解釈の変更や明示的改憲によって集団的自衛権行使や一層の重武装化（核武装を含む）への道を開き、米国などが行う海外の侵略戦争にさらに加担し続けるような国になることではない。こうした誤った選択を再び繰り返さないためには何が必要なのか。また、現時点で市民一人ひとりがやるべきこと、個人でもやれることは何なのか。あるいは、どうすれば「もう一つの世界」が可能なのか。そのような問いに何らかの示唆をあたえてくれるであろう、自発的な市民による画期的な取り組み・動きをここでみてみよう。

　2006年7月15日に被爆地・広島のメモリアルホールで開催された「原爆投下を裁く国際民衆法廷・広島」は、トルーマン大統領ら被告15人全員に有罪という仮判決を翌16日に出して終わった。この国際民衆法廷は、2004年末に非核の世界を願う市民66人の呼びかけ人からなる実行委員会（広島市立大広島平和研究所の田中利幸教授、日本被団協代表委員の坪井直、佐々木猛也弁護士の3人が共同代表）結成と呼びかけ文の公表という形で始まり、準備の都合などから当初目指した2005年開催を1年延期する形で実現にいたったものである。開廷に先立って、起訴状と国家賠償を求める訴状は、7月4日米国独立記念日に米国大使館に送達されている。

　ウェブ上で公開されている「原爆投下を裁く国際民衆法廷・広島」憲章[9]は、その前文で「広島・長崎の被爆者の高齢化が近年急速に進み、『被爆体験の風化』が憂慮されている今、私たち両都市の市民は、この60年近くの核兵器開発・実験をめぐって発生して来た様々な問題と、ますます悪化する現在の世界状況に強力で有効な警告を発するため、あらためて広島・長崎への原子爆弾投下の犯罪性を徹底的に追及することを考える必要がある。つまり、原子爆弾投下の犯罪性追及という行動は、恒久的平和を願う広島・長崎の精神を再び活性化させ、どのような理由であろうと暴力と戦争を絶対に否定するメッセージを日本から世界に向けて発信することと深く連結していることは明らかである。」とその開設を求める目的を宣言し、「公正で正当な裁判により、原爆投下当時

の直接の責任者であるトルーマン大統領ならびに米国政府関係閣僚、原爆開発に深く関わった科学者、それに大統領の命令を実行する上で責任のあった軍人を訴追することを目的に、この国際民衆法廷は開設され、日本の戦争犯罪人が裁かれたのと同じ規範である極東国際軍事裁判所条例により裁こうとするものである。戦争犯罪には時効がないので、原爆投下の責任は米国の現政権にも及ぶはずである。」とその立場を鮮明にしている。また、設置される国際民衆法廷は「原爆投下戦犯法廷」と位置づけられ、「国家主権による裁判」のような法的拘束力を持たないものの、原爆投下60周年を核兵器廃絶と戦争のない世界創造に向けての転機とすることを目指した「民衆主権による裁判」であることを確認している。

15日当日の国際民衆法廷には約250人が傍聴した。広島弁護士会の足立修一弁護士ら日韓の弁護士5人の検事団によって起訴状が朗読された。その起訴状は、「極東国際軍事裁判所条例は、日本に対してと同様に連合国にも適用されるべきであり、原爆投下は人類に対する罪である」と述べ、被告人らの犯罪を共同謀議と実行行為の二つに分類する形でまとめている。そのうえで、原爆投下が「人為的な行為としては人類史上最悪の犠牲を生んだ」として、当時の戦時国際法などに照らしてもまぎれもない戦争犯罪と人道に対する罪に当たる国際犯罪であったことを論証し、米国政府に被爆者への謝罪と賠償を求めている。

日本反核法律家協会事務局長の大久保賢一弁護士が、被告（米国）側の弁論に代わるアミカスキュリエとして、日本軍による真珠湾攻撃への報復や早期終戦のためであった、など原爆投下を正当化する意見があるとした。さらに鎌田七男広島大名誉教授と被爆者三人が証人として出廷して証言を行った。鎌田さんは放射能問題の専門家として、被爆者の染色体異常や発がん率の高さなどを証言した。また元原爆資料館長で被爆者でもある高橋昭博さんは「米大統領に原爆投下は実験であった。それは間違いだったと謝罪してほしい」と強く求めた。

2日目の16日は、荒井信一・茨城大名誉教授が「原爆投下にいたる事実関

係」を、また国際法の専門家である前田朗・東京造形大学教授が「国際法からみた違法性」についてそれぞれ証言した。そして、レノックス・ハインズ判事団長が事実認定を行って起訴状の内容をおおむね認めたうえ、カルロス・ヴァルガス判事が法的結論を述べた。[10]

その判決文では、「原爆の破壊的な威力を知りながら市民を狙って攻撃したのは、国際法に反し人道に対する罪に当たる」と指摘して、共同謀議者としてルーズヴェルト以下9人の被告すべて、すなわち、フランクリン・D・ローズヴェルト大統領、ハリー・S・トルーマン大統領、ジェームズ・F・バーンズ国務長官、ヘンリー・L・スティムソン陸軍長官、ジョージ・C・マーシャル陸軍参謀総長、トーマス・T・ハンディ陸軍参謀総長代行、ヘンリー・H・アーノルド陸軍航空隊総司令官、レスリー・R・グローヴズ少将（マンハッタン計画・総司令官）、ジュリアス・R・オッペンハイマー（ロスアラモス科学研究所所長）の全員に対して、また実行行為者としてトルーマン以下11人の被告すべて、すなわち、ハリー・S・トルーマン大統領、ヘンリー・L・スティムソン陸軍長官、ジョージ・C・マーシャル陸軍参謀総長、トーマス・T・ハンディ陸軍参謀総長代行、ヘンリー・H・アーノルド陸軍航空隊総司令官、カール・A・スパーツ陸軍戦略航空隊総指揮官、カーティス・E・ルメイ第20航空軍司令官、ポール・W・ティベッツ中佐（エノラ・ゲイ機長）、ウィリアム・S・パーソンズ大佐（エノラ・ゲイ爆撃指揮官）、チャールズ・W・スウィーニー大尉（ボックス・カー機長）、フレデリック・L・アシュワーズ中佐（ボックス・カー爆撃指揮官）の全員に対してそれぞれ、極東軍事裁判所条例5条ロ（通常の戦争犯罪）、5条ハ（人道に対する罪）につきすべて有罪とされた。

特に注目されるのは、ハーグ規則第22条の「軍事目標主義」（戦闘員と非戦闘員の区別や軍事目標と非軍事目標の区別のできないような兵器の禁止）およびハーグ規則第23条の「（合法的な攻撃目標である敵軍の戦闘員に対する）不必要な苦痛を与える兵器の禁止」などを援用して、広島・長崎への原爆投下を故意による殺害、民間人攻撃、都市町村の恣意的攻撃、軍事的に不必要な過剰な死の惹起、あるいは非人道的兵器の使用に当たり、戦争法規慣例違反であり、かつ極東国

際軍事裁判所条例第5条ロの戦争犯罪であると認定されたことである[11]。その後、2007年7月16日に「原爆投下を裁く国際民衆法廷・広島　判決公判」が開廷され、原爆投下の犯罪性を当時の国際法に照らして厳密に検証した。その結果、原爆投下の決定、命令の発令、ならびにその実行に加わった15名の政治家、軍人、科学者の被告たち全員の有罪が確定し、米国政府の責任が厳しく問われる判決が改めて下された[12]。

　そして、原爆と同じ放射能兵器に関わるもう一つの注目すべき国際大会があった。同じ広島で2006年8月3日から6日にかけて開催された、「ウラン兵器禁止を求める国際連合」(ICBUW、本部英国)の主催する「劣化ウラン兵器(DU)禁止を訴える国際大会」(嘉指信雄：ICBUW広島大会・現地実行委員長、森瀧春子：ICBUW広島大会・現地実行委員会事務局長、振津かつみ：ICBUW評議員)がそれである。この国際大会は、4日間の期間中、海外からの約30名を含む200名以上の参加者があり、最終日(8月6日)に被爆地広島から世界へ向けたDU廃絶行動への参加と被害者への補償を呼び掛ける「ヒロシマ・アピール」を採択して成功裏に終了した。

　大会初日は、全体会議でDUをめぐる世界の政治状況などの分析・報告がなされ、米国のロザリー・バーテル博士(計量生物学)の基調講演「劣化ウランと湾岸戦争症候群」が行われた。2日目以降は、全体会議とは別に、DUをめぐる被害、科学、キャンペーンの三分科会で参加者らによる報告・討論などが行われる形で大会は進行した。その主な内容は、現地の医師や研究者によるイラクや米国での被害の報告、写真家豊田直巳さんや森住卓さんの写真報告、DUによる人体や環境への影響の報告や、湾岸戦争帰還兵、イラク戦争帰還兵、旧ユーゴ帰還兵らの証言、DU問題を追うイタリア人ジャーナリスト、韓国と沖縄の米軍基地のDU兵器貯蔵問題を告発する韓国人写真家らの報告、「内部被曝」をめぐる被爆者と大会参加者の交流・意見交換などであった。

　特に注目されるのは、韓国の平和活動家であるイ・シウさんの米空軍の情報公開資料に基づいた報告で、沖縄県の米空軍嘉手納基地に01年当時、約40万発、韓国の米軍基地には総計約300万発(水原基地に約136万発、清州基地に約93万

発、烏山基地に約45万発など)の劣化ウラン弾がそれぞれ保管されていたこと、現在日本と韓国に駐留している米軍が保管している劣化ウラン弾の総量や場所については公開しない方針を明らかにしていること、などの事実が明らかにされたことである。[13]

　もう一つの重要な問題は、DUによる人体や環境への影響について率直かつ真剣な議論が交わされたことである。今大会での議論で、劣化ウラン弾と健康被害との因果関係を明らかにする科学的アプローチについての共通認識が確立されたわけではないが、イラク・コソヴォなどの現地住民や湾岸戦争・イラク戦争から帰還した米兵などに対する疫学的調査の積み重ねによって事実上の因果関係が認められること、またそもそも劣化ウラン弾と健康障害・環境悪化との因果関係(あるいは、残存放射能による内部被曝や低線量被曝の危険性に対する評価)の証明責任は被害者側ではなくそれを使用した加害者側にあるという点での共通理解がさらに深められるなどの一定の前進があったと評価できる。また、この問題は、劣化ウラン兵器の国際法上の位置づけ(明文上の違法性か、事実上の違法性か)という法的な問題と並んで、劣化ウラン兵器の禁止・廃絶を求めていく運動にとって非常に大きな問題であり、今後とも問題究明に向けた慎重で粘り強い取り組みが必要であろう。[14]

　この「劣化ウラン兵器(DU)禁止を訴える国際大会」の趣旨は、「劣化ウラン兵器による世界各地の被害の実態を明らかにし、その廃絶を求めてゆくための方途を求めるため、世界各地から核被害の原点であるヒロシマに集い、①劣化ウラン兵器による各地の被害者とともに劣化ウラン兵器の廃絶を求める広汎な世論形成を図る。②劣化ウラン兵器禁止運動の科学的、法的な緊急課題を打ち出す。③劣化ウラン兵器の完全禁止に向けての一層のキャンペーンの道筋を、被害調査および補償問題の取り組みとともに構築する」というものであった。[15] この目的が本当にこのヒロシマでの国際大会で果たされたのかどうかを評価するにはもう少し時間がかかるであろう。だが、「劣化ウラン兵器の禁止を求める国際アピール」を1997年に発表しているラムゼー・クラーク元米国司法長官が「広島・長崎でかくも多く、かくも恐るべき苦しみを味わった日本の

人々が、劣化ウランによる新たな危険に立ち上がり、このような生死にかかわる兵器の使用または製造を国際的に禁止しようという私たちの呼びかけに賛同してくださると、確信している」と述べた大きな期待に応えられるだけの自発的な市民による懸命な努力がなされたことだけは間違いない。また、このことは、先に述べた「原爆投下を裁く国際民衆法廷・広島」にもあてはまることは言うまでもない。第二次世界大戦（あるいは太平洋戦争）終結・原爆投下から61年目の夏に被爆地・広島で期せずして同時に開催された、「「原爆投下を裁く国際民衆法廷・広島」と「劣化ウラン兵器（DU）禁止を訴える国際大会」という二つの大きな国際的催しは、まだ多くの課題を残しているとはいえ、原爆（核兵器）と劣化ウラン兵器の禁止・廃絶が連動した性質を持っており、この二つの問題が人類にとっての緊急の課題であることを世界に向かって訴えることが出来たという事実は大きな意義があると言えよう。私たちに残された課題は、このようにして生まれた貴重な成果（共通認識や新しい合意・アイデア・構想など）をより確かなものとするために、これから市民一人ひとりが強い意思と創意工夫をもって、一歩ずつ前進していくことであろう[17]。

【注】
1) 関連拙稿として「21世紀における平和秩序の構築を求めて」『軍縮問題資料』2006年9月号および「「正義の戦争」とアメリカ──原爆と劣化ウラン弾を結ぶもの──」木村朗編著『核の時代と東アジアの平和』法律文化社（2005年）を参照。また、劣化ウラン弾やそれに関わる問題については、例えば、田城明著『知られざるヒバクシャ──劣化ウラン弾の実態』大学教育出版（2003年）、劣化ウラン研究会編『放射能兵器劣化ウラン──核の戦場 ウラン汚染地帯』技術と人間（2003年）、佐藤真紀著『ヒバクシャになったイラク帰還兵──劣化ウラン弾の被害を告発する』大月書店（2006年）、デニス・カイン著『真実を聞いてくれ──俺は劣化ウランを見てしまった』日本評論社（2006年）、STOP！劣化ウラン弾キャンペーン編『ユーゴ空爆で使われた劣化ウラン弾が人々を苦しめている』実践社（2006年）、などを参照。
2) こうした視点から核・原爆や戦争・紛争をめぐる問題を総合的に問うている作品として、肥田舜太郎／鎌仲ひとみ共著『内部被曝の脅威──原爆から劣化ウラン弾まで』ちくま新書（2005年）およびグローバルヒバクシャ研究会編集／前田哲男監修『隠されたヒバクシャ──検証＝裁きなきビキニ水爆被災』凱風社（2005年）を参照。
3) 例えば、中村梧郎「枯葉作戦の賠償を迫られる米国──そして対日作戦計画」『軍縮

第Ⅰ部　日本側の原爆投下認識

問題資料』2006年5月号、山崎正勝／日野川静枝共編『原爆はこうして開発された』［増補版］青木書店（1997年）などを参照。
4)　劣化ウラン弾問題に取り組んでいる伊藤和子弁護士によれば、元国防総省劣化ウラン兵士影響プロジェクト責任者ダグ・ロッキー氏が、すでに約1万人の湾岸戦争帰還米兵が劣化ウラン弾による影響等で死亡していると語ったという（「私の視点」『朝日新聞』2004年1月27日付）。また、劣化ウラン弾については、田城明著『知られざるヒバクシャ──劣化ウラン弾の実態』大学教育出版（2003年）、国際行動センター劣化ウラン教育プロジェクト編『劣化ウラン弾──湾岸戦争で何が行われたか』日本評論社（1998年）などを参照。
5)　木村朗「『ヨーロッパの周辺事態』としてのコソボ紛争──NATO空爆の正当性をめぐって──」『日本の科学者』2000年7月号掲載、を参照。
6)　例えば、前掲・中村論文「枯葉作戦の賠償を迫られる米国──そして対日作戦計画」、北村元著『米国の化学戦争犯罪──ベトナム戦争枯れ葉剤被害者の証言』梨の木舎（2005年）などを参照。
7)　「デイリー・ニューズ」（2006年9月8日）のホアン・ゴンザレス記者の記事：http://www.nydailynews.com/news/col/story/450535p-379084c.html によれば、イラク戦争帰還兵が米国政府に対して起こしている損害賠償請求裁判についてのヒアリングが、9月6日にニューヨークの連邦裁判所で開催された。そこで、被告側弁護士クロナンと原告側弁護士ジョージ・ツェルマとエリーズ・ハゲエル・ランサムの双方が、第二次大戦中に原爆実験で被爆した兵士の先例であり、ヴェトナム戦争中、エージェント・オレンジ枯れ葉剤のために数多くの兵士を襲った病であり、さらには、70年代、兵士を対象に、軍によって秘密裏に行われたLSD実験の例などに繰り返し言及した。

　また、2006年1月26日に、韓国のソウル高等裁判所は米国の化学企業ダウケミカル社とモンサント社に対し、枯葉剤被害に苦しむ韓国兵等6800人に630億ウォン（75億円）の賠償を命ずる判決を下した。「韓国枯葉剤被害者戦友会は94年に米連邦地裁に提訴したが受理されていなかった。米国でも80年代にヴェトナム帰還兵らが米国政府に対して賠償請求を求めて提訴したが、結局、米連邦地裁の仲裁で85年に和解金を企業側が支払うことで曖昧な決着をすることになった。その一方で、ヴェトナムの「枯葉剤被害者の会」が2004年1月に提訴した賠償請求訴訟で、米連邦地裁は一応は受理したが、最終的にその訴えを却下している（前掲・中村論文「枯葉作戦の賠償を迫られる米国──そして対日作戦計画」を参照）。
8)　日本政府は、原発の増設やプルサーマル計画の推進、六ヶ所村での使用済み核燃料再処理試運転などますます原子力開発に拍車をかけている。しかし、こうした現状には、原子力関連施設で働く労働者への日常的低線量被曝や原発事故の際の周辺住民への放射能被害の発生などの危険性があるばかりでなく、将来の日本の核武装につなげるための布石・意図的政策ではないかとの疑念があり、内外からの懸念・批判が強まっている。例えば、鈴木真奈美著『核大国化する日本──平和利用と核武装論』平凡社新書（2006年）、中西輝政著『「日本核武装」の論点──国家存立の危機を生き抜く道』PHP研究

所（2006年）などを参照。
9) http://www.k3.dion.ne.jp/~a-bomb/kensyou.htm
10) 『中国新聞』2006年7月16日付、を参照。
11) 前田朗「原爆投下を裁く国際民衆法廷・広島（上）（下）」『軍縮問題資料』2006年9・10月号、を参照。
12) http://www.k3.dion.ne.jp/~a-bomb/index.htm
13) この事実については、すでに『毎日新聞』が大会前日の2006年8月2日付で報道していた。
14) 藤井雄気「劣化ウラン弾の廃絶にむけて」池尾靖志編『戦争の記憶と和解』晃洋書房（2006年）第6章を参照。
15) 森瀧春子「放射能兵器・劣化ウラン兵器の廃絶を――『劣化ウラン兵器禁止を訴える国際大会』広島開催に当たって」『軍縮問題資料』2006年9月号、を参照。
16) 前掲『劣化ウラン弾――湾岸戦争で何が行われたか』日本評論社（1998年）1頁を参照。
17) なお、72年前に日本軍が行った重慶への無差別爆撃という戦争犯罪の被害者遺族を支援するために「重慶大爆撃の被害者と連帯する会」が広島と東京（代表・前田哲男氏、事務局長・西村重則平和遺族会代表）に結成されるにいたった。その結果、2006年3月30日に東京地裁に提訴、2006年10月25日に第1回口頭弁論が行われた。また、この日本政府に対する損害賠償を求める画期的な裁判は、その後回を重ねて第14回重慶大爆撃裁判（2010年6月21日）まで続いている。今後ともその動向・成り行きに注視していきたい（前田哲男「裁かれる『重慶爆撃』」『軍縮問題資料』2006年7月号を参照）。

補　論　「原爆神話」に関するインタヴュー記事・講演録・書評等

1　今こそ「原爆神話」の解体を！
　　　── 鹿児島大学教授・木村朗さんに聞く

　広島・長崎の原爆投下について、米国は「終戦を早めるために必要だった」という見解を崩さず、日本でも暗に同調する意識が強い。だが歴史の真実は、米国が原爆投下のため、わざと日本の降伏を遅らせた経過を余すところなく示している。

　──日本は今年で原爆投下から63年目を迎えました。6月30日に久間章生防衛大臣が「あれで戦争が終わった、という頭の整理で今、しょうがないと思っている」と発言し、世論の反発を浴びて辞職を余儀なくされています。しかし昭和天皇裕仁も1971年の記者会見で「(原爆投下について)遺憾には思っていますが、こういう戦争中であることですから、広島市民に対しては気の毒であるが、やむを得ないことと私は思っています」などと同じような発言をしながら、殆ど批判の声は出ていません。大半の国民は「しようがない」という意識ではないでしょうか。

　そういう面もあるでしょうね。ただ久間発言は、「原爆投下で終戦になり、間違うと北海道がソ連に取られてしまっていた」という意味の言い方をしていますが、これは明らかに長崎について語っている。この点は、これまでの原爆投下を巡る発言の中では目新しい。むろん、事実認定の前提が間違っていますが、米国でも前国務次官補のロバート・ジョセフ核不拡散担当特使が「原爆の使用は、連合国側の数十万の生命だけでなく、文字通り何百万人もの日本人の

命が更に犠牲になるかも知れなかった戦争に終わりをもたらした」と発言しています。日米両国で、いまだに「原爆神話」が根強いですね。

　──その「原爆神話」を打ち破らない限り、国民は何時までたっても「しようがない」で流され戦前・戦後の歴史の正しい総括は困難では。

　確かにそうですが、ジョセフ発言は戦後歴代米国政府の公的な見解なのです。これについての最大の問題は、「軍事的な必要性の有無によって原爆投下の是非が論じられている」という点です。「必要性」があろうがなかろうが、核兵器は如何なる理由があっても絶対に使用してはならない。開発することも人道上認められないという認識が、先ず前提とされねばなりません。それを無視して、「使用しなかったら犠牲者が何人だった」などと論議するのは非常に欺瞞的で、米国にはこの前提が欠落しているのです。

　米国は終戦を引き延ばした
　──45年7月16日に原爆実験が成功し、8月6日に広島に原爆投下、8日になってソ連が日本に宣戦を布告、9日に長崎に原爆が投下されます。日本は15日に降伏したので、「原爆によって降伏が早まった」という見方が出てきます。

　結論から先にいえば、「原爆投下によって降伏が早まった」のではありません。「軍事的には原爆は不必要だったのに、米国は原爆投下まで戦争を長引かせた。その結果、より多くの犠牲者が出た」というのが歴史の真実です。それは、原爆が未完成だった、45年春と、完成した7月以後の米国の対日政策を比較検証すればわかります。

　──具体的には？

　先ず確認しておかなければならないのは、日本が降伏することになった決定的な要因は、12日に入電したバーンズ国務長官の「回答」即ち、「日本政府の形態は日本国民の意思によって決定される」によって、「天皇制が維持できる」と判断できたからなのです。米国は「天皇制さえ容認すれば日本は降伏する」ということを十分承知していました。天皇制を容認・温存して占領に利用するという路線は、43年当時から基本的な対日政策としてあったのです。

第Ⅰ部　日本側の原爆投下認識

——ところが米国はわざと戦争終結を延ばします。

　トルーマン大統領たちは日本が終戦工作に動き出したのを知って焦り、原爆開発のスピードアップを命じている。ポツダム会議の開催日も当初の6月から原爆実験が予定されていた7月中旬に延期しています。ヤルタ会議で決まったソ連の参戦も蒋介石を使って延期させようとしています。

　原爆実験の成功後、7月26日にポツダム宣言が出されますが、実は原爆投下が発令されたのはその前日の25日なのです。その上「ポツダム宣言」には次のような細工がしてあった。①外交ルートを通じた正式の文書でない。②回答期限がない。③天皇制容認に触れていない。④ソ連の不参加。つまり最初から日本に拒否させるようにし、それを受けて米国民が怒るように計算して、原爆投下に繋げようという意図が含まれていた。

　つまり、米国はどうしても原爆を使いたいために天皇制容認の意図を隠し、原爆投下前の降伏を回避しようとした。極めて非人道的な行為といえます。

優先された「人体実験」

——何故原爆完成後もソ連の参戦を拒否しようとしなかったのでしょう。

　実際に投下して効果を確認するまで心配だったためでしょう。そしてソ連が参戦しても日本の降伏を待つことなく3日後に2発目を長崎に投下したのです。

——その意味は何だったのでしょうか。

　最初から2発でワンセットだったのです。広島はウラン型で、長崎はプルトニュウム型です。警告もせずに2種類の原爆の人体実験をしたかったのです。ですから相手が既に降伏に向けて動いているのを知りながら、原爆を投下したことが明らかです。

　もう一つ、二発目がなければソ連の参戦で日本が降伏した形となり、久間大臣のいうようにソ連の発言力が高まることを抑える狙いがありました。例えばノーベル物理学賞受賞者の英国のパトリック・ブラッケット卿が「原爆投下は第二次世界大戦の最後の軍事作戦というよりは、戦後の冷戦の最初の軍事作戦

であった」と指摘しているように、米国には長期的な視野に立った戦略的な意図があった。無論この作戦の非人道性はいくら強調してもし過ぎるということはありません。

「被爆ナショナリズム」
――２発の原爆投下は許し難い戦争犯罪です。何故日本は告発し謝罪を求めないのでしょうか。

　私も疑問に思っています。実は当時の日本政府は「非戦闘員の大量虐殺は戦争犯罪で、許されない非人道的行為だ」とするしっかりした抗議声明を出している。ところが戦後の保守党政府は、占領下の鳩山一郎を除き、米国に従属する道を選び何もいわなかった。一方リベラルの側も、アジア各国に対する「加害責任」を意識する余り「罪悪の報いで広島・長崎が人身御供になった」とか、米国流の「原爆神話」の容認へと流れ、その点では保守と大差のない状態になっている。

　――こういう視点を欠いたまま毎年８月に年中行事みたいに「唯一の被爆国」といいながら、「しょうがない」のままですね。

　この「唯一の被爆国」といういいかたが事実に反していて、外国人被爆者を切り捨てる論理になっているという認識が薄い。連合軍の捕虜も含む15カ国7万人以上が被爆し、約４万人が犠牲になっているという事実を殆どの国民が知らない。学校でも教えません。これでは、一種の「被爆ナショナリズム」といわれても仕方がない。

　韓国・朝鮮の原爆慰霊碑が、広島では以前、公園から外に追いやられていたことがあるのですが、「被害」の部分を突出させることで、自身の加害を癒してきたという部分もある。ホロコーストを強調することで、現在パレスチナでのやり方を正当化するイスラエルの論理と重なる部分がありますね。

日米双方の「合作」
　――その「被害者意識」自体、「誰によってそんな目に遭わされたのか」という

視点を欠いています。

　原爆投下は「日米双方の合同作業であった」という視点です。事実認識の前提として、日本は、降伏すべき時点、降伏できた時点で降伏しなかった。45年2月には「米国との講和以外に道はない」という、「近衛上奏文」が出されています。だが結局、天皇が自分の身がどうなるかわからなかったため、「国体護持」に固執して、降伏を先延ばしにして原爆投下が引き起こされてしまった。当時の天皇と政府の責任は大きいといわねばなりません。降伏するチャンスは何度もあった。ポツダム宣言も直ちに受諾すべきでした。

　それなのに「聖断」などと天皇のお陰で戦争が終わったという見方すらあります。

　その上、日本側も原爆を作ろうとしていた。陸軍は、理化学研究所の仁科芳雄博士に、海軍は、京都大学の荒勝文策教授に原爆の開発を委託している。軍が原爆を持とうとしていたのは事実で、仮に完成でもしていたら迷うことなく使用していたでしょう。道義的に米国だけを一方的に責められないのは明らかでしょう。

聞き手：成沢宗男（『週刊金曜日』編集部）
（『週刊金曜日』2007年8月10・17日合併号に掲載）

2　原爆神話の虚構

1　早期終戦・人命救済説の虚構性

　今年もまた原爆の季節がやってきた。戦後55回目でかつ20世紀最後の「原爆の日」（8月6日広島、同9日長崎）である。被爆者の高齢化や核拡散の動きなど、今日の世界における核をめぐる状況は依然として厳しい。また、昨年のコソボ紛争でのNATO空爆の正当性をめぐる議論との関わりで、日本への原爆投下の意味と背景を改めて問い直す動きが生まれている。

　原爆投下こそが日本の降伏と戦争の早期終結をもたらしたのであり、その結果、本土決戦の場合に出たであろう米兵の犠牲者（50万人から100万人）ばかりでなく何百万人もの日本人の生命をも同時に救うことになった、という論理で原爆投下を正当化する早期終戦・人命救済説が米国ばかりか日本においてもこれまで有力であった。しかし、こうしたいわゆる「原爆神話」が必ずしも事実に基づいたものではなく、戦後権力（占領軍・日本政府など）によって意図的に作り出されたものであることが次第に明らかになりつつある。

　まず最初に確認しておく必要があるのは、「原爆（投下）が戦争を早期終結させたのではなく、原爆（投下）があったために戦争終結が遅れたのだ」という基本的事実である。

　米国は、英国とのハイドパーク協定（1944年9月）で原爆投下の対象を当初のドイツから日本に変えることをほぼ決定していた。また、1945年春以降の日本側のソ連を仲介とする終戦工作を暗号解読などでつかんでおり、ポツダム宣言で当初入れられていたように天皇制存続の容認など降伏条件を緩めることも可能であったのに、日本側の拒否を見通した上で「無条件降伏」を敢えて突きつけた。さらに、トルーマン大統領は、原爆実験の成功を見届けるためにポツ

ダム会談開催を延期させるとともに、宣言発表前に日本へ原爆を投下する事実上の決定を行っていた。そして、原爆の威力を知らしめるために、例えば東京湾などに事前に投下して警告を与えるという選択肢（原爆開発に協力した科学者達からの提案）をトルーマン大統領は無視した。

以上の事実から、米国がポツダム会談直前に開発に成功した原爆を何としても投下できる環境・条件を作ろうとしていたこと、またそのために意図的に戦争の終結が引き延ばされたことが理解できよう。

また、人命救済説に関しては、トルーマン大統領などが戦後に原爆投下を正当化するために持ち出した50万から100万という想定戦死者数は、九州上陸作戦にともなう当時の実際の米側推定死傷者数が「2万人以内」（1945年6月18日の会議用資料）や「6万3千人」（1995年に開催予定であったスミソニアン原爆展の展示案）であったことと比較しても、かなりの「誇張」を含んでいた。また、日本側の犠牲にも「配慮」したとの理由は、2ヵ所の原爆投下で1年以内に約20万人（広島約13万人、長崎約7万人）、今年で約35万人にもなる原爆犠牲者のことを思えばこれが見当違いもはなはだしい議論であることは明らかであろう。

2　原爆『天佑』説と日本降伏の真実

日本への原爆投下の理由としては、すでに述べた「早期終戦・人命救済説」の他にも、日本の「卑怯な」真珠湾攻撃と「野蛮な」戦争捕虜虐待に対する「報復」とその背景にある人種的偏見の影響、20億ドルという巨大な開発費用の「回収」を求める議会・国民からの強い圧力の存在、新型兵器の威力を試すための人体実験の必要性などが指摘されている。いずれも「早期終戦・人命救済説」以上に説得力があると思われる。

それでは、米国はなぜあの時期に急いで原爆を日本に投下しなければならなかったのであろうか。その背景には、当時ヨーロッパを舞台に拡大しつつあった米ソ対立、すなわち冷戦があった。ソ連がドイツ降伏（1945年5月8日）後3ヶ月以内に対日戦に参戦するというヤルタ会談でも確認された合意が存在して

いた。この合意は、満州の関東軍を叩くために米国側が要請し北方領土・満州の権益と引き換えにソ連がそれに応えたもので、原爆投下時点においても有効であった。7月16日の原爆実験の成功から8月6日の広島への原爆投下までの短期間に米国が事を性急に運んだ理由も、ポツダム会談でソ連が対日参戦を表明した8月15日に間に合わせるためであった。すなわち、それは、原爆投下によってソ連参戦前に日本が降伏すれば（たとえソ連参戦後に日本が降伏した場合であっても）、対日占領政策を含むアジアでの戦後のソ連の影響力拡大を封じ込めることができるというのが最大の狙いであった。その意味で、まさに「（日本への原爆投下は、）第二次大戦最後の軍事行動であるよりは、むしろ戦後の米ソ冷戦の最初の大作戦の一つであった」（英・ブラッケット教授）のであり、日本への原爆投下の真の理由もそこにあった。

　もう一つの原爆神話は、日本が降伏を決定した最大の要因は原爆投下であった、という原爆「天佑」説である。それは、原爆投下以外に日本を降伏させる方法はなかった、という米国の立場を正当化するものであり、日本は戦術や精神力ではなく科学力の差で負けたのだ、という日本側（特に軍部）にとっても都合のいい論理であった。原爆投下を正当化するこの見解は、8月6日の広島への原爆投下によって9日に早められたソ連の対日参戦の影響を不当に過小評価するものである。戦後、占領軍ばかりでなく、日本政府によってもこれまで基本的に受け入れられてきた。しかし、最近の研究（例えば、荒井信一『原爆投下への道』、進藤栄一『戦後の原像』）によって、日本にとってソ連参戦の「衝撃」がいかに大きく決定的なものであったかが次第に明らかにされつつある。日本降伏の決定要因として、原爆投下とソ連参戦の「ダブルショック」のどちらを重く見るかは別として、いずれにしても、当時の日本は米軍による激しい戦略爆撃や海上封鎖によって継戦能力をすでに失っており、原爆投下や九州上陸作戦が実施されなくともソ連参戦後間もなく日本が降伏していたことだけは確かであろう。

3 『正義の戦争』とは何か

　日本への原爆投下は、ソ連に対する威嚇を最大の目的としていた。そのために米国は、原爆投下のチャンスが来るまで日本が降伏することを引き延ばし、原爆が使用可能になると明確な事前警告を与えることもなく性急に原爆を日本に投下した。原爆投下を正当化する「米国の論理」（早期終戦・人命救済説）は説得力を欠いており、また多くの米兵の命を守るためであっても、戦闘員の犠牲を避けるための民間人殺戮は明らかな国際法違反である。とりわけ、2回目の長崎への原爆投下は、広島への原爆投下の悲惨な結果を確認したうえで、ソ連参戦の影響を最小限にし、日本の降伏はあくまで原爆投下のためであったとする目的で行ったものである。この長崎への原爆投下は、広島に投下されたウラン型とは異なるプルトニウム型の威力を試すという人体実験の性格が濃厚で、「米国の論理」をもってしても到底正当化することはできない。また、米軍が原爆の効果・威力を正確に知るために、通常爆撃をされていない都市をわざわざ選んで投下したのは「非人道的行為」そのものであり、「戦争犯罪」・「人道に対する罪」である。

　もちろん、米国による日本への原爆投下がいかなる理由によっても正当性をもちえないとしても、それによって侵略戦争を引き起こした日本側の戦争責任が無くなるわけではない。また、「国体護持（天皇制の維持）」のためには国民の生命をも顧みようとしなかった日本側の「狂気」も戦争継続の大きな要因であったことを忘れてはならない（その意味で天皇による「聖断」はあまりにも遅すぎた）。そして、日本軍による重慶への無差別爆撃や南京大虐殺などの残虐行為が、ファシズム対民主主義という形で「正義」を掲げる連合国（特に米国）側が行った東京大空襲や2回の都市への原爆投下という明らかな「戦争犯罪」・「人道に対する罪」を正当化させる結果をまねいたという事実こそが重要なのである。

　最後に、米国による日本への原爆投下とNATO軍によるユーゴ空爆の共通

性について、若干触れておきたい。その共通性は、降伏条件の厳しさと無差別空爆というだけでなく、両者とも「人道的目的」を掲げた「非人道的行為」であった、という点である。二つのケースとも「人道（正義）のための戦争」と言われながら、その実態は、侵略者の残虐行為とも重なる「非人道的行為」を含んでおり、本来ならば「戦争犯罪」「人道に対する罪」として糾弾されるべき性格のものであった。双方の戦争犠牲者数の差が「一方的な殺戮」であったことを如実に示している。

　原爆（核兵器）の威力を政治的発言権の拡大に利用する、米国による「原爆外交」（米・アルペロビッツ教授）は、21世紀を目前にした現在でも世界的覇権を維持するための道具として生き続けている。今もなお、核抑止論に固執し続けるすべての核保有国や「非核三原則」を掲げながら日米安保体制下での「核の傘」の呪縛から逃れられない日本政府に対して、その根本的転換をうながすだけの力をつけることが今こそわたしたちに求められている。

（『南日本新聞』2000年8月8〜10日に掲載）

第Ⅰ部　日本側の原爆投下認識

3　核をめぐる危機とチャンス
　　──ヒロシマ・ナガサキ・ビキニ　核の惨禍から廃絶へ

第五福竜丸平和協会主催3・1ビキニ記念のつどい開かる

　ビキニ水爆実験被災53周年の3・1ビキニ記念のつどいは、二月二四日、第五福竜丸展示館からほど近い夢の島マリーナ会議室にて開かれました。
　つどいには六六人が参加、冒頭に主催者を代表して第五福竜丸平和協会の川崎昭一郎会長から「科学者と核廃絶～パグウォッシュ会議50年に想う」と題する特別報告がありました。
　つづいて鹿児島大学の木村朗さんを講師に、一時間十五分の講演と三〇分余の質疑応答がおこなわれ、核兵器問題、戦争が絶えない今日の国際情勢を考えあうつどいとなりました。以下に講演の要旨を掲載します。（文責：『福竜丸だより』編集部）

講演

「世界」を読み解く視点

　私はビキニ事件が起きた一九五四年の小倉生まれです。小倉は二番目の原爆が長崎ではなく小倉に投下される予定であったということで今日のテーマとなっているヒロシマ・ナガサキ・ビキニとも関連するめぐり合わせを感じています。
　私は旧ユーゴスラヴィアの政治外交史、とりわけ（旧）ユーゴと（旧）ソ連の対立をテーマとした国際政治、国際関係論を専門分野としており、現在は原爆投下問題の見直しをはじめ、「九・一一」（米国同時多発テロ事件）以降のアメリカと世界秩序の動きなどを研究テーマとしています。
　さて、一見複雑にみえる国際政治も実は単純に見ることが可能なのではない

かと考えています。今、アメリカはこれまでいわれてきた「抑止するための核」から「使うための核」へと転換し、核を使った先制攻撃もありうるという危険をつくりだしています。なぜこのような状況なのか、その根本原因をつきとめて、発想の転換が行われるならば危機をチャンスに転換できるのではないでしょうか。

　また、ソ連が崩壊し冷戦が終結したといわれたとき、世界は平和になると考えられました。しかし巨大な軍事同盟機構のNATOは残り、アジアでは日米安保条約が再定義されて存続しています。これらのことは、国際政治の主体を「政府」「国家」というレベルだけで見てもその根本原因はわからないのだと思います。国家の政策に影響力のある組織や集団、勢力の意志との関係を見ていく必要があります。

ヒロシマ前、ナガサキ後
　ハンガリーからの亡命物理学者で、マンハッタン計画にも携わったレオ・シラードは、日本への原爆投下をやめさせようと米大統領にはたらきかけた人です。

　これが拒否されて実際に日本に原爆が投下されることを知って、「これまで人類にとっての禍いはナチス・ドイツだと考えて原爆開発に協力してきたが、現在もっとも世界にとって禍い・脅威となる存在になりつつあるのはアメリカだ」と訴えました。

　そして、「降伏寸前の日本に対して、無警告で原爆攻撃を行えば、アメリカの国際的信用、道徳的地位を失墜させることになろう」と批判しました。

　さらに「戦後の核の国際管理を通じた核廃絶の実現は不可能になる、ソ連の原爆開発は必ず早まるだろうし、また際限のない核軍拡競争が行われるだろう」と指摘しました。このシラードの「予言」は不幸にも現在の世界で実現してしまいました。冷戦終結後の今日も数万発の核兵器が存在し、「作られた脅威」を前提に不必要な兵器の蓄積と保有が行われているわけですが、これはまったく愚かであると同時に狂気でもあると思います。

原爆の投下は軍事的に不必要なだけでなく道徳的にも許されない非人間的な行為です。アメリカでは、日本の加害問題やパール・ハーバー（奇襲攻撃）とからめて原爆投下を論じたりしますが、原爆のような無差別大量破壊兵器の使用を正当化することは、本来、どのような国家であろうと、どんな状況・理由があろうとも許されない、全否定されるべきものです。

広島・長崎への原爆投下についても、これを避けるための選択肢は、いろいろな時点でありました。しかしボタンの掛け違いが連続しておこったといえます。

第一に「幻のナチスの核」に怯えて原爆を開発した、という原点。これを否定しない限り核抑止論は克服できません。第二にナチスの核開発断念の情報がもたらされた時点でアメリカも核開発を中止するという選択肢があったはずです。また、日本の降伏の見通しが明確だった状況で投下する必要はないと判断する第三の選択肢もありました。

ここにアメリカが自らの戦争犯罪を隠蔽するために作り出した「原爆神話」――原爆投下による早期終戦、人命救済――の捏造が見えてきます。

死の商人＝軍産複合体の影

さらにいえば、原爆投下は避けられただけではなく、意図的に、ある特定の目的をもってなされたともいえるのではないかと考えられます。そのひとつは新型兵器の実戦使用と人体への影響を調査する千載一遇の機会とするとらえかたです。

イギリスのブラッケット教授は、「（日本への）原子爆弾の投下は、第二次大戦の最後の軍事行動であったというよりも、むしろ目下進行しつつあるロシアとの冷たい外交戦争の最初の大作戦の一つであった」と指摘しています。実際のところ、シラードが予言したようにソ連に原爆開発を急がせ、敢えて「冷戦」を世界的規模で発動することになっていったわけです。

ここに見えてくるのは、核軍拡競争を引き起こすことを利益とした人々（勢力）の存在があったのではないか、ということです。

軍需産業、兵器商人などとも呼ばれる軍産（学）複合体＝「死の商人」の存在に注目すべきです。この軍産（学）複合体の主要企業の代表がマンハッタン計画の暫定会議に参加していたという情報もあります。これまでにも指摘されているように原爆開発＝マンハッタン計画では実はなかったという視点（放射能兵器開発計画とするのが正確）に立つと、核軍拡の悪循環に陥ったほうがかえって好都合だと考える存在＝勢力があったことも納得がいきます。

　第二次世界大戦後、アメリカが関わったほとんどの戦争の背後に「死の商人」が強く影響していたと考えられます。彼ら「死の商人」は、戦争は最大のビジネスチャンスと考えているのです。

対テロ戦争の虚構性
「九・一一」についてもしかりです。現在の混沌・混乱を意図的に発動するためになされた事件であったと考えるいくつもの証拠が出てきつつあります。そして「対テロ戦争」という思想を立ち上げ、幻の冷戦が終結した後に、新しい幻の戦争を作り出したのです。

　現在、北朝鮮の情勢も危機が去ったかのように一般に言われていますが、実は必ずしもそうではありません。アメリカが軍産（学）複合体の思惑のまま、無秩序な混沌状況に突き進んでいく選択肢も残されています。もちろん危機を回避し、東アジア共同体のような多国間安全保障を確立することも可能であり重要です。

危機からチャンスへの転換を！
アメリカはまたNPT体制の機能不全も目論んでいます。またアメリカの妨げになるのならば「国連も潰してしまえ」という考えもでてきています。さらには小型戦術核兵器の研究開発を推し進め、通常兵器との一体化も推進しています。これらの現状を見ていくと、国際情勢を悪化させている主要な原因を作り出しているのはアメリカです。

　突出した軍事大国であるアメリカは、チョムスキーの言葉を借りるならば、

「世界最大のならずもの国家」といえるでしょう。これを支えているのがヨーロッパではイギリスであり、アジアでは残念ながら日本です。

　　　　＊

このような状況にたいして、大量破壊兵器委員会（ハンス・ブリクス委員長）は「核兵器を生物・化学兵器とともに国際法上で非合法化すべき」だとする提言を行いましたし、昨年九月には中央アジア非核地帯条約が調印されました。東北アジア非核地帯の追求とその実現は、ピースデポの梅林さんが提言するように３＋３（韓国、北朝鮮、日本、中国、アメリカ、ロシア）の構想で、非核国への核攻撃の禁止の確約から地域の非核化を作り出していく可能性を持っています。

日本でも「原爆投下を裁く国際民衆法廷・広島」「劣化ウラン兵器禁止を訴える国際大会」が開催されました。また秋葉広島市長、伊藤長崎市長も参加する世界平和市長会議の動きや、中堅国家構想、新アジェンダ構想、非核自治体宣言都市運動、無防備都市宣言運動など、市民レベル、地域レベルでのさまざまな取り組みや提言がおきています。核兵器と国家の間の矛盾を逆手にとった市民の抵抗を具体的な形にして、新たな展開を作り出すことは可能なのです。

情報操作へのカウンターパンチ

核軍拡の歴史と「九・一一」を研究していると、共通の問題点として実感するのは、政府や権力と一体化したメディアによる情報操作、（不都合な）真実の歪曲や捏造です。そして事実と正反対の「都合のいい神話」が創出されていきます。

これらに対抗するためにはメディアリテラシー（情報を読み解く力）が必要となってきます。

以前、伊丹万作氏（脚本家、映画監督）が敗戦後に書いた「戦争責任者の問題」を読みました。だまされたから責任がないということにはならない。だまされる側の責任こそが問われなくてはならない。知らなかった、やむをえなか

ったというのは、みずからの責任をまっとうしようとする姿勢を放棄したことになる、というものです。

　今、地域から市民が主体となって平和を作り出していくという発想が重要です。そして横のネットワークをひろげていくことが大切だと思います。さらに権力から独立した、市民による独立メディアの形成が急務だといえます。すでにその芽生えはありますが、ネットなどで市民発信のメディアが成長することで、軍産（学）複合体や情報操作に対抗していくことができると思うのです。

　　　　　　　　　　　　　（『福竜丸だより』334号、2007年3月1日発行、に掲載）

第 I 部　日本側の原爆投下認識

4　書評　金子敦郎著『世界を不幸にする原爆カード——ヒロシマ・ナガサキが歴史を変えた』（明石書店、2007年7月発行）の薦め

　今年は原爆投下から62年目になるが、久間章生前防衛相の「原爆投下はしょうがなかった」発言の波紋などもあって、原爆投下をあらためて問い直す著作や原爆・被爆者問題を扱った作品が比較的多く出された年であったと思う。例えば、ステファニア・マウリチ『1つの爆弾10の人生』（新日本出版社）は、マンハッタン計画など核兵器開発に従事した科学者10人への貴重なインタビューを通じて、それぞれの人間模様を浮き彫りにするとともに、原爆開発は必要だったのかという問題を生の人間の目で考察している。また、『GHQが封印した幻の潜入ルポ　ナガサキ昭和20年夏』（毎日新聞社）は原爆投下から1ヶ月後の長崎に外国人記者として初めて入ったジョージ・ウェラー記者の幻のルポを扱った作品であり、連合国軍総司令部（GHQ）の検閲で新聞掲載が不許可となり、その後は所在不明となっていた経緯なども含めて原爆投下直後の長崎の実情などを生々しく描いている。ここでご紹介する元共同通信記者の金子敦郎氏による作品もそうした流れの中で生まれた作品の一つである。

　本書は、著者がまだ若手の記者時代に行った広島、長崎での取材体験を原点に、後年のワシントン特派員・支局長時代の米国での関係者への直接取材経験を交え、米国で戦後公開されてきた膨大な原爆関連資料と研究書・参考文献などの分析・検証を加えて、原爆投下の真実（その経緯・背景と理由・原因の解明）に迫った力作である。ジャーナリストから大阪国際大学の教授へと転身した後の学究生活などを含めた著者の半生を費やした取材・調査と研究・思索の集大成ともいうべき作品である。

　本書はまた、著者自身がワシントン支局長だった1985年に中心になってまとめた、共同通信の原爆投下40年の連載企画「原爆——40年目の検証」の続編という性格を持っているだけでなく、G・アルペロヴィッツやM・シャーウィ

など米国の歴史家の数多くの先行研究による学問的成果を吸収・発展させた学術研究書的な意味も合わせ持っていると言えよう。

　本書の構成は、第1章　原爆開発競争と科学者、第2章　目標はドイツから日本へ、第3章　トルーマンと原爆、第4章　広島へ、長崎へ、第5章　原爆外交――ポツダム会談、第6章　ルーズベルト、バーンズ、トルーマン、第7章　カバーラップ、第8章　原爆論争、第9章　原爆外交の挫折と冷戦、第10章　歴史のイフ、というオーソドックスかつ総合的な分析・叙述となっており、マンハッタン計画への着手から、ルーズベルトからトルーマンへの引き継ぎ、原爆開発および投下を日本に限定して急いだ理由、原爆投下と戦後世界の国際秩序との関係、原爆開発に参加した科学者たちの役割と責任など、多岐にわたるテーマ・内容を読者に分かりやすく伝えるものとなっている。

　著者によれば、当時の米政府内部には陸軍長官のスティムソンや、陸軍参謀総長のマーシャル、駐日大使を10年も務めた国務長官代行グルーなど「原爆を使う前にやるべきことはたくさんある」という考えを持っていた人々が少なからずいた。彼らは、日本を早期に降伏させるためには、天皇制は残すということを事前に日本側に知らせる、また原爆投下の事前警告や公開実験を事前に行う、あるいはソ連の対日参戦の事前通告を行う、といった原爆投下以外の選択肢があり、たとえそれが結果的に無駄となったとしてもそれを試みる価値はあったという考え方・立場であった。しかし、こうした「賢明な選択肢」は、ルーズベルト政権からトルーマン政権に移行してリベラル派が後退して保守派が台頭するなかで、強硬派のバーンズが外交を一任される形で国務長官となり、外交にはずぶの素人であったトルーマンがそのバーンズに全面的に依存する構造ができあがり、真剣な議論の検討対象となる機会はほとんどなかったという。著者はルーズベルト、バーンズ、トルーマンのそれぞれの人間関係や政治家としての能力・性格まで踏み込んで、このような政策決定を跡づけており、その論理的展開も緻密で説得力に富んでいると評価できる。ただ、バーンズやトルーマン、グローブズなど保守強硬派が「愚かなリーダー」でスティムソンやグルー、マーシャルなどが「賢い人々」であったという評価は、その

第Ⅰ部　日本側の原爆投下認識

「賢い人々」でさえ、日本が降伏しない場合は最後の手段として原爆投下もやむを得ないという前提に立っていたという「限界」があることを考えるとき、もっと別の評価もあり得るのでは、という評者の疑問をここでは指摘しておきたい。

　また、著者は、トルーマン大統領が原爆を投下した後に「まずかった」と「後悔」したことを強調している。その理由は、一つは、広島、長崎の原爆被害がいかにひどいかが分かるにつれ、すぐに宗教関係者やジャーナリストたちから批判が起こったことであり、もう一つは、原爆使用は軍事的にも必要なかったとする主張が、原爆投下直後から、軍首脳部からも出てきたことである。例えば、全米キリスト教会協議会のG.B. オックスナム議長とJ.F. ダレスの2人は、8月9日、トルーマン大統領に直接「キリスト教国を任じる米国が、道徳的に問題ないと思うとすれば、世界中のだれでもそれにならうことになる」と懸念を表明した。また、長崎原爆から6日後の8月15日、米空軍中国派遣軍司令官だったC・シェンノート将軍は『ニューヨーク・タイムズ』紙に、「原爆を使わなくてもソ連の参戦が日本降伏の決定的な要因になっただろう」と語っている。そして、トルーマン大統領、バーンズ国務長官らはこれらの批判や疑いの声を様々な形で抑えにかかったことを明らかにしている。当時のさまざまな公式文書、関係者の日記の類すべてを「国家安全保障上の理由」から最高の軍事機密に指定してこれらを封印するとともに、原爆投下を正当化する論文「原爆使用の決断」（原爆投下によって日本が早期降伏を決定したのであり、その結果、百万人もの米兵の命が救われたという内容）を国民から尊敬されていたヘンリー・スティムソン陸軍長官名で総合雑誌『ハーパーズマガジン』の1946年2月号に掲載させるなどの処置を取ったわけである。著者によるこのような事実関係の指摘は筆者も同意できるものであるし、原爆にからむ情報は徹底的に隠蔽するトルーマン政権（特にグローブズとバーンズ）の隠蔽工作についての叙述は新鮮で興味深い。しかし、本書の帯でも強調されている、トルーマン大統領が原爆投下を「後悔していた」という事実の強調は、「誤解」を招くものではないかと思われる。というのは、トルーマン大統領が本当に広島、長崎の悲惨

な状況と被爆者の苦悩を自分のものとして味わったという意味で「後悔」したわけではなく、原爆使用を「（いかなる場合においても）人道的に許されるものではない」と評価したわけではないからである。また、この問題との関連で言えば、著者が、広島原爆とは別に、長崎原爆の意味を深く問おうとしていない点も疑問である。

　そして、注目されるのは、「原爆を使ったのは、対ソ戦略のためであったのではなく、目先のソ連に対するパワー外交、および内政上の配慮のためであった」とする、著者独自の主張である。これは、実はトルーマンにもバーンズにも対ソ戦略などは欠如しており、原爆投下を戦後の冷戦に直接結びつけて解釈・説明するのは「後智恵」にすぎないという指摘でもある。確かに、冷戦戦略といった長期的な対ソ戦略といったものが当時からあったわけではなく、「ソ連を扱い易くする」という目先の利益のため、とりあえずの「外交の切り札（カード）」に原爆がなると考えただけであるとの著者の指摘は検討するだけの価値はあると思われる。これは、バーンズは（そして、トルーマンも）、ソ連との交渉を有利に進めるには原爆、すなわち外交のカードが必要であり、原爆は実際に使ってその威力をソ連に見せつける必要があると最初から考えていたのに対し、ルーズベルトはもっと現実的で、戦後の安定のためにはソ連の存在も認めて責任も負わせればいい、と考えていたという指摘とも重なる。著者はこの立場から、歴史にイフは許されないが、もし第2次大戦後の世界平和秩序の構築にソ連との協力が必要だと考えていたルーズベルトがもう半年長生きしていたとしたら、原爆投下も核軍拡競争も避けられていたかも知れない、という推論・仮説を打ち出している。

　ルーズベルトとトルーマンの大統領としての資質の違いに注目する著者のこうした姿勢・立場は貴重なものであり、今後の研究において十分な検証を必要とする課題であることは間違いない。ただ、評者自身は、原爆投下をより広い文脈、すなわち戦後の冷戦史だけでなく、冷戦後あるいは9・11事件以後の世界との関わりや、政治指導者だけでなくマンハッタン計画の背後にいた企業家たちの動向などとの関連なども含めて考える必要性を痛感している。

いずれにしても、本書によって新たに明らかにされた事実関係や貴重な証言、あるいは独自の解釈・評価などは非常に貴重なものであり、今後、日本あるいは世界で原爆投下問題を再検討していく場合に不可欠な代表的著作の一つになることは間違いないと思われる。そうした意味で、本書が一人でも多くの人々に読まれることを心から願っている。

（長崎平和研究所編集『長崎平和研究』第24号、2007年10月発行、に掲載）

第 II 部

米国側の原爆投下認識

ピーター・カズニック

（乗松聡子 訳）

第Ⅱ部の**序論**においては、米国の日本への原爆投下についての現在の論争から一歩距離を置き、過去65年間に渡り、学界や一般の間で原爆投下史観がどのように変遷したのかを振り返る。また、最近の米国での世論調査によると、広島長崎原爆投下を正しかったとする人が増加傾向にあるが、その意義を考察する。

　第1章では、日本が被害者でアメリカが加害者であるということを踏まえた上で、それを超越し、原爆投下の持つ地球的意義を考える。すなわち、第二次世界大戦で原爆を使用する決定が下されたことが、人類、そしてこの地球上の生命を全滅させる可能性に道を開いたということである。この章でさらに論証することは、トルーマンは原爆が人類の未来を危機に陥れるということを十分に認識しており、また、日本側はもう降伏の準備ができていて、直後に予定されていたロシアの参戦が日本の息の根を止めるであろうということを知っていたにもかかわらず、原爆投下を許可したということである。

　第2章では、エノラ・ゲイの操縦士ポール・ティベッツに焦点を当て、自らの原爆投下への関与について、道義的にも軍事的にも疑問を投げかけることを頑なに拒み続けた戦後の人生を考察する。ティベッツの内省欠如は、ある意味ではアメリカ人の典型とも言えるが、エノラ・ゲイの他の乗組員たちは、人類の将来を変えてしまったこの行為についてもっと複雑な対応の仕方をしている。この章はその乗組員たちの戦後も追う。

　なお、第1章は、オンライン学術誌『ジャパン・フォーカス』向けに書き下ろされ、2007年7月23日号に発表された論文（http://www.japanfocus.org/-Peter_J_-Kuznick/2479）の日本語訳である。第2章は、オンライン学術誌『ジャパン・フォーカス』向けに書き下ろされ、2008年1月22日号に発表された論文（http://www.japanfocus.org/-Peter_J_-Kuznick/2642）の日本語訳である。

序　論　原爆投下65年、論争は続く

　ハリー・トルーマン大統領とその軍民の側近たちは、第二次世界大戦末に二つの原爆を落とす決断をした。米国の学界や一般社会にとって、この決断ほど論争や感情的反応を呼んできたものはないであろう。しかし残念なことに、この重要な話題ほど、無知というベールに包まれてきたものもないのである。調査によると、米国の若者の三分の一は、広島が最初の原爆投下地であったことや、米国が投下したということをすら知らないという。日本人の若者でさえそういう傾向が強まっている。また、そういった事実を知っている米国人でさえ、過半数が原爆投下は正当であったと信じているという調査結果もある。原爆投下のお陰で本土侵攻が回避され、何十万もの米国人の人命が救われたと思っているのだ。本書において、木村先生と私はこういった「原爆神話」を論破し、この歴史上最も重要な出来事について、はびこる無知を正そうと試みる。

　1945年8月、あの運命の日に悪夢の核時代は幕を開けた。その責任について米国は覚醒しつつあると言えるかもしれない。8年間続いたジョージ・W・ブッシュ時代には後退する一方だった核軍縮・廃絶への動きを、バラック・オバマ大統領が軌道修正したことは評価に値する。2009年4月のプラハ演説でオバマ大統領は「核兵器を使用した唯一の核保有国として、米国は行動を起こす道義的責任がある[1]」と宣言した。米国に特別な責任があると認めたことは重要な第一歩である。米国のカトリック司教たちが1983年に核兵器について司教教書で「1945年の原爆投下について、我が国が深い悔悟の意を表現できるように世論を形成していく必要がある。そのような悔悟の意がない限り、将来の核兵器使用を根絶する道は開かれないであろう。[2]」と表明した。

　2010年5月、ニューヨーク国連本部での核不拡散条約再検討会議に向けて集まった100人余の被爆者は、核兵器の中でも原始的と言える原爆二発が人間に

どのような被害をもたらしたかの生き証人であり、オバマ大統領の呼びかけを行動に移す緊急性を強く訴えた。被害者という立場を超越して人間の良心を代表する存在となり、核廃絶のために勇敢で絶え間ない努力を続けてきた被爆者たちのおかげで、今度核兵器が使われるときはおそらく広島・長崎よりも更に悲惨な結果を生むであろうということ、そして二度と核兵器が使われないためには、一刻も早くこの邪悪な兵器を我々の手中から抹消しなければいけないということを忘れないでいられるのである。

　しかし一種の道義的鈍感さというものがこの論争に暗雲を投げかけている。その鈍感さの源流には、原爆投下を正当化するために当時使われた論理がある。トルーマン大統領、ヘンリー・スティムソン陸軍長官、マンハッタン計画を率いたレズリー・グローブズ准将の例に倣い、当時の擁護論者たちは、原爆は血なまぐさく残酷な戦争を幸いにも早く終わらせ、本土侵攻を防ぐことによって多大な犠牲を出さずに済んだと主張した。トルーマンとグローブズは当初、原爆は「数千人の」米国人の人命を救ったと言っていたが、大規模な被害をもたらした原爆の是非を問う声が高まるにつれ、トルーマンの推計は50万、さらにそれ以上に膨らんでいった。

　原爆投下直後は、85％の米国人はこれを支持し、23％近くは日本への憎しみ冷めやらず、もっと原爆を落として日本をこてんぱんにやっつける時間が欲しかったとさえ思っていた。一方で、『サタデー・レビュー』誌編集長のノーマン・カズンズのように、自国の政府がやったことの恐ろしさに愕然としていた米国人もいた。アルベルト・アインシュタインは同じように驚愕していたが、原爆の対象は日本でなくソビエトであると、鋭く指摘した。また、原爆投下が日本の民間人何十万もが惨殺された許し難い行為であるということと、ソビエトへの危険な挑発行為であったことをさらに超えた意味があることを直ちに認識した者も多数いた。歴史家のポール・ボイヤーは米国を席巻した「根本的な絶滅の恐怖」について語った。[3] NBCラジオのコメンテイターであるシーザー・サーチンガーは「今の原爆は初期段階に過ぎない。本当に……人類は自らを破滅させる方法を見つけてしまった。」と書いた。中でもジョージ・フ

ィールディング・エリオット少佐が『ニューヨーク・ヘラルド・トリビューン』紙に書いた論評は際立っていた。「人間は運命の分かれ目に立っている。」とエリオットは警告し、人類がこの問題にしっかり対処できなかった場合は「この地球は暗黒の世界に消え入り、宇宙の永遠なる夜の中、真っ黒な燃えカスとなって転がって行くだけの存在となるであろう。」と訴えた。原子時代の前の危機は「混沌と恐怖の警鐘ではあったが、文明の一時代の終わりを意味するもので、この世の終末を予告するものではなかった。新たな暗黒時代の到来を警告するような危機はあったが、それは数世紀の苦しみの後に立ち直れるようなものであった。しかし今、人間が生みだしてしまったものは究極的な破壊能力を持ち、一旦解き放たれてしまったらもう後には何も生き残れないという力なのだ。」[4)]

このように、原爆を論じる上での三つの話法（勝者的、悲劇的、終末論的）は、原爆投下直後から、一般人の不安と恐怖を前に形成された。その後65年間に渡る原爆論争が、いかにこの三つの話法に忠実に当てはまってきたかは驚嘆に値する。しかし将来の原爆使用の是非を巡っては、一つ一つの立場は必ずしも一致していなかった。米国の代表的な保守系雑誌『ナショナル・レビュー』では1959年に、広島長崎の原爆投下を批判することは「全国的に保守層の信条となりつつある」[5)]とまで書かれている。そうは言っても実際は皮肉や矛盾だらけであった。原爆投下の「公式な」正当化論はヘンリー・スティムソンの著作によって世に出たが、このスティムソンこそ、原爆使用を回避するために降伏条件を変えようと必死になっていたし、そして後になってこのような兵器の使用を許してしまったこと、またこの出版で不誠実な原爆擁護論を公表してしまったことを悩んでいた。一方では、第二次大戦中に五番目の星をもらった五つ星の大将七人のうち六人もが、戦後になって、原爆が道義的に弁護し得るものではなく、軍事的にも不必要であったという論客の仲間入りをしたのである。その中にはダグラス・マッカーサー、ドゥワイト・アイゼンハワーといった将軍たちがいる。マッカーサーに至っては、1945年5月30日にハーバート・フーバー前大統領がトルーマン大統領に天皇制を維持させるように進言した覚書の

ことを、戦後になって賞賛するに至った。「もしその時点で天皇制維持を保証していたら日本は進んで降伏したであろうと確信する[6]」とマッカーサーは記している。5月末の時点で日本が本当に降伏する用意ができていたかどうかについて疑問が残るが、これが一、二ヶ月後のこととなると、より可能性は高くなっただろう。特にソビエトの参戦や連合軍の破壊的な新兵器のことをちらつかせれば尚更だ。アイゼンハワーは「すでに敗北している」日本に「あのようにひどいもの[7]」を使うことは反対だと、当時スティムソンに伝えたと言っている。ジョン・フォスター・ダレスは8月9日に声明を出し、この兵器を使ったことを道義上の観点から非難し、米国がこのような兵器を使うことによって、後に他国が追随するような悪い前例を残したとの懸念を表明している。この三人は皆、原爆非難に非常に熱心であった。それにもかかわらずマッカーサーは朝鮮戦争で原爆使用を主張した。アイゼンハワーは朝鮮戦争では弾丸を使うように原爆を使ったらいいと言い、ダレスは1954年のディエンビエンフーの戦いでベトナムのフランス軍に原爆提供を申し出た。アイゼンハワー大統領とダレス国務長官は共に、米国の核兵器保有が就任時（1953年1月）の1750からアイゼンハワー退任時（1961年）の2万3千まで増えるのを見守ってきた。アイゼンハワーに承認された国防総省の戦争計画では、ソ連と全面戦争に突入した場合、意図するしないに関わらず6億5千万人までの犠牲者が出ると予想していたし、アイゼンハワー大統領の任期中はそういった可能性が遠いものとはとても思えない状況だった。

　学界での議論も同様な展開を見せた。ガー・アルペロビッツは1965年の著書『原爆外交（Atomic Diplomacy）』で、原爆は戦争終結に必要ではなかったこと、また標的は広島・長崎ではなくモスクワであったと論じ、歴史の正統派に挑戦状を突きつけた[8]。アルペロビッツは1995年の名著『原爆投下決断の内幕（The Decision to Use the Atomic Bomb）』においてその主張を更に詳しく展開した。降伏条件の変更とソビエト参戦の組み合わせがあれば原爆はなくとも戦争は終わっていたし、そのことをトルーマンとその側近たちは知っていたという主張だ。日本に対し降伏条件を明確に提示するのを、二つの原爆を落とし終え

るまで意図的に引き延ばし、原爆投下の目的はヨーロッパとアジアでのソビエトの影響力を最小限に抑えることにあった[9]。マーティー・シャーウィンやカイ・バードといった学者たちも原爆は正当化できないと考えていたが、米国の指導者たちの動機についてはより複雑な見解を持っていた[10]。

ジョン・ダワーが「悲劇の話法」[11]と名付けた原爆史観は、上述したように、原爆の非正当性と、被害者の苦しみに重点を置いている。この歴史認識には明晰な論理と多くの史料の裏付けがあったが、原爆投下は戦争終結に必要だったとの見方に固執する学者たちの反論を受けた。ロバート・ニューマンやロバート・マドックスの主張では、1945年8月の時点で日本は降伏するというような状態からはほど遠く、連合軍が上陸すると言われていた九州の防衛強化に余念がなかった。米国が傍受した日本の外交通信よりも軍事通信を重要視していたニューマンらは、原爆投下がなければ連合軍は本土上陸を決行して、死傷者数は壊滅的なものであったろうという見方にこだわった[12]。彼らの頭の中では、その3カ月後まで開始する予定もなかった本土侵攻で死んでいたかもしれないアメリカ軍人の命の方が、原爆による無差別爆撃で意図的に標的とした日本の民間人の命よりも優先順位が高かったのである。一方でジョン・レイ・スケイツ[13]といった学者たちは本土侵攻の理由づけを疑っていたし、バートン・バーンスタインやJ・サミュエル・ウォーカーは、本土侵攻の際の推定犠牲者数があまりにも多過ぎると論じた[14]。しかし、影響力のある学者や軍事史家たちでこのような考え方を持つ者はほんのひと握りである。一般の米国人はどうかと言えば、やはり本土侵攻は避けられなかったと信じている。2009年に2400人の米国人を対象に行ったアンケート調査では、61%が米国の広島長崎原爆投下は「正しかった」と答えている。「間違っている」と答えたのは22%のみで、16%は「決められない」だった[15]。この数字は近年の調査に比べ、原爆支持の度合いが増えていることを示している。これは最近の原爆擁護論者の新たな手口で、原爆投下をトルーマンが下した人道的措置と演出するような傾向を反映しているのかもしれない。それは本土決戦での日本人の犠牲だけでなく、日本支配下に置かれていた他のアジア人の犠牲まで強調していた。戦争を早期終結させた

ことにより救われた人命は原爆で失われた人命をはるかに上回るという主張である。これは見かけ倒しの極端な歴史的後付け理論だ。1945年当時の米国指導者がこのようなことを考慮に入れて意思決定していたという証拠は全くないからである。

　最近出版された二冊の本で原爆論争はまた新たな局面を迎えた。1999年に出たリチャード・フランク著『ダウンフォール（Downfall）』では、入念な調査に基づき、理路整然とした原爆擁護を試みている。フランクは従来の学者たちに比べ、日本側史料を綿密に調べた。フランクは「勝者の話法」を使う者の多くに見られるように、原爆が戦争を一番早く終わらせる方法だったと信じていた。と同時に、鉄道網を破壊され、空腹と欠乏で士気を失っていた日本人は長く持ちこたえることはできなかっただろうとも認識していた。[16) この問題についての最近の著作で、最も注目に値するのは長谷川毅の『暗闘――スターリン、トルーマンと日本降伏（Racing the Enemy）』（2005年）であろう。長谷川はフランクを一歩リードし、米国、日本、ソ連の公文書を調べた上で、米国の原爆ではなく、8月9日早朝のソビエト参戦が日本の降伏のきっかけとなったと論じた。日本はソ連を仲介としてより有利な降伏条件を引き出そうとしていたが、ソ連の参戦でその外交手段を断たれた。本土防衛で連合軍に多大な犠牲を負わせる決号作戦も企てていたが、やはりソ連の参戦でその軍事的手段も破綻した。迫りくるソ連赤軍を前にして、日本の指導者たちは米国に降伏する決定をした。占領政策でソ連の影響力が強まれば、天皇制維持の可能性が弱まるだけでなく、日本国内での社会主義運動が強まる恐れがあった。これは原爆の影響を全く無視していいという意味ではない。[17) しかし3月から8月にかけての日本の100都市以上の空襲によって、[18) 米国は市街地の住民を根絶やしにする力があることは十分に見せつけていた。一つの都市を一つの爆弾で破壊するのか、何百の爆撃機と何千という爆弾で破壊するのかの違いが日本の指導者にとってどれほどの意味を持っていたのかと言えば、多くの米国人が想像するほどではなかった。

　原爆使用の本当の歴史的意味というのは、私がこの本で論じていることだ

が、人類が史上初めて、自らを含む全ての種の絶滅の可能性と対峙せざるを得なくなったということにある。私にとって、原爆が何十万もの無辜の命を奪ったという許し難い事実以上に信じられないことは、トルーマンと側近たちが、原爆を使わずに日本から降伏を引き出す方法を十分承知だったにもかかわらず、さらにトルーマン自身が「ノアの方舟後のユーフラテス渓谷時代に予言された滅亡の火」と呼ぶほどの破壊力を持つものだと知っていたにもかかわらず、原爆使用を決行したことである。以下、本書に書いたことが示すように、人類の将来のことは全く考えずにただ手元にある原爆を使った、この人間の愚かさこそが、一刻も早く核兵器を全面廃絶しなければいけない最大の理由である。

【注】
1) http://www.whitehouse.gov/the-press-office/remarks-president-barack-obama-prague-delivered
2) National Conference of Catholic Bishops, *The Challenge of Peace : God's Promise and Our Response* (Washington, D.C., 1983), 92.
3) Paul Boyer, *By the Bomb's Early Light : American Thought and Culture at the Dawn of the Atomic Age* (New York, 1985), 15.
4) Donald Porter Geddes, ed., *The Atomic Age Opens* (Cleveland, 1945), 164, 167.
5) Medford Evans, "Hiroshima Saved Japan," *National Review*, 14 February 1959, 525.
6) Douglas MacArthur to Herbert Hoover, December 2, 1960, Herbert Hoover Presidential Library, Post-Presidential Papers, Individual File Series, Box 129 G. Douglas MacArthur 1953-1964 folder [3212（3）].
7) "Ike on Ike," *Newsweek*, November 11, 1963, 107 ; Dwight D. Eisenhower, *Mandate for Change 1953-1956* (New York, 1963), 313.
8) Gar Alperovitz, *Atomic Diplomacy : Hiroshima and Potsdam* (New York, 1965).
9) Gar Alperovitz, *The Decision to Use the Atomic Bomb : And the Architecture of an American Myth* (New York, 1995). ガー・アルペロビッツ著（鈴木俊彦／米山裕子／岩本正恵翻訳）『原爆投下決断の内幕——悲劇のヒロシマ・ナガサキ（上）（下）』はるぷ出版（1995年）。
10) Martin Sherwin, *A World Destroyed : The Atomic Bomb and the Grand Alliance* (New York, 1975) ; Kai Bird and Martin J. Sherwin, *American Prometheus : The Triumph and Tragedy of J. Robert Oppenheimer* (New York, 2005) ; Kai Bird and Lawrence Lifschultz, eds., *Hiroshima's Shadow* (Stony Creek, CT, 1998).

11) John W. Dower, "Three Narratives of Our Humanity," in Edward T. Linenthal and Tom Engelhardt, eds., *History Wars : The Enola Gay and Other Battles for the American Past* (New York, 1996), 63-96.
12) Robert P. Newman, *Truman and the Hiroshima Cult* (East Lansing, MI, 1995) ; Robert James Maddox, *Weapons for Victory : The Hiroshima Decision Fifty Years Later* (Columbia, MO, 1995).
13) John Ray Skates, *The Invasion of Japan : Alternative to the Bomb* (Columbia, SC, 1994).
14) Barton J. Bernstein, "A Postwar Myth : 500,000 U.S. Lives Saved," *Bulletin of the Atomic Scientists*, 42 (June/July 1986), 38-40 ; Bernstein, "Reconsidering 'Invasion Most Costly' : Popular-History Scholarship, Publishing Standards, and the claim of High U.S. Casualty Estimates to Help Legitimize the Atomic Bombings," *Peace and Change* 24 (April 1999), 220-248 ; J. Samuel Walker, *Prompt and Utter Destruction : Truman and the Use of Atomic Bombs Against Japan* (Chapel Hill, NC, 2004).
15) "Most Americans Believe Dropping A-bomb Was Right Decision : Survey," *Japan Times*, August 6, 2009.
16) Richard B. Frank, *Downfall : The End of the Imperial Japanese Empire* (New York, 1999).
17) Tsuyoshi Hasegawa, *Racing the Enemy : Stalin, Truman, and the Surrender of Japan* (Cambridge, MA, 2005). 長谷川毅『暗闘――スターリン、トルーマンと日本降伏』中央公論新社（2006年）。
18) Yuki Tanaka, "Introduction," in Yuki Tanaka and Marilyn B. Young, eds., *Bombing Civilians : A Twentieth Century History* (New York, 2009). 米国の研究者の多くは空襲を受けた日本の都市の数は64と思っているが、実際は100以上であったと教えてくれた田中利幸先生に感謝する。
19) Robert H. Ferrell, ed., *Off the Record : The Private Papers of Harry S. Truman* (New York, 1980), 55.

第1章　未来を危険にさらす決断
　　──ハリー・トルーマンの原爆投下決定が世界にもたらした意味

I

　第二次世界大戦中にシカゴ大学の冶金学研究所で原子力研究を指揮した、ノーベル賞受賞者でもある物理学者アーサー・ホリー・コンプトンは、その自伝『原子の探求』の中で、1942年夏、ミシガンでの休暇中にJ・ロバート・オッペンハイマーから緊急の訪問を受けたことを記している。オッペンハイマーと彼が招集した専門家集団は、核爆発が海洋の全ての水素と大気中の全ての窒素を発火させる可能性を計算したばかりだった。コンプトンは結論づけた。もしそのような可能性が存在するのなら、「そのような爆弾は絶対に作ってはいけない」と。「人類の幕を閉じるような賭けに出るのならナチスの強制労働を受け入れる方がまだましである」とコンプトンは言った。[1] 確かに、理性的な人間なら誰もが同じような反応を示すであろう。

　3年後の1945年、既にヒットラーは死亡し、ナチスは敗北を遂げていた時点で、ハリー・トルーマンは重大決定を迫られていた。1955年の自伝の中でトルーマンは、大統領就任初日に、ジェームズ・F・バーンズ国務長官から、アメリカ合衆国が「全世界を破壊させるほどの威力を持つ」爆発物を開発中であるということを伝えられたと書いている。[2] 1945年4月25日、ヘンリー・スティムソン陸軍長官とレスリー・グローブズ陸軍准将は、トルーマンに対し長時間にわたる状況説明を行った。その中でスティムソンは、原爆が「現代文明を完全に崩壊させる」という警告を繰り返し、人類の行く末はこのような爆弾をどのように使用し、そして規制し、共有していくかに懸かっているという点を強調した。[3] スティムソンは米国がこの爆弾を一回でも使うべきかどうかについて「全世界を破壊するほどの力を兼ね備えているから」という理由により「深刻

な」不安を抱いていたと、トルーマンは回想している。トルーマン自身、スティムソンとグローブズの話を聞き、グローブズの覚書を読んだ上で「同じ恐怖感を覚えた」と認めている。[4]

他にも多数の人間が、この地獄のような武器が持つ重大な意味合いをトルーマンに伝えていった。トルーマンはトリニティ実験（訳者注・1945年7月16日にニューメキシコ州で行われた人類初の核実験）の結果の詳細報告を受けた上で、1945年7月25日の日記に、この爆弾は「ノアとその素晴らしい方舟の後、ユーフラテス渓谷時代に予言された滅亡の火に当たるかもしれない」と予知するような書き方をしている。[5]最前線の原子力科学者たちは、日本に対する唐突な原爆投下はアメリカとソ連の歯止めの利かない軍拡競争を引き起こし、それは人類にとって破滅的な結果の前兆となるであろうと警告した。こういった警告は、トルーマン本人でなかったとしてもトルーマンの側近たちには届いていた。トルーマンはそれにも拘らず日本に対する原爆使用を承認し、その後もずっとその決定について「後悔の念」のかけらもなく、「眠れなかった夜など一度もない」と豪語するまでに至っていたのである。[6]歴史家や研究者たちはこれまで60年以上に及び、トルーマンや側近たちがどうしてあのような行動を取ったのか、そしてトルーマンの残した遺産が後続の大統領たちにどのように影響したのかを必死に究明しようとしてきた。

歴史学者ジョン・ダワーはその鋭い分析で影響力を持つある論文で、アメリカ人が広島長崎の原爆を解釈する際に使う話法（ナラティブ）は大きく二つに分けられると論じた。一つは「英雄的」または「勝者」の側面を強調したもので、もう一つは「悲劇的」なものである。[7]「英雄的」話法は戦時中の国防調査委員会長であったジェームズ・コナントとスティムソン陸軍長官がその原型を作り、ビル・クリントンを含む戦後歴代のアメリカ大統領たち（アイゼンハワーのみを除く）が再三主張してきたものだ。この語り口では、原爆投下は結果的には「正義の戦争」を早急に終わらせ、野蛮で狂信的に抗戦する敵との陸戦を回避するための人道的な手段、慈悲深い手段とさえ言えるものであったと正当化する。トルーマンは当初、原爆投下は日本の背信的な真珠湾攻撃への報

復であったと強調していたが、後に論調を翻し、トルーマンだけでなくコナント、スティムソン等はもし本土戦になっていたら多大なアメリカ人の犠牲者が出ていたであろうと力説した。そして時間が経つにつれ、こういった原爆の擁護者たちは、原爆投下がなかったら犠牲になっていたであろう日本人の命についても大胆に推定し、その数はどんどん増えていった。このようにアメリカの最終的な勝利における原爆の決定的な役割を際立たせることは、何百万人ものアメリカ人の英雄行為と多大な犠牲を軽視するというマイナス面があったにせよ、太平洋戦争へのソビエト参戦の意義を矮小化し、日本の降伏にソビエトが果たした役割を少なく見せ、自らが単独で持つ最強兵器を誇示したいというプロパガンダ目的は十分果たせたのである。

　この勝者の話法では、助かったアメリカ人の数は実際の日本人の犠牲者数を上回っている。近年の原爆批判の声の高まりと共に、本土決戦に至った際のアメリカ人犠牲者数推定も急増した。1945年の旧陸軍省の推計による4万6千人から始まり、1955年のトルーマンの主張によると、1945年当時ジョージ・マーシャル大将は50万人のアメリカ人が犠牲になると恐れていたとのことだった。それが1947年にはスティムソンによって100万人に膨れ上がり、1991年ジョージ・H・W・ブッシュ大統領はトルーマンを弁護して、その「冷静な計算に基づく決定によって何百万人ものアメリカ人の命が犠牲にならずに済んだ」と述べた。長崎の原爆を落とした「ボックス・カー」機の乗組員の1995年の推定に至っては、600万人の命――100万人のアメリカ人と500万人の日本人――が救われたとまで言ってのけた。最近の勝者の話法は日本人や、さらに他のアジア人の犠牲者まで含めて推計するという新しい展開を見せている。戦時中トルーマンやその側近たちはこの点については一切考慮していなかったにもかかわらずである。

　この勝者の話法に対置するものとして、ダワーは悲劇の話法を挙げる。悲劇の話法の中では、何十万人もの民間人を無差別殺戮し、生存者にとてつもない苦痛をもたらした原爆が、被害者の立場から糾弾される。トルーマンが主張したように、広島は海軍基地と第二総軍総司令部としてある程度軍事的に重要な

場所ではあったものの、原爆は市の非軍事的な部分を標的とし、その破壊的威力は民間人殺戮に対して最大限に発揮された。それに比べ軍事施設の被害は限られたものだった。ウィリアム・リーヒ海軍元帥は1949年のインタビューで怒りをこめてこう語っている。トルーマンからは「軍事施設のみが爆撃対象」であると聞いていたのに、「結果的に女性や子どもたちまで、殺せるだけ殺してしまった。実際にそれが目的だったとしか思えない」と。勝者の話法と比べ、この悲劇の話法は、戦争は原爆を用いずに終わらせることができたはずだとの確信に基づいている。アメリカは、日本側が受け入れ可能な降伏条件を模索していたことも知っていたし、ソ連の参戦が日本にどれだけの壊滅的打撃を与えるかについても知っていたからである。

　これらの話法はみなそれぞれのイメージを伴う。きのこ雲は、勝利の話法の中心となるシンボルであり、原爆が落とされたその瞬間からアメリカ文化の随所に見られてきたものである。爆弾の影響を遠い所から映し出すことにより、その下で繰り広げられた死と苦しみは効果的に隠すことができた。

　上空を飛んでいた乗組員たちとは対照的に、地面にいた原爆被害者たちは、この悲劇の話法の始まりの象徴である原爆の閃光（ピカ）を鮮明に覚えている。そしてその爆風（ドン）と組み合わさったとき、瞬間的に何万人もが即死するか死に瀕することとなり、二つの都市は瓦礫の山となったのである。多くの日本人が原爆のことを「ピカドン」と呼ぶのも無理のないことである。アメリカ人の意識にはびこる認識に取って代わり、日本では原爆のきのこ雲は、二つの都市の破壊と死者、瀕死の怪我人たちの象徴であるのだ。

　1995年にスミソニアン航空宇宙博物館で予定されていた原爆展は、空軍協会と米国在郷軍人会が、日本人の原爆被害者の写真を取り除くことを求めたことで、不運なことに実現に至らなかった。問題とされたのは特に女性と子どもの写真であり、原爆で消えた中学1年生の女子生徒が所持していた、中に炭化したご飯と豆が入っていた弁当箱の除去も要求された。日本人が人間として描かれるような試みに抵抗が起き、被爆者が一人一人顔を持つ人間でありそれぞれの苦しみがあったということを思い起こさせるような写真や展示物に対しては

猛烈な反対があった。空軍協会や退役軍人たちにとって、この展示はきのこ雲の上にいた爆撃機乗組員の立場からのものであるべきで、その下にいた被害者の立場からのものであってはいけなかった。ここで付記したいことは、1943年に軍事政策が変わる前は、米国の出版物は日本人の戦死者の写真で溢れており、米軍の戦死者の写真を載せることはなかったことである。[14]

　アメリカでは勝利から60年以上経っても日本人に対する怒りの感情をくすぶらせている退役軍人に時々出会うが、日本人が原爆を語るときには驚くことにほとんど反米感情が見えない。日本人、特にヒバクシャ（原爆の被害者）は、怒りをぶつける代わりに自分たちの被害体験の特殊さに焦点を置いた。被爆者たちはその体験から精神的に高い位置に達し、被爆の苦しみを世界平和と核軍縮への前向きなメッセージに転化させてきた。実際、1980年代前半にはアジアの他民族に対する日本の戦時中の残虐行為の責任が活発に議論されるようになり、それは90年代前半になって元日本軍慰安婦が名乗り出て証言したことで加速した。中国と韓国からの批判に常にさらされていたこともあり、1995年以降も知識人や政治家を中心に戦争責任論の勢いが止むことはなかった。[15]

　私が毎年企画している広島長崎での現地学習のツアーでここ数年驚くことは、戦時中の日本の残虐行為、そして植民地主義、軍国主義に対する天皇の責任を踏まえ、原爆投下を正当であったとする日本人、特に大学生が増えていることである。おそらくこれは、日本が原爆について口を閉ざすように強いる何重もの仕組みがあったことを踏まえると予想できることだろう。第一に、敗北と、自国民を守ることができなかった屈辱にさいなまれた日本政府自身の沈黙がある。次に、アメリカが公式の検閲制度により原爆についての情報の公表を禁じたことが挙げられる。また、日米安全保障条約の下で日本がアメリカに依存せざるを得ない政治的な逼迫状況があり、それがアメリカの政策への批判を鈍らせたことがある。最後に、原爆被害者たちも、自分が被爆者であることを打ち明けることで結婚や就職で差別を受ける恐れがあることから沈黙を保ったということが挙げられる。

　いまだに多くの被爆者は、アメリカが1947年に広島で、1948年に長崎で設立

した原爆傷害調査委員会（ABCC）が、原爆被害者を調査しただけで治療はしなかったことに対して強い憤りを感じている。

　まるで傷口に塩を擦り込むかの如く、ABCCは遺体の一部を含む物理標本をアメリカに持ち帰り、被爆者治療に役立っていたはずの調査結果をその後日本の科学者や医師と共有することはなかった。ローレンス・リバモア国立研究所で３年間兵器研究科学者についての研究に従事した人類学者、ヒュー・ガスターソンは、被爆者調査における「非人間化」について解説する。そのプロセスでは、アメリカの科学者は「日本人の死者や負傷者の体をデータの塊と」化し、更なる実験にアメリカ人の被験者を求めたのである。対象を人間としてではなく人体のパーツとして捉え、傷の重さではなく損傷の度合を算出することによって、冷たく理性的な科学的論考を行い、アメリカ人は日本人被爆者の痛みや苦しみに思いを及ばせることは全くなしに調査研究することができたのである。ある科学者に至っては、原爆被害者が「蒸発」したという表現をガスターソンが使ったことに腹を立てた。正確には「炭化」したと言わなければいけないということだった。

　原爆投下50周年において人々が広島長崎を語るとき、勝者の話法と悲劇の話法、すなわちきのこ雲の上の勝利者側か、下の被害者側からの物語の描き方が大勢を占めていたというジョン・ダワーの分析は疑いようもない。しかしこの２つの観点からの理解の仕方の他にはないのかというとそうではないはずだ。これまでの広島長崎についての議論で見落とされがちだったのが、私が終末論的話法と呼ぶ視点である。これは当時のアメリカの行動をどのように理解するかという枠組みの中でも、核戦争の長期的な影響、特に人類を滅亡の危機にさらす脅威と向き合い続けなければいけない現代の市民たちにとってとりわけ重要な意義を持つ。この３つめの話法は主要な部分において悲劇の話法と共通した要素を持つものであり、当時のアメリカの軍事指導者の多くが考えていたように、原爆なしでも日本を降伏させることができたと主張するものである。しかしこの話法では日本人だけを被害者として見ることはしない。また、トルーマン、バーンズ、グローブズ等の責任者たちが敢えて全ての人間と動物の存続

を危機にさらしたことに対する責任追及については、悲劇の話法よりもはるかに厳しい姿勢を取っている。

　終末論的話法は、他の２つの話法と異なり、すぐこれだ、とわかるようなイメージも持たない。アルマゲドンといった宗教的な連想が可能なイメージや、破壊が再生や復活につながるような錬金術的な変形のイメージとは違い、核による全滅は無作為で、無意味で、最終的で、全面的なものである。1929年から1930年にかけての人間の存在そのものの危機に関連する世界の終わりのイメージのように、核による全滅の結果として訪れる終末後の無の世界というのは、全く救済の可能性を伴わない。1920年代後半と1930年代前半の宇宙論的理論は、熱死の概念と拡大化する宇宙のイメージを伴いつつ、遠い未来に不毛の、生命体を持たない惑星が人間の存在などに関心もない宇宙の中で、目的もなく時空をさまよっているという状態を予想した。このようなビジョン（展望）は、イギリスの天文学者であるジェームズ・ジーンズとアーサー・エディントンによって普及し、影響力の強いアメリカの思想家、ジョセフ・ウッド・クラッチや、ウォルター・リップマンなどの作品に反映されている。核による全滅は人間が生み出したテクノロジーによるものであり自然災害ではないので主因は異なるが、このイメージは、トルーマンの「滅亡の火」（訳者注・原爆のこと）で人間の生命と意識が消し去られた点と、似通っているといえよう[18]。

　1945年にアメリカが核兵器を世に出したそのやり方は、予想通りソビエトの指導者たちにとっては直ちに不吉で威嚇的な行為と映った。トルーマンと協力者たちは地球の全生命の将来に対して大きな賭けに出たのである。シカゴの冶金学研究所の科学者たちは原爆の実験と使用に先立ってこの点を強調した報告書を発行し、請願運動を展開した。「完全な相互破壊」につながる「核軍備競争」を煽動することに対する警鐘を鳴らしたのである[19]。

　もうすでによろめきふらついている日本にとどめのノックアウトを喰らわせることにより即刻の降伏を強いてアメリカ人の犠牲を防ぐため、もしくはガー・アルペロビッツが論じるようにソビエト連邦にその威力を誇示しヨーロッパやアジアでのソ連の影響力を抑えるため、または長谷川毅が主張するよう

にアジアでのソビエトの利権を制限しつつ日本への報復を行うため、トルーマンは考えられないことを進んでやってのけた。日本の降伏を引き出すための他の方法はあった。例えばスティムソンやその他のトルーマン側近たちが強く薦めたように、降伏条件が裕仁天皇の安全と皇位の存続を保障するものであることを明確にすることができたはずだ。しかしトルーマンとバーンズは2つの原爆を投下し終えるまでそれをしなかった。また、ポツダム宣言への署名をスターリンにも許すことでソ連の参戦が間近であるという合図を送ることもできた。さらに、必要ならば原爆の存在を知らしめることができたはずである。しかしトルーマンはこれらの方法を試みることさえしなかった。この過程において多くの科学者を驚愕させたことは、広島長崎が粉塵に帰したその爆弾が、開発途上に見えていた、更に計り知れない威力を持つ兵器の最も初歩的で原始的な試作品に過ぎなかったことだ。それは破壊能力を最大化する過程の最初の一歩に過ぎなかったのである。

　物理学者エドワード・テラーは、オッペンハイマーが1942年の夏に招集した「著名人」のグループに対し、原爆が核兵器の第一歩に過ぎないという事実を強調した。ほぼ完成した原爆の先には、何千倍もの威力のある水素爆弾の開発への道があり、それがこの夏の集まりの中心課題となった。[20] しかし全ての科学者がテラーのように熱心だったわけではない。ロッシ・ロマニツはこう回想した。「我々の多くは『（この世に）こんな兵器がもたらされたら一体どうなってしまうんだ。世界全体がぶっ飛びかねない』と思っていた。オッペンハイマーにこの懸念を伝えに行った者も何人かいたが、彼の答えは基本的に『よく考えろ。ナチスが最初に開発したらどうなるんだ』というものだった。[21]」

　1945年7月、物理学者レオ・シラードは、日本に対する軽率な原爆使用をしないようにとの請願書を書き、マンハッタン・プロジェクトの科学者155人の署名を得た。その請願でシラードは「原爆が今我々の自由になったということは第一歩に過ぎず、将来の開発過程においてその破壊力には上限がなくなる。従ってこの新たに放出された自然の力を使用する前例を作ってしまう国家は、想像もつかないスケールでの破滅の時代の幕を開けた責任を負わなければいけ

第 1 章　未来を危険にさらす決断

ない」と警告した。アーサー・コンプトンはこう述べた。「人類史上初めて、大量殺戮という問題が浮上した。」スティムソンは、一度世に出てしまった魔物である核兵器を、戦後になってから使わせないようにと必死になったことについては評価できる人間であった。彼が1945年5月31日にグローブズとバーンズを含むトップの政策決定者に語ったところによると、暫定委員会のメンバーたちはこの爆弾を「単なる新兵器ではなく、人類と世界全体との関係における革命的な変化として……そしてそのプロジェクトは文明の終わりかまたは文明の極致であるととらえていた。もしくは我々を食い物にしてしまうフランケンシュタインである」と見ていた。オッペンハイマーはこの同じ暫定委員会の参加者に、3年以内に10から100メガトンの間の破壊力を持つ爆弾（広島を破壊することになる爆弾の何千倍もの威力を持つ爆弾）の生産が可能になるかもしれないとの見解を示している。

　従ってこの終末論的話法においては、この時代の指導者たちに現実的に適用できる倫理的基準に照らし合わせても、また政策立案者に期待される短期的長期的結果を踏まえても、トルーマン、バーンズ、グローブズが告発の対象となる。それは広島と長崎での大量の民間人殺戮に対してだけではなく、あまりにも無謀で軽率な行為で人類を恐怖のどん底に陥れたことに対してである。1942年にコンプトンは原爆が世界全体を破壊する可能性を算定し、結論としてはそこまでの危険を冒すほどの価値はないと判断した。1945年の時点でトルーマンは、原爆が人類絶滅につながることに思いが至っていたのだが、明らかにそれ以上真剣に考えることはなかった。さらに悪いことに、トルーマンは戦後1年の間に核兵器を制限する機会が訪れたときでも、自分の戦時中の視野の狭さを償うようなことはほとんどしなかった。

　ルーズベルト政権の副大統領を務めていたヘンリー・ウォレスは、副大統領職がトルーマンに交代になった際も大統領の依頼で商務長官として留任していた。ウォレスは戦後すぐの一年間、軍拡競争を回避して核戦争の脅威を減らそうと果敢に努力した。ウォレスがトルーマンの対ソ連政策と原爆政策を強く批判したため、トルーマンはウォレスを内閣から更迭した。ウォレスは辞任状を

出したその晩に全国放送ラジオでトルーマンの逆鱗に触れた自己の主張を繰り返した。現在のアメリカのたどる道は「人類と世界の絶滅を意味する」であろうという発言であった。[26] その意図がどうであったかにかかわらず、トルーマンは、このような危険な事態を招いたことに多大な責任がある。だからここまでの厳しい審判を下すことは当然であり、トルーマンという男の人間像と、大統領になって間もない頃の言動にもっと注目する必要が生じる。比較的分別があると言っていいハリー・トルーマンという男がここまで無責任な行動に出られるのだとしたら、後に続く大統領たちが似たような状況下において同じような行動に出ないという保証がどこにあるのか？実際に後続大統領のうちの何人かは、恐ろしいことにほとんど同じ過ちを犯すところまで行ったのである。

II

　トルーマンは一貫して原爆投下についての個人的責任を認めていた。しかしその回顧録では、スティムソン率いる暫定委員会が「一刻も早くこの爆弾を敵に対して使うべきである……特に警告はなしに、そしてその破壊的な威力を明確に示すことのできる標的を対象に。」と提言していたと記している。この決定は委員会の科学顧問たちの支持も得たし、トルーマンの主張によると、イギリスのウィンストン・チャーチル首相だけでなくトルーマンの「最高軍事顧問たち」の支持も得たという。しかしトルーマンは付け加えた。「原爆をいつどこで使うかの最終決定権は自分にあった。その点を間違えないように。私はこの爆弾を軍事的兵器であると見なし、その使用に疑問を持ったことは一度もなかった」と。[27] トルーマンは1948年に妹のメアリーに宛てた手紙で同じ点について触れている。「(ポツダムからの) 帰路の途中で自分は広島と長崎に原爆を落とす命令を下した。それは恐ろしい決断だった。しかし私はその決断を下した。」[28]

　トルーマンはとてつもなく低い支持率で任期を終了したにもかかわらず、今となってはアメリカの偉大な大統領の一人として見られており、ジョージ・

第1章　未来を危険にさらす決断

W・ブッシュを含む両主要政党の指導者たちが政治的にも精神的にも手本とする存在になっている。ブッシュ大統領の国家安全保障担当補佐官であり国務長官でもあるコンドリーザ・ライスについて、ブッシュは「ソビエトについて私が知っていることは全て」ライスに教わったと評価している。そのライスは自分が20世紀で最も偉大だと思う男はトルーマンであると『タイム』誌に対し語っている。[29] 歴史家の中にもトルーマンと彼が残した遺産について同じ位感銘を受けている人はいるが、とりわけ際立つのがデイビッド・マッカローであろう。マッカローが書いたトルーマン伝記はトルーマン賞賛を惜しまないもので、歴史学方法論的には全く気の抜けたものであるが、ピューリッツァ賞を受賞している。[30]

　トルーマンは４月12日の緊急内閣会議の後にスティムソンから「アメリカがほとんど信じ難い破壊力を持つ爆発物を作っている」と聞かされるまでは、原爆計画について知らなかった。[31] それに続く数時間、数日間、そして数週間でトルーマンが下した一連の決断は、自分の大統領としての人生の針路を、そして世界の大部分の将来を決めることになる。ルーズベルトは様々な意見を聞いた上で最終的には自分なりの外交政策を決める人間であったが、トルーマンはこういった分野に経験が浅く、ソビエトに敵意を抱き、保守的な意見を持つ者たちにほぼ頼りきっていた。明確なビジョンを持った人、理想主義者、知識人が苦手であったため、自分の了見の狭い直観を認めてくれるような助言のみを求めた。分離主義者でトルーマン自身よりももっと学歴の低いバーンズに依存していたことがいい例であろう。ウォレスについては人気が高く独立した政治基盤を持つので手を出しようもなかったが、ニューディーラーたちやルーズベルト政権から留任したより進歩的な者たちは、新大統領トルーマン就任直後に周辺に追いやられた。そしてその後間もなく政権から追放されるか、または重圧をかけられ辞職に追い込まれた。

　トルーマンが大統領になった頃には原爆計画には相当の勢いがついており、この新兵器の使用を避けるには大胆な指導力が必要であった現実から、トルーマンの個人的責任を最小限に留める見方もあった。グローブズは、トルーマン

93

が事の成り行きにただ流されるだけだったと、所々で語っている。「私が関与する限り」、グローブズは書いた。「トルーマンの決定は不干渉によるものであった……既存の計画を覆すことはしないということだ。時間が経過し、多額の予算と開発努力が注入されるにつけ、政府はますます最終的な爆弾使用の方に傾いていった……」別の機会にグローブズはこんなことも言っている。「トルーマンはイエスともノーともあまり言わなかった。あのときノーと言うには大した度胸が必要だったろう。」しかし一番侮蔑的な評は何と言ってもトルーマンのことを「そりに乗った少年」と称した1963年の『ルック・マガジン』誌の記事であろう。

　確実に言えることは、トルーマンがバーンズとグローブズの助言に大きく依存していたことである。この二人は共に原爆使用の固い意思があり、原爆をソビエトの出鼻をくじくための威嚇射撃の手段と見なしていた。バーンズは1945年5月28日の科学者レオ・シラード、ハロルド・ユーリー、ウォルター・バートキーとの会合において、その反ソビエトの動機というものを明白にした。グローブズも同感であった。「マンハッタン計画を担当して二週間経ったあたりから、ロシアが我々の敵国であること、そしてこの計画はそれを前提として遂行するということについて何の疑いも持たなかった。我々の国全体がロシアを誠実な同盟国として見るような態度があり、それには協調できなかった。」

　トルーマンは、原爆使用の熱烈な支持者たちを頼りにしていたにとどまらなかった。スティムソン、国務省の日本担当であり前駐日米国大使のジョセフ・グルー、海軍元帥ウィリアム・リーヒ、海軍長官ジェームズ・フォレスタル、陸軍次官ジョン・マックロイといった、事情に精通している関係者たちは、降伏条件を変更して日本が天皇を維持できるようにするということを知らせるようトルーマンに進言していたが、トルーマンは全て無視したのである。アメリカは降伏条件の変更を最終的には行った──自らの兵器庫にあった二つの原爆を落とした後で。学界には、このような降伏条件の修正が日本の降伏を早め、たくさんの日本人とアメリカ人の命を救い、原爆の使用を回避させることができたとの声があった。特に、日本の指導者たちが非常に恐れていたソビエトの

宣戦布告が迫っているとの通告と組み合わせれば確実だったとの主張である。ダグラス・マッカーサー将軍はハーバート・フーバー元大統領に語った。もしトルーマンが1945年5月30日付のフーバーの覚書に基づいて行動し、降伏条件を変更していたら、戦争は実際より何ヶ月も前に終わっていただろうと。「日本側は喜んで受け入れたであろうと信じて疑わない」とマッカーサーは断言した。フーバーは2月といった早い時点で日本は交渉に応じていたであろうと考えていた。

トルーマンとその上層部側近たちは、日本が軍事的勝利への望みは既に断ち切っていて、終戦を求めていたということを知っていた。それにもかかわらずトルーマンは広島と長崎への原爆投下を命じた。近衛文麿公が1945年2月に裕仁天皇に「敗戦必至」と伝えたが、それは日本の指導者の多くの見方でもあった。日本が軍事的に絶望的状態にあったことは、外務大臣東郷茂徳とモスクワの佐藤尚武大使とのやり取りを傍受し分析したアメリカには明白であった。ポツダム会議の週の太平洋戦略諜報要旨（the Pacific Strategic Intelligence Summary）ではこう報告されている。「日本は公にはしていないものの、もう正式に敗北を認めていると言ってよい。念願だった勝利をもう手にすることはできないと断念し、(a)国家の尊厳と敗北の折り合いを何とかつけること、(b)夢破れた沈没船である日本を引き揚げる最善策を見つけることの二つの目的に切り替えた。」陸軍省作戦師団政策部門長のチャールズ（ティック）・ボンスティールⅢ大佐は、「哀れなことに日本人のやつらはロシアを通じて必死の和平工作を試みていた」と回想した。OSS（戦略諜報局）職員であったアレン・ダレスはポツダムでスティムソンに、日本の和平工作について報告している。ダレスは『秘密の降伏』においてこう書いている。「1945年7月20日、ワシントン当局の指示の下に私はポツダム会議に赴いた。そこで東京から既に得ていた情報をスティムソン長官に伝えた。日本は、降伏という衝撃的な報せを受けた国民の間に規律と秩序を維持する基盤として、天皇及び現行憲法を保持することができるということなら降伏したいと思っているということを。」日本のこのような意思

表示をトルーマンやバーンズが知らなかったはずはない、その証拠にトルーマンは、7月18日付の日記で「ジャップ（日本）の天皇が和平を求めているとの電報」に触れているが、それだけではない。バーンズの補佐官ウォルター・ブラウンの8月3日付の日記においても、「オーガスタ船上において、大統領と、リーヒと、JFB（ジェームズ・F・バーンズ）は日本が和平を求めているとの合意に達した」と記している。バーンズは8月29日、報道関係者に対し、それを認めたに等しい発言をした。『ニューヨーク・タイムズ』紙は、「……バーンズは、原爆が日本を降伏に追い込んだとの日本側の主張に異論を唱えた。バーンズがロシアの証拠と呼ぶもの（訳者注：日本がロシアに仲介役となってもらい、よりよい降伏条件を引き出そうとしたこと）を引き合いに出し、それは最初の原爆が広島に落とされる前に日本の負けは決定的だったということを意味していると述べた」と報じている。フォレスタル、マックロイ、スティムソンも似たような発言をしており、こういった認識がどれだけ広がっていたかがわかる。しかしポツダムにおいてスティムソンがトルーマンに対し、方針を変えてポツダム宣言で天皇制保持を保証するように説得しようとしたところ、トルーマンはこの年老いた陸軍長官に対し、気に入らないなら荷物をまとめて帰ったらいいと言った。

　トルーマンはまた、スターリンがポツダム宣言に署名する意思が十分あったにもかかわらず、署名させずにポツダム宣言発布に踏み切った。ソビエトが参戦すれば日本の士気は低下し、ソビエトの仲介でよりよい降伏条件を確保したいという日本の見当違いな期待に終止符を打つことができるであろうということもわかっていたのに敢えてそうした。ソビエトの参戦により、日本の決号作戦が成功して侵攻する連合軍に大きな痛手を与えるという可能性もなくなり、降伏する以外の選択肢はなくなる。トルーマンは、ポツダムに行った主な理由はソビエトの関与を堅固にするためだったと主張した。スターリンから確認を得た後、トルーマンは、「スターリンが8月15日にはジャップとの戦いに参加する。そのときにはジャップの息の根は止まる」と喜び勇んでいた。いくつかの諜報機関の推定においても同じ結論に達している。「ソビエトの参戦は日本

の完敗が不可避であるということをようやく日本にわからせることになるだろう」と述べた 6 月30日の陸軍省報告もその一つである。[48]

　結局のところ、降伏の誘因としては原爆よりもソ連の侵攻の方がはるかに強力であった。すでにアメリカの空襲で日本の64都市が壊滅状態に追い込まれていたが、空襲で日本が降伏することはなかった。日本の指導者たちの多くは国民の犠牲などどうでもよかったのである。

　アメリカは、広島原爆に先立って、日本の都市を思うままに爆撃することができることを立証していた。日本の指導者から見たら、アメリカが何百もの爆撃機でそれを行おうが、一機の爆撃機と一個の爆弾で行おうが、戦況における本質的な差というものはなかった。陸軍大臣阿南惟幾は 8 月 9 日の時点で、アメリカがあと100発の原爆を所持し、東京が次の標的になるとの諜報を得たとの驚くべき発表をしていたが、それでも最高戦争指導者会議では国体護持かあと三条件を加えるかで 3 対 3 の膠着状態のままであった。[49]究極的に原爆とソ連侵攻のどちらが決定的だったのかという点について、戦後裕仁天皇や他の指導者たちは矛盾する発言をしており、両主張の擁護材料となってきている。しかし強力で迅速なソ連の進軍の前で、日本の戦略は軍事外交両面において崩れ去る。65番目と66番目の都市の破壊がどれほど全面的で悲惨であったにせよ、ソ連侵攻ほど根本的な打撃ではなかったのである。 8 月13日には鈴木貫太郎首相が、どうして降伏をもう数日延期できないのかの問いに対して、「今を外したら、ソ連が満州、朝鮮、樺太ばかりでなく、北海道にも攻め込んでくるだろう。そうなると日本の土台が壊れてしまう。相手がアメリカであるうちに、始末をつけねばならんのです」と答えている。[50]

　アメリカの軍指導者は日本の絶望的状況を認識していて、後日になってから、勝利を確実にするために原爆が必要だったとは言えないと主張するに至った。日本への原爆投下は道徳的に嫌悪感を引き起こすようなものである、軍事的に不必要であった、との意見のどちらか一方あるいは両方を表明したのはウィリアム・リーヒ海軍元帥、ドワイト・アイゼンハワー陸軍元帥、ダグラス・マッカーサー陸軍元帥、カーティス・ルメイ大将、ヘンリー・アーノルド元

帥、ボナー・フェラーズ准将、アーネスト・キング元帥、カール・スパーツ大将、チェスター・ニミッツ元帥、ウィリアム（ブル）・ハルゼー元帥といった顔ぶれであった。グローブズは原爆投下決定について統合参謀本部を通さなかったことを認めたが、それは一つには「かの兵器自体とその期待される効果に対するリーヒ元帥の不信」を回避する目的があった。グローブズは、「統合参謀本部に諮っていたら承認は得られなかったであろう。」と考えていた。統合参謀本部議長でありトルーマンの個人的な参謀でもあったリーヒは自らの反対を振り返って、原爆の効果への疑問ではなく、その野蛮な性質を強調したと語った。リーヒは真に迫る様子で訴えた。「自分の意見としては、広島と長崎で使ったこの野蛮な兵器は対日本戦に実質的に役立つようなものではなかった。日本の敗戦はすでに明白であり降伏の用意もできていた……私の個人的な感覚では、この兵器を最初に使った国家として、我々は暗黒時代の野蛮人たちの倫理的基準を採用したのだ。」

アイゼンハワーは、1963年の回顧録『変化のための指令（"Mandate for Change"）』で、ポツダムにおいてスティムソンから原爆使用が目前に迫っていると聞いて、がく然としたと記している。「私はスティムソンに懸念を表明した。第一点として、日本はすでに敗北しており原爆投下は全く必要ない。第二点として、アメリカ人の命を救うための手段としてもう必須とは言えない兵器の使用で国際世論にショックを与えるのを回避すべきである。私が思うに、この時点で日本は面子を失うのを最小限にしながら降伏する方法を探していた。」アイゼンハワーはスティムソンからその衝撃的な報せを受けた3日後の7月20日にトルーマンや側近たちと直接面会し、原爆の使用を思いとどまるよう提言したと、後になって自分の伝記を書いたスティーブン・アンブローズに伝えている。他の軍事指導者たちも、原爆を使用せずとも日本の降伏が目前であるという結論を引き出している。陸軍航空隊の統合参謀長のヘンリー・アーノルド大将は「原爆があってもなくても、日本はもう崩壊寸前であったように見えた。」と記している。カーティス・ルメイ大将は自分が指揮した通常兵器による爆撃がすでに戦争を終わらせていたと主張した。「原爆やソ連の参戦がなく

第1章　未来を危険にさらす決断

とも、日本は2週間もあれば降伏していただろう。[56]」ボナー・フェラーズ准将は対日勝利の日の後、間もなくこう書いた。「日本の無条件降伏をもたらしたのは原爆でもソ連参戦でもない。これらの出来事の前に日本は負けていた。[57]」1945年当時において暗号解読要旨（MAGIC Summaries）を準備する担当だったカーター・クラーク准将はのちにこう述べている。「我々は輸送船の加速的な撃沈と飢餓によって日本を惨めな降伏に追い込んだのだ。（原爆を使う）必要はなかったし、我々はそれを知っていた。日本も我々が（原爆を）使う必要がないことを知っているということを知っていた。それなのに我々は二つの原爆の実験のために日本人を使ったのだ。[58]」暫定委員会の海軍代表であった海軍次官ラルフ・バードは7月1日に退官する前に、アメリカは警告なしに原爆を使うべきではないと提言していた。日本はもう軍事的には敗北しており降伏の道を探っていて、ソ連の宣戦布告がどれだけ日本に壊滅的打撃を与えるかという明らかな証拠があるからであった。こういった考慮から、リーヒ元帥は本土上陸の必要はないと結論づけていた。リーヒは説明した。「国家防衛という観点からは、もう完敗している日本に侵攻する正当な理由は見つけられなかった[59]。」

　これだけ多数の尊敬される軍事指導者が反対意見を述べていることよりもっと驚きなのが、有力な戦後の保守政治家たちからの厳しい批判である。原爆投下に対する道徳的憤慨が現在は広く左翼的、または「修正主義的」立場と考えられているにもかかわらず、道徳を重んじる保守主義者も同じぐらい批判的であった。ハーバート・フーバーは1945年8月8日に友人に宛てた手紙に書いている。「女性や子供を無差別に殺す原爆を使ったことを思うと身の毛のよだつ思いである。[60]」このような反論は原爆投下後15年以上も積み重なり、メッドフォード・エバンスに至っては1959年、ウィリアム・F・バックリーの『ナショナル・レビュー』誌で「広島への原爆投下は弁解の余地もなく、それはこの国の保守主義者の信条の一部となってきている……」と述べている。[61]悪名高いタカ派であるエドワード・テラーでさえ、決して誠意を込めてという感じではなかったが、自分も原爆には反対だったのだと後になって主張するようになった。1970年ハーバード大学の生物学者ジョージ・ワルドに「自分が日本への原

爆投下に反対する理由は、この行為が間違っていて不当なものだからだ。」と説明している。[62]

　もちろん、日本に天皇制維持を保証し、ソ連の参戦を伝え、原爆についての警告か演習を行うことが100%確実に日本の降伏をもたらしたということは誰にも言えないであろう。しかしこれらの打開策が成功していた確率は、天皇の揺れや日本の強硬な軍事指導者たちの存在はあったとしても、非常に高かったであろう[63]。こういった手順を踏むことにより終戦を早期化し、アメリカ人の命を救うこともできた可能性もある。しかし、今日的な意味を持って問うべきは、なぜアメリカ合衆国の大統領が、この兵器がこの世に大異変をもたらすような性質のものだということを分かっていたのに、この兵器のベールを外すことを避ける努力をしなかったのかということである。「全世界を破壊させるほどの威力を持つ」兵器は劇的に将来の大惨事の可能性を増大させ、または大統領自身が言ったように、「ノアとその素晴らしい方舟の後、ユーフラテス渓谷時代に予言された滅亡の火」をもたらすような兵器であったのに。

　ポール・ボイヤーは、アメリカの一般市民は広島の報せを、不気味な予言のように、そしてアメリカの諸都市もいつか広島と長崎の運命を——いや、もっと悲惨な運命を——辿るのではないか、という感覚で受け取ったと、説得力を込めて述べている[64]。ニュース解説者、論説委員やジャーナリストたちは、原爆の軍事使用を祝う代わりに、原爆がアメリカ国民と世界の将来にもたらす深刻な意味というものを予見した。8月6日の夕刻、NBCラジオのニュース解説者であるH・V・カルテンボーンは宣言した。「ことによると、我々はフランケンシュタインを創り出してしまったかもしれない！　今に見ていろ、そのうちこの今の兵器がもっと進歩したものが我々に対して使われるかもしれないのだ[65]。」

　『セントルイス・ポストディスパッチ』紙は翌日もっと踏み込み、科学は「哺乳類の世界の死亡証明書にサインし廃墟となった地球を蟻たちに譲り渡した」と警告した[66]。8月7日、『アスタウンディング・サイエンス・フィクション』誌の編集長ジョン・キャンベルは、過去15年間この（原爆の）開発につい

第 1 章　未来を危険にさらす決断

て考えてきたが、これはただの新型爆弾ではないという理由で「恐ろしい」と、PM紙の読者にかたった。それは「人類を殺す威力のある」ものであると。[67] CBSラジオのコメンテーターであるエドワード・R・マローは国中に広がる恐怖感と不吉な予感をとらえている。マローは8月12日の放送で「これまでかつて、戦争の勝者側がここまでの不安と恐怖にかられることは全くといっていいほどなかった。それは、未来は不透明で我々の生存の保証はないという認識を伴うものであった」と語った。[68] 広島が原爆でやられたという発表に続き、全米キリスト教会協議会のG・ブロムリー・オックスナムとジョン・フォスター・ダレスは声明を出した。「キリスト教徒の国家であると自称する我々が原子力エネルギーをこのような方法で使うことに道徳的な疑問を感じないとしたら、他の国の人たちもそれに倣うことであろう。核兵器は戦争の通常兵器であると見なされ、人類が突然、最終的な破滅を迎える舞台が整ったといえよう。」[69] 世論も概ね意見を同一にしていた。8月のギャロップ社の調査では、26%の回答者が「原子を砕いていく実験がいつの日か世界全体を破壊する爆発をもたらす」ことが「起こりうる」と答えている。[70] 『ワシントン・ポスト』紙は8月26日の紙面で、「クレシーの戦いでの大砲に相当する」この「悪魔のような発明」の「無限に近い破壊力」を振り返り、人類の寿命は「たった2週間の間に計り知れないほど先細ってしまった」と伝えた。[71]

　しかし、トルーマンが幕を開けた核の時代がもたらす悪夢のような結果を一番よくわかっていたのは科学者たちであった。1945年9月、アーサー・コンプトンは、科学者たちが政権の中で一番信頼していたヘンリー・ウォレスに、差し迫った核による人類破滅のシナリオについて警告した。4人の科学者がすでに別々にスーパーボム（水爆）を作る計画をコンプトンに報告していた。核兵器のさらなる開発はもう取り返しのつかない段階まで来ていた。（水爆についても）マンハッタン計画のような試みが成功する確率が高いだろう、とコンプトンは思った。しかしコンプトンも科学者たちも「この開発は着手しないほうがいい。人間の破滅を代償として手に入れる勝利よりも戦争で負ける方がまだましである」と考えていた。コンプトンは損害の可能性を以下のように推計し

た。「1つの原爆で4平方マイルが壊滅される。将来の戦争で1000個が使われた場合、破壊の範囲は4000平方マイルとなる。1000個の水爆で破壊し得る範囲は、百万平方マイルである。アメリカ合衆国の本土部分は、3百万平方マイルである。」[72]

　1945年8月に日本に落とされた二つの原爆が核の時代をもたらし世界そのものが根本的な変貌を遂げたことは、当時誰の目にも明らかであり、その後の世代も忘れることはなかった。8月6日にウラン爆弾「リトル・ボーイ」が広島の市街地を原子の力で根こそぎにしたこと、そして3日後にプルトニウム爆弾「ファット・マン」が長崎の浦上地区を、広島以上にいわれのない理由で抹消したことは、歴史の重要な分岐点の一つとなった。1999年に別々に行われた世論調査の結果を見ると、広島長崎の重大さが長く尾を引いていることがわかる。最初の調査はフリーダム・フォーラム財団の『ニュージアム』が出資したもので、67人のベテランのジャーナリストに、20世紀で最も重要な100のニュースをランキングするよう依頼したものだ。彼らは二回の原爆投下を20世紀ナンバー1のニュースとする審判を下した。二番目の調査は、ニューヨーク大学のジャーナリズム学部が行ったもので、36人の専門家に、アメリカの報道において過去100年間の最優秀作品は何だったかたずねた。依頼されたジャーナリズム学部の19人の教授陣と、他17人のジャーナリズム関連専門家たちはこぞって、1946年のジョン・ハーシー著『ヒロシマ』（『ニュー・ヨーカー』誌に掲載され、のちに単行本となった）を第一位に選んだ。『ヒロシマ』は、その文学的な表現によって日本の被害者たちの人間的側面を浮き彫りにし、以後何十年にも亘ってアメリカ人たちを悩ませ続けることになった作品である。[73]

　ポツダムからの帰り、USSオーガスタ船上でトルーマンは、広島市は実質的に地図上から姿を消したとの知らせを受けた。トルーマンは「これは歴史上最高のことだ！」と声高に言った。[74]自分が解き放った武器というものがどういうものだったのか認識していたことを示す発言の数々にもかかわらず、トルーマンがしっかり熟慮した上でこのような決断をしたという形跡はほとんどない。

第 1 章　未来を危険にさらす決断

　1946年に MGM（TV 局）は、当時企画していた原爆の開発と使用についてのドキュメンタリー・ドラマ『始まりか終わりか』の台本を、トルーマンの承認を得るために送った。トルーマンは、自分が原爆投下の決定をしたシーンについて何の異論も唱えなかったが、その後の上映会でこのドラマを観たジャーナリストのウォルター・リップマンが、トルーマンの安易な原爆投下決断を「あまりにもひどい」と評した。そうしてようやくホワイトハウス内に論議が湧き起こり、映画のこの部分について大統領側から変更を要請するに至ったのである[75]。しかし実際は変更前のものの方が真実に近かった。トルーマンはインタビューで、この決断は道徳的に難しいものであったかと聞かれたとき、「とんでもない、こんなもんだった」と、指をパチンと鳴らす様子を見せて答えた[76]。実際に、トルーマンは躊躇や疑念があったというような公的発言をしたことは一度もなかった。エドワード・R・マローが1958年のインタビューの中で、トルーマンに対し原爆使用や、大統領としての他の意思決定の中で後悔していることはあるかと聞いたときの答えは、「これっぽちも。どうがんばって探したってこれっぽちもない」というものであった[77]。

　トルーマンは他人が疑念を抱くことも気に入らなかった。1945年10月25日、オッペンハイマーとの初めての面会の際、トルーマンは不安を隠すときによく使う空威張り的な声で、ソビエトはいつ原爆を開発するのかと聞いた。オッペンハイマーが正直に知らないと答えたところ、トルーマンは自分は知っていると断言した。答えは「永久にない」であった。別の機会にオッペンハイマーはおじけづいた様子で「大統領、私の両手は血まみれです」と言った。トルーマンは怒って「血まみれなのは私の手の方だ。君が心配することではない」と反応した、と後にデイビッド・リリエンソールに語っている。トルーマンはこのエピソードが余程気に入ったらしく、小差はあれ、あちこちで同じ話をしている。トルーマンがオッペンハイマーを軽蔑していたことは明らかであった。トルーマンは「あんな奴を二度とホワイトハウスに呼ぶな」とアチソン国務長官に言ったという。別の機会にトルーマンはオッペンハイマーのことを「泣き虫科学者」とも呼んでいる[78]。

スティムソンは、戦争終結に向かう数ヶ月の間休むことなく原爆使用の問題と取りくんできたが、その決定に自分が果たした役割についてはそこまで自信満々ではなかった。戦時下の日記では原爆のことを表現するのに「恐ろしい」、「とんでもない」、「せっぱ詰まった」、「ひどい」、「悪魔のような」といった言葉を用い、他の政治家たちとも常に原爆のことを話していた。[79] 1945年5月28日の日記では「向こう何ヶ月かはこの件に集中しようと決心したので陸軍省の通常業務からはなるべく退く方向で行く」と書いている。[80] スティムソンはアーサー・ページをペンタゴン（米国防総省）に呼んだがほとんど仕事を与えず、ページはいつも「原爆のことを話すために」待機させられていたと感じていた。[81] その後スティムソンは、『ハーパーズ』誌掲載の論文で、自分は原爆使用を擁護するためにコナントが選んだ「被害者」であったと悔やんだ。

スティムソンはフェーリクス・フランクフルターに、「コナントは、原爆使用は全く不必要だったとの批判が広がっていることに対し大変な懸念を示していた」と語っている。また「これほど最後まで疑念を抱いていた論文（訳者注：1947年『ハーパーズ』誌のスティムソン論文のこと）を自分の名で発表したことは稀であった」とも認めている。[82] 降伏条件を変更することで、原爆使用も本土侵攻もなしに戦争を終結させられる可能性については、スティムソンが誰よりもわかっており、トルーマンにそれを説得しようと頑張ったが失敗に終わった。スティムソンは回顧録で、自分とバンディが「後世になって、アメリカが立場を表明することを延期したせいで戦争が長引いたと歴史の判断が下る可能性がある。」と認めたことについて触れている。[83] 太平洋戦争が終結するまでの数ヶ月、スティムソンは原爆使用の賢明さと正当性に対する疑念にさいなまれた。自らがその一端を担うことによって幕開けとなった新しい時代がはらむ恐るべき意味というものを把握していたのだ。スティムソンは原爆使用を擁護する「公式」記事（訳者注：前述の『ハーパーズ』誌論文）の最後の章において強引に結論づけている。「第二次世界大戦最後のこの重大な行動において、戦争イコール死であるということが最終的に立証された。20世紀の戦争はあらゆる側面においてその野蛮さ、破壊力、下劣さの程度を着々と増してきた。今、この

原子力というものが解き放たれた時点で、人間が自らを滅ぼす能力はほぼ完成したといえる。[84]」しかしスティムソンは自らが忌み嫌った戦略爆撃政策を事実上黙認し、トルーマン、バーンズ、グローブズが望みどおりに日本に原爆を落とすことを食い止めることはしなかった。

　イギリスの首相ウィンストン・チャーチルでさえも原爆投下擁護に伴う問題を認識していた。トルーマンの大統領任期が終わりに近づいたころ、チャーチルはトルーマンを訪問している。トルーマンはチャーチルを迎え小規模な夕食会を設け、ロバート・ラベット、アブレル・ハリマン、オマー・ブラッドレー、ディーン・アチソンを招待した。大統領の娘マーガレットはそのときを振り返り語っている。

　　その場にいたみなさん、とりわけ父は活気にあふれていました。すると何の前ぶれもなしにチャーチルさんが父の方を向いて聞いたのです。「大統領、あなたと私が聖ペトロ（訳者注：キリストの使徒の一人で、天の国の鍵を持つとされる）の前に立ち『汝二人はかの原爆を落とした責任者であるな。何か申し開きがあったら言ってみなさい』と言われたときの答えを用意しているでしょうね。」[85]

　そのときはラベットが介入してトルーマンをその気まずい状況から救った。しかし歴史の審判はそう簡単に逃れられるものではない。

III

　広島原爆による死者は1945年末までに14万人を数え、1950年にはおそらく20万人に達している。長崎では7万人の命が奪われた。その後も何万人もの人々が爆風、熱線、放射線といった原爆関連の被害によって亡くなっている。[86]

　現在は両都市とも近代的な都市として繁栄しており、人間の不屈な精神の証であると言えるが、市民たちは歴史における両市の特別な位置づけというものがしっかり記憶されるよう努力してきた。被爆者たちをリーダーとして、広島と長崎の人々は忘却と果敢にたたかってきた。が、それは簡単なことではなかった。そのジレンマは、若い世代の長崎の歴史との出会いを描いた1995年の黒

澤明の傑作映画『八月の狂詩曲（ラプソディー）』で表現されている。劇中、観光客が長崎平和公園をぶらつきながら史跡の写真を撮るシーンでナレーションがこのように流れる。「しかし最近となっては、ほとんどの人々にとっては……長崎は過去の出来事となっている。時が経つにつれ、人は忘れていくものである……それがたとえどんなに恐ろしいものでも。」原爆の歴史を教わったことさえない人も多い。世論調査によると、アメリカ人の３人に１人は広島が最初の原爆投下地であったことを知らない。これが18歳から29歳の年齢層となると40％にはね上がる。もしくは1998年にインドとパキスタンが核兵器実験を成功させたときの国民の祝賀気分を思い起こしたらいい。核兵器の取得が、国際的に尊敬される国に仲間入りする近道であるといった認識が増加していることを如実に示す反応であった。それと同じくらい理解不能なのが、元パキスタン陸軍参謀長のミルザ・アスラム・ベグ大将が、核を保有した二国間の核戦争の恐れを退けて言った言葉である。「何を一体恐れているのですか。人は道路横断中に死ぬかもしれないし車に轢かれて死ぬかもしれない。もしくは核戦争で死ぬかもしれない。人は何らかの理由で必ず死ぬんですよ。」[87] それよりもさらに不吉であったのが、ブッシュ政権による2001年度の『核態勢の見直し（Nuclear Posture Review）』文書において、核兵器と通常兵器の実質的境界線は取り除かれ、核兵器使用へのハードルが劇的に下げられたことだ。1946年３月の時点でルイス・マンフォードはすでに、トルーマンが解き放った破滅の乱痴気騒ぎに恐れおののき、かつそれに続く数々の核実験の発表に呆れ果てていた。マンフォードは、情熱を込めた記事を『サタデー・レビュー』誌に投稿し、次のように訴えた。

　　我々アメリカ住民は狂人たちに囲まれて生きている。狂人たちは秩序と安全保障の名のもとに我々のいろいろな業務を取り仕切っている。地位の高い狂人たちは大将、提督、上院議員、科学者、役人、国務長官、ひいては大統領といった肩書きを手にしている。この狂人たちの症状といえば、結果的には人類の破滅につながるような行為を繰り返し、それでも自分たちは普通の責任感ある人間で、正常な生活を送っており、道理にかなった目的をもって行動していると信じて疑わないことである。

冷静に、来る日も来る日も、狂人たちは異常な動作の道筋をそれることなく進み続ける――あまりにも決まりきっていてありふれた動作なので、完全な死に取り付かれた多数の人々の衝動的行為ではなく、正常な人々の正常な動作であるかの如く見えてしまう。一般市民の信任を問うことはなく、狂人たちは我々を徐々に最後の異常な行為に導くことを買って出る。その行為とは、地球全体を腐敗し尽くし、人間の国家を消し去り、この惑星上のすべての生命に終わりをもたらす可能性のあるものである。[88]

　スタンリー・キューブリックも、20年後に同じ認識にたどり着いた。核による世界の破滅を計画することは狂人の行為でしか有り得ないから『博士の異常な愛情』をブラックコメディーとして作ることにしたのだ。私は学生たちを広島の原爆資料館に連れていくようになってから年を追うごとに、同じ説明文をメモするようになっているのに気づいた。それは、トルーマンが1945年に始めたプロセスの必然的結果がいかにとてつもない規模に達してしまったか――1985年までに世界に備蓄されている核兵器の破壊力は広島原爆の147万倍に達していた――ということであった。

　終末論的話法が伝えようとしていることは、単に現在の異常な核競争の責任をハリー・トルーマンに問うことだけではない。9カ国が核兵器を保有し、他の多くの国がこの排他的とはいえないクラブに入ることを目論んでいるこの現在の状況には、明らかに多くの責任者が存在する。また、この話法は戦時のアメリカ人の勇敢さに疑問を呈するものでもなく、日本による他のアジア諸国の人々や連合軍捕虜に対する残酷な扱いを軽視するものでもなく、ソ連の満州侵攻が開始するまでは太平洋戦争を長引かせたいというスターリンの関心を見逃すものでもなく、日本国民の福利を全く無視し戦争を長期化させた裕仁天皇と他の日本の指導者たちの罪を最小化するものでもない。同様に、この話法は何十万もの民間人の無用な死と長く続く苦しみに対して原爆を糾弾し、その苦痛と窮状をこの戦争全体における何千万人もの被害者の死と苦しみと共に記憶し、追悼していかなければいけないと訴えるだけのものでもない。本当の教訓はどこにあるかというと、ハリー・トルーマンが、原爆が将来にもたらす凶兆をある程度理解しながらも、戦争を終結させるための他の実行可能な手段を試

みる代わりに原爆を使用する選択をしたということである。

　トルーマン以外の大統領だったら、または将来の大統領だったら、困難な状況に面したときにトルーマンと同じような対応をしないと考える理由はどこかにあるであろうか。戦後の大統領たちがほとんど全員トルーマンの決断を賞賛していたという事実に照らし合わせると尚更である。例えば、ジョージ・W・ブッシュが核兵器使用に対しより慎重に構えると考える理由があるだろうか。ジョージ・W・ブッシュはハリー・トルーマンよりも道徳的であるか。より思いやりがあるか。より知識が豊富であるか。より賢明であるか。より静観できる人か。トルーマンほど衝動的ではないか。より繊細さを持って世界情勢を理解できる人か。より外交を大事にするか。「査察を入れるチャンスを与えてやったのにサダム・フセインが拒否した」[89]からという理由で、ブッシュがイラクを侵攻することに決めたという驚くべき主張をするとき、我々はブッシュの世界情勢の理解の明確さと奥行きに信頼を置くことができるか。このような男が本当に、将来の人類の生存に対して拒否権を持っていていいのだろうか。

　同じ質問は戦後の大統領たちにも向けることができる。彼らが権力を得るには、トルーマンも然りであるが、政治、軍事、金融におけるエリートたちにいかにうまく取り入り、コネを作るかにかかっているのであり、知的、道徳的資質によるものではない。そして上の質問は他の核保有国の指導者たちにも問うことができる。

　戦後のアメリカ大統領のほとんどが、原爆の使用を真剣に検討したか、原爆を威嚇に使ったか、両方かどちらかを行っているという事実によってこの懸念はますます強まる。例を挙げれば、1948年ソビエトのベルリン封鎖のときのトルーマン、朝鮮戦争のときのトルーマンとアイゼンハワー、1954年ディエンビエンフーの戦いでフランスを支持するアイゼンハワー政権当局、1958年レバノン危機と、1954年と1958年における中華人民共和国による台湾の金門島と馬祖島に対する侵攻の威嚇を受けてのアイゼンハワー、1961年ベルリン危機と1962年キューバ危機のときのケネディーなどがある。さらに、1968年ベトナムのケ・サンで海兵隊を守るためジョンソンが、1969年から1972年の間、北ベトナ

第1章　未来を危険にさらす決断

ムに対してニクソンとキッシンジャーが、1969年から1973年にかけてソビエトのいくつかの行動を抑止するためにニクソンが、1980年にイランに対しカーターが、イラクにはジョージ・H・W・ブッシュとクリントンが、2002年の『核態勢の見直し』以降には大規模な形でジョージ・W・ブッシュが、核兵器の使用に近づいている。ダニエル・エルスバーグが鋭く論じたように、アメリカが長崎以来核兵器を「使用」していないというのは間違っている。エルスバーグが主張するには、「アメリカの核兵器は何度も何度も、概して一般市民に対しては秘密裡に、さまざまな目的をもって使用されている。ちょうど人が差しの対決態勢になったとき、銃口を相手の頭に突きつけるのと全く同じように——引き金を引くかどうかは別として。」[90]

したがって、アメリカと他国の兵器庫に核兵器がある限りは、それらが使われる可能性があるということであり、使われた場合の結果というのは広島長崎の比ではない。ハリー・トルーマンがここまで悪意に満ちたやり方で行動を起こし、軍事、宗教、科学界の指導者たち、そして一般市民たちの激憤を呼び、非難を国内外で受けるに至ったという事実は、世界中の指導者たちがもし核兵器を保有したらどんなことをやってしまう可能性があるのかということを示唆しているのだ。

【注】
1) Arthur Holly Compton, Atomic Quest : A Personal Narrative (New York : Oxford University Press, 1956), 128. 科学者たちはこのような究極的な惨劇が起こる可能性を否定することはなかった。トリニティ・テストではエンリコ・フェルミはこのような可能性を考慮したし、ジェームズ・コナントは「閃光の物凄さ」に圧倒され、世界全体を爆発させたかのような錯覚に一瞬見舞われた。James G. Hershberg, James B. Conant : Harvard to Hiroshima and the Making of the Nuclear Age (New York : Alfred A. Knopf, 1993), 232.
2) Harry S. Truman, 1945 : Memoirs : 1945 Year of Decisions, Vol. 1 (New York : New American Library, 1955), 21.
3) Henry L. Stimson and McGeorge Bundy, On Active Service in Peace and War (New York : Harper & Brothers, 1948), 634-5.
4) Harry S. Truman, "Why I Dropped the Bomb," Parade, 4 December 1988. 私にこの

第Ⅱ部　米国側の原爆投下認識

記事のことを教えてくれたバート・バーテンスタインによると、マーガレット・トルーマンの編集によりこの記事の言葉遣いが変わっている可能性があるので注意するようにとのことだった。

5)　Robert H. Ferrell, ed., Off the Record : The Private Papers of Harry S. Truman (New York : Harper and Row, Publishers, 1980), 55.

6)　Sadao Asada, "The Mushroom Cloud and Natioinal Psyches : Japanese and American Perceptions of the Atomic Bomb Decision, 1945-1995," in Laura Hein and Mark Selden, eds., Living With the Bomb : American and Japanese Cultural Conflicts in the Nuclear Age (New York : M.E. Sharpe, 1997), 179. トルーマンが度々引き合いに出していた「睡眠」のたとえについては次の書が参考になるであろう。Robert Jay Lifton and Greg Mitchell, Hiroshima in America : Fifty Years of Denial (New York : G.P. Putnam's Sons, 1995), 176.（R・J・リフトン／G・ミッチェル著（大塚隆訳）『アメリカの中のヒロシマ（上）（下）』岩波書店（1995年）176頁。）トルーマンは実際自分で思っていた以上に原爆投下決定については葛藤があったと言う学者もいる。下記を参照。Lifton and Mitchell, 148-9, 188-192 and Gar Alperovitz, "Was Harry Truman a Revisionist on Hiroshima?" Society for Historians of American Foreign Relations Newsletter 29 (June 1998), 1-9.

7)　John W. Dower, "Triumphal and Tragic Narratives of the War in Asia," in Hein and Selden, eds., Living With the Bomb, 37-51. この分析をもっと掘り下げたものが John W. Dower, "Three Narratives of Our Humanity," in Edward T. Linenthal and Tom Engelhardt, eds., History Wars : The Enola Gay and Other Battles for the American Past (New York : Metropolitan Books, 1996), 63-96.

8)　Lifton and Mitchell, 6-7. トルーマンの日本への怒りはしばしば露出した。長崎原爆を落として間もなく、キリスト教会全国協議会に宛てた手紙でトルーマンはこう書いている。「日本による真珠湾の不当な攻撃と連合軍捕虜の殺害には許せないと思った。日本をこらしめるには爆撃をするしかなかったのだ。獣に対処するには相手を獣として扱うしかない。」(Barton J. Bernstein, "The Atomic Bombings Reconsidered," Foreign Affairs 74 (January/February 1995), 152. より引用)

9)　Michael S. Sherry, "Patriotic Orthodoxy and American Decline," in Hein and Selden, eds., Living With the Bomb, 143-4, 149 ; Lifton and Mitchell, 240.

10)　George H. Roeder, "Making Things Visible : Learning from the Censors," in Hein and Selden, eds., Living With the Bomb, 89.

11)　Barton J. Bernstein, "A Postwar Myth : 500,000 U.S. Lives Saved," Bulletin of the Atomic Scientists, 42 (June/July 1986), 38-40 ; Bernstein, "Reconsidering 'Invasion Most Costly' : Popular-History Scholarship, Publishing Standards, and the claim of High U.S. Casualty Estimates to Help Legitimize the Atomic Bombings," Peace and Change 24 (April 1999), 220-248 ; Asada, "The Mushroom Cloud and National Psyches," 182 ; Sherry, "Patriotic Orthodoxy and American Decline,"144. For one of many challenges to Bernstein's "low-end casualty estimates," see Michael Kort, "Casualty Projections for the Invasion of Japan, Phantom Estimates, and the Math of Barton Bernstein," Passport : The Newsletter of the Society for Historians of American Foreign Relations 34 (December 2003), 4-12.

12) Alperovitz, The Decision to Use the Atomic Bomb : And the Architecture of an American Myth (New York : Alfred A. Knopf, 1995), 326. (ガー・アルペロビッツ著 (鈴木俊彦／米山裕子／岩本正恵翻訳)『原爆投下決断の内幕 (上) (下)——悲劇のヒロシマ・ナガサキ』ほるぷ出版 (1995年)。これ以降、Decision と記す。)

13) Lane Fenrich, "Mass Death in Miniature : How Americans Became Victims of the Bomb," in Hein and Selden, eds., Living With the Bomb, 127.

14) George H. Roeder, Jr., The Censored War : American Visual Experience During World War Two (New Haven : Yale University Press, 1993), 14 ; Laura Hein and Mark Selden, "Commemoration and Silence : Fifty Years of Remembering the Bomb in America and Japan," in Hein and Selden, eds., Living With the Bomb, 25.

15) Nozaki Yoshiko and Inokuchi Hiromitsu, "Japanese Education, Nationalism, and Ienaga Saburo's Textbook Lawsuits" ; Gavan McCormack, "The Japanese Movement to 'Correct' History" ; Laura Hein and Mark Selden, "The Lesson of War, Global Power, and Social Change" all in Laura Hein and Mark Selden, eds., Censoring History : Citizenship and Memory in Japan, Germany, and the United States (Armonk, New York : M.E. Sharpe, 2000).

16) Monica Braw, "Hiroshima and Nagasaki : The Voluntary Silence," in Hein and Selden, eds., Living With the Bomb, 158.

17) Hugh Gusterson, "Remembering Hiroshima at a Nuclear Weapons Laboratory," in Hein and Selden, eds., Living With the Bomb, 264,267.

18) See Robert Jay Lifton, "The Image of 'The End of the World' : A Psychohistorical View," Michigan Quarterly Review 24 (Winter 1985), 70-90 ; Robert Jay Lifton, The Broken Connection (New York, 1979), especially chapters 22 and 23 ; Spencer R. Weart, Nuclear Fear : A History of Images (Cambridge : Harvard University Press, 1988) ; Ira Chernus, Nuclear Madness : Religion and the Psychology of the Nuclear Age (Albany, 1991) ; James Jeans, The Mysterious Universe (New York, 1930) ; Arthur Eddington, The Expanding Universe (Cambridge, 1933) ; Joseph Wood Krutch, The Modern Temper : A Study and a Confession (New York, 1929) ; Walter Lippmann, A Preface to Morals (New York, 1929).

19) For the full report of the Committee on Social and Political Implications chaired by James Franck, see the appendix to Alice Kimball Smith, A Peril and A Hope : The Scientists' Movement in America : 1945-47 (Chicago : University of Chicago Press, 1965), 560-572.

20) Jeremy Bernstein, Hans Bethe : Prophet of Energy (New York : Basic Books, 1980),

73. ベーテとテラーの記憶によるとこの1942年夏の会合でのオッペンハイマーとコンプトンの間の会話は水爆を直ちに開発することであったようだ。Stanley A. Blumberg and Gwinn Owens, Energy and Conflict : The Life and Times of Edward Teller (New York : G.P. Putnam's Sons, 1976), 116-119.
21) Kai Bird and Martin Sherwin, American Prometheus ; The Triumph and Tragedy of J. Robert Oppenheimer (New York : Alfred A. Knopf, 2005), 188.
22) Text of petition in Robert C. Williams and Philip L. Cantelon, eds., The American Atom : A Documentary History of Nuclear Policies from the Discovery of Fission to the Present 1939-1984 (Philadelphia : University of Pennsylvania Press, 1984), 67.
23) Quoted in Barton J. Bernstein, "Four Physicists and the Bomb : The Early Years, 1945-1950," Historical Studies in the Physical Sciences 18(No.2, 1988), 236.
24) Henry L. Stimson diaries, May 31, 1945, Sterling Memorial Library, Yale University, New Haven, Connecticut.
25) Bird and Sherwin, 293.
26) John Morton Blum, ed., The Price of Vision : The Diary of Henry A. Wallace 1942-1946 (Boston : Houghton Mifflin Company, 1973), 630.
27) Harry S. Truman, 462.
28) Margaret Truman, Harry S. Truman (New York : William Morrow & Company, 1973), 5.
29) Steve Kettmann, "Politics 2000," www.salon.com/politics2000/feature/2000/03/20/rice.
30) マッカローの伝記について起こった論争についての記述は以下を参照。Philip Nobile, "On the Steps of the Smithsonian : Hiroshima Denial in America's Attic," in Philip Nobile, ed., Judgment at the Smithsonian (New York : Marlowe & Company, 1995), lxii-lxv. トルーマンについての史料としてより信頼できるものとして以下がある。Arnold S. Offner, Another Such Victory : President Truman and the Cold War, 1945-1953 (Stanford, CA : Stanford University Press, 2002).
31) Harry S. Truman, 20.
32) Leslie R. Groves, Now It Can Be Told : The Story of the Manhattan Project (New York : Harper & Brothers, 1962), 265.
33) Robert Jungk, Brighter Than a Thousand Suns : A Personal History of the Atomic Scientists (New York : Harcourt Brace Jovanovitch, Inc.), 208.
34) Fletcher Knebel and Charles W. Bailey, "The Fight Over the Atom Bomb," Look 27(August 13, 1963), 20. For Groves's explanation to Truman, see Alperovitz, Decision, 780, n39.
35) Martin J. Sherwin, A World Destroyed : The Atomic Bomb and the Grand Alliance (New York : Random House, 1977), 62.
36) See Alperovitz, Decision ; Martin J. Sherwin, A World Destroyed : Hiroshima and

the Origins of the Arms Race (New York : Random House, 1987); Michael S. Sherry, The Rise of American Air Power : The Creation of Armageddon (New Haven : Yale University Press, 1987); Ronald Takaki, Hiroshima : Why America Dropped the Atomic Bomb (Boston : Little, Brown and Company, 1995). より和らげた見方を知るには以下を参照。J. Samuel Walker, Prompt & Utter Destruction : Truman and the Use of Atomic Bombs Against Japan (Chapel Hill : University of North Carolina Press, 1997); John Ray Skates, The Invasion of Japan : Alternative to the Bomb (Columbia, South Carolina : University of South Carolina Press, 1994).

37) Douglas MacArthur to Herbert Hoover, December 2, 1960, Herbert Hoover Presidential Library, Post-Presidential Papers, Individual File Series, Box 129 G. Douglas MacArthur 1953-1964 folder [3212 (3)]. この手紙のことを教えてくれたウデイ・モハンに感謝したい。マッカーサーのこの主張はずっと変わることはなかった。1946年マッカーサーと長話をした後フーバーは日記にこう記している。「私が1945年の5月の時点でトルーマン大統領に送った覚書には、もう対日本戦を終結に導く準備はできているし我々の主目的も果たせるであろうと書いたということをマッカーサーに伝えた。マッカーサーはその通りですと答え、もしその時点で終戦になっていればその後の連合軍の犠牲もなかったであろうし、原爆投下もせずに済んだであろうし、ロシアも満州に侵攻しなくて済んだであろうと言った。」Alperovitz, Decision, 350-51.

38) Barton J. Bernstein, "The Struggle Over History : Defining the Hiroshima Narrative," in Philip Nobile, ed., Judgment at the Smithsonian (New York : Marlowe & Company, 1995), 142.

39) Tsuyoshi Hasegawa, Racing the Enemy : Stalin, Truman, and Japan's Surrender in the Pacific War (Cambridge : Harvard University Press, 2005), 37.

40) "Russo-Japanese Relations (13-20 July 1945), Publication of Pacific Strategic Intelligence Section, Commander-In-Chief United States Fleet and Chief of Naval Operations, 21 July 1945, SRH-085, Record Group 457, Modern Military Branch, National Archives.

41) Alperovitz, Decision, 27.

42) Allen Dulles, The Secret Surrender (New York : Harper & Row, 1966), 255-256.

43) Ferrell, 53.

44) Alperovitz, Decision, 415.
Walter Brown wrote in his diary on July 24, 1945, "JFB told more about Jap peace bid to Russia. Japanese Ambassador to Russia warned his government that same thing which happened to Germany would happen to Japan if she stayed in the war. Emperor had said they would fight to the last man unless there was some modifications of unconditional surrender." Hasegawa, 157 ; Richard Frank downplays the influence on U.S. policymakers of intercepted Japanese diplomatic messages signaling Japan's willingness to surrender if the U.S. guaranteed the status of the

emperor, citing General John Weckerling's dismissive July 13 analysis in which Joseph Grew concurred. Tsuyoshi Hasegawa, however, disputes Frank's interpretation, noting that Stimson, Forrestal, McCloy, and Naval Intelligence drew very different conclusions from Togo's July 12 telegram. Richard Frank, Downfall : The End of the Imperial Japanese Empire (New York : Random House, 1999), 221-247 ; Hasegawa, 134.

45) "Japan Beaten Before Atom Bomb, Byrnes Says, Citing Peace Bids," New York Times, 30 August 1945, 1.

46) Hasegawa, Racing the Enemy, 160-165 ; Tsuyoshi Hasegawa, "The Atomic Bombs and Soviet Entry into the War Against Japan : Which Was More Important on Japan's Decision to Surrender in the Pacific War?" paper delivered at workshop "The End of the Pacific War Revisited," Santa Barbara, California, April 2001.

47) Ferrell, 53.

48) Alperovitz, Decision, 124. アルペロビッツの「二段階論法」では、ソ連の対日本宣戦布告と無条件降伏の要求の緩和の組み合わせにより、原爆を使わなくとも日本の降伏は引き出せると、米国の指導者たちは理解していたと論じている。Alperovitz, Decision, 114-115.

49) Hasegawa, Racing the Enemy, 208.

50) Ibid., 237.

51) Groves, 271. リーヒは原爆投下前に自分の考えを周囲の数人には知らせていた。トルーマン本人に対してこの意見を表明したかは定かではないがその可能性は高い。この説についての状況証拠は以下を参照。Alperovitz, Decision, 325-326.

52) William D. Leahy, I Was There : The Personal Story of the Chief of Staff to Presidents Roosevelt and Truman Based on His Notes and Diaries Made at the Time (New York : Whittlesey House, 1950), 441. リーヒが広島原爆投下の前にその使用に対して抱いていた倫理的な嫌悪感をトルーマンや他の軍上層部に話していたかどうかの証拠は見つかっていない。しかし実際話していたのではないかとの兆しがあったということについては以下を参照。Alperovitz, Decision, 324-326.

53) Dwight D. Eisenhower, Mandate for Change, 1953-1956 : The White House Years (Garden City, NY : Doubleday, 1963), 312-313.

54) Stephen E. Ambrose, Eisenhower : Soldier, General of the Army, President-Elect, 1890-1952 (New York : Simon & Schuster, 1983), 426. アンブローズはこの記述が正確であったとの姿勢を10年以上維持した後、1995年になってガー・アルペロビッツに「アイゼンハワーがトルーマンに直接話したかどうかは疑わしい」と伝えている。アイゼンハワーはそうだったと主張していた。Alperovitz, Decision, p.358.

55) H. H. Arnold, Global Mission (New York : Harper & Brothers, 1949), 598.

56) "Giles Would Rule Japan A Century," New York Times, 21 September 1945, 4.

57) Barton J. Bernstein, "Hiroshima, Rewritten," New York Times 31 January 1995, 21.

第 1 章　未来を危険にさらす決断

58）Alperovitz, Decision, 359.
59）Leahy, 384-385.
60）Herbert Hoover to John Callan O'Laughlin, 8 August 1945, Herbert Hoover Presidential Library, West Branch, Iowa, Post-Presidential Papers, Individual File Series, Box 171. 保守派による原爆批判の詳細な研究は以下を参照。Leo Maley III and Uday Mohan, "An Extraordinary Reversal : American Conservatives and Hiroshima," paper presented at the American Historical Association Annual Meeting, Washington, DC, 9 January 1999.
61）Medford Evans, "Hiroshima Saved Japan," National Review, 14 February 1959, 525.
62）Edward Teller to George Wald, December 12, 1969, "Teller, Edward" Folder, Box 19, George Wald Papers, Harvard University Archives, Cambridge, Massachusetts.
63）ハーバート・ビックス、麻田貞雄、バート・バーンスタイン、リチャード・フランクは広島原爆投下前に日本が今にも降伏するという状態にあったという主張に疑問を投げかけている。しかしビックスは本土侵攻が計画されていた11月までもつとは思っていなかったし、バーンスタインは原爆がなくとも11月1日には様々な要因が組み合わさって日本が降伏していた「可能性が非常に高い」と論じた。最近の画期的な研究として長谷川毅が日本、ロシア、アメリカの公文書をもとに、ソ連侵攻が原爆投下よりもはるかに決定的な影響をもたらしたと論証した。Herbert P. Bix, Hirohito and the Making of Modern Japan (New York : Harper Collins Publishers, 2000), 487-530 ; Bix, "Japan's Delayed Surrender : A Reinterpretation," Diplomatic History 19 (Spring 1995), 197-225 ; Sadao Asada "The Shock of the Atomic Bomb and Japan's Decision to Surrender—A Reconsideration," Pacific Historical Review 67 (November 1998), 477-512 ; Barton Bernstein, "Understanding the Atomic Bomb and the Japanese Surrender : Missed Opportunities, Little-Known Near Disasters, and Modern Memory," Diplomatic History 19 (Spring 1995), 227-273 ; Frank, Downfall ; Hasegawa, Racing the Enemy ; Hasegawa, "The Atomic Bombs and Soviet Entry into the War Against Japan."
64）Paul Boyer, By the Bomb's Early Light : American Thought and Culture at the Dawn of the Atomic Age (New York : Pantheon, 1985).
65）Boyer, 5.
66）Ibid.
67）Donald Porter Geddes, ed., The Atomic Age Opens (New York : Pocket Books, 1945), 159.
68）Boyer, 7.
69）"Oxnam, Dulles Ask Halt in Bomb Use," New York Times, 10 August 1945, 6.
70）Lifton and Mitchell, 33.
71）"Last Judgment," Washington Post, 8 August, 1945, 4B.
72）Arthur Compton to Henry A. Wallace, September 27, 1945. Copy in Arthur

Compton Papers, Washington University in St. Louis Archives. この書類について教えてくれたダニエル・エルズバーグに感謝の意を表したい。

73) Felicity Barringer, "Journalism's Greatest Hits : Two Lists of a Century's Top Stories," New York Times, 1 March 1999, C1 ; Ran Fuchs, "Journalism names Top 100 works of the century," Washington Square News, 2 March 1999, 1.
74) Harry S. Truman, 465.
75) Nathan Reingold, "Metro-Goldwyn-Mayer Meets the Atom Bomb," in Terry Shinn and Richard Whitley, eds., Expository Science : Forms and Functions of Popularisation (Boston : D. Reidel Publishing Co., 1985), 238-239.
76) John Toland, The Rising Sun : The Decline and Fall of the Japanese Empire 1936-1945 (New York : Random House), 766n.
77) Wayne Phillips, "Truman Disputes Eisenhower on '48," New York Times, 3 February 1958, 16.
78) Bird and Sherwin, 332.
79) Elting E. Morison, Turmoil and Tradition : A Study of the Life and Times of Henry L. Stimson (Boston, 1960), 618.
80) Stimson diaries, May 28, 1945.
81) Morison, 618.
82) Hershberg, 295.
83) Stimson and Bundy, 629.
84) Henry Stimson, "The Decision to Use the Atomic Bomb," Harper's 194 (February 1947), 107.
85) Margaret Truman, 555.
86) 広島長崎の死傷者の数の推計はかなり幅があり、正確な数を掴むのは難しい。以下を参照。John Dower, "Three Narratives of Our Humanity," in Edward T. Linenthal and Tom Engelhardt, eds., History Wars : The Enola Gay and Other Battles for the American Past (New York :Metropolitan Books/Henry Holt and Company, 1996), 79 Note 28. より低めの推計としては以下を参照。Frank, Downfall, 285-287.
87) Life on the Nuclear Edge," Nation, 24 June 2002, 3.
88) Lewis Mumford, "Gentlemen : You Are Mad!" Saturday Review of Literature 29 (2 March 1946), 5.
89) Dana Priest and Dana Milbank, "President Defends Allegation On Iraq : Bush Says CIA's Doubts Followed Jan. 28 Address," Washington Post, 15 July 2003, 1.
90) Daniel Ellsberg, "Introduction : Call to Mutiny," in E. P. Thompson and Dan Smith, eds., Protest and Survive (New York : Monthly Review Press, 1981), i. このような核兵器の使用がいつ検討されたかについては以下を参照。pp. v-vi. 長崎の原爆資料館には米国がこの他にもいつ核兵器使用を検討したかという展示がある。1946年にイラン駐留のソ連軍に対して使用を検討した。また、ユーゴスラビア上空でアメリカの飛行機が撃墜

されたとき、1948年のウルグアイ大統領の就任式のとき、そして1954年にグアテマラがソ連と同盟関係を結ぶのを防ぐために核使用が検討された。さらに、1968年北朝鮮がアメリカの情報収集艦プエブロ号を拿捕したとき、1970年のシリアのヨルダン侵攻のときも検討された。

第2章　自己弁護の余生
——エノラ・ゲイ機長ポール・ティベッツと乗組員たちのその後

　2007年11月1日、広島原爆を投下した爆撃機を操縦したポール・ウォーフィールド・ティベッツがオハイオ州コロンバスの自宅で死去した。享年92歳であった。ティベッツの成人としての人生は戦いの連続であった。1942年から43年にかけてはナチと勇敢に戦い、1944年から45年にかけては日本と戦った。そしてその後の62年間は原爆投下を弁護するべく戦う人生となる。

　亡くなって以来ティベッツについてさまざまな賛否両論が繰り広げられている。肯定的な評価で目立ったものに、『ヒストリー・ニュース・ネットワーク』で1位に躍り出たオリバー・カムの文章（ブログでの二度の投稿）がある。カムは「ティベッツを知る人々による記述」に基づき、ティベッツは「人間味のある男であり、原爆投下決定については思慮深い考察を公にし、原爆によって失われた命、救われた命について語っている[1]」と述べている。この章ではティベッツの人生をより深く掘り下げ、原爆投下に関与した他の乗組員たちの見解と比較することによって、ティベッツがはたしてカムの言うように人間味があって思慮深い人間だったのかを考察する。そして、どうしてこれだけたくさんの第二次世界大戦の退役軍人たちが、1945年から今日に至るまでに発表された原爆についての公式見解を超える見方ができないでいるのか、また、太平洋戦争終結時の歴史の複雑さ、原爆が日本の降伏において果たした役割、そして歴史的過程の中で自らが果たした役割がわからないでいるのかという問いに、答えを見つけることができるであろう[2]。

　ポール・ティベッツは1915年2月23日、イリノイ州クインシー生まれ、フロリダ州マイアミ育ちである。父親は菓子の卸売業者で、イリノイ州アルトンの西部陸軍士官学校に息子を行かせた。若き時代、ティベッツは医者志望であった。1978年発行の自伝では、その後血を見る運命になる不吉な前兆でもあるか

の如く、医学への関心がどう高まったかを書いている。「医者になるということを考えるのは魅力的だった」とティベッツは記す。「子どものころアイオワの祖父の牧場で夏を過ごしたとき、動物の出産のときや豚の去勢を見るとわくわくした。血を見ても気分が悪くなったりはしなかった。」しかし12歳のとき、ティベッツはキャンディー会社で働いていて、面白い宣伝広告企画に参加した。小さいWACO9複葉機の最前列に座り、後ろの席の曲芸飛行家が人々の集うハイアレア競馬場や他の場所を低空飛行するのに合わせ、チョコレート菓子の「ベイビー・ルース」をパラシュート付きで下にいる人に落としていった。ティベッツはこのときのスリル感と偉くなったような感覚を思い起こし、「どんなアラビアの王子が魔法の絨毯に乗るときでもここまで楽しく、下界の人間たちに優越感を感じることはないだろうと思った。」と記している。飛行機に乗る喜びは医者になる夢とは比べ物にならないほどだった。ティベッツはフロリダ大学にまず入学し、その後シンシナティ大学に移籍したが、中途退学して1937年に陸軍航空隊に入隊した。シンシナティ大時代、二つの性病クリニックで梅毒患者にヒ素治療を施したときに、自分にはもっとましな生き方があるはずだと思い知らされたという。

　ティベッツは学生としては中程度であったが、パイロットとしては素質に恵まれていて、見る見るうちに出世した。1942年の8月17日には、第97爆撃大隊の第340爆撃飛行隊の操縦士および司令官として、12機に及ぶ「空飛ぶ要塞」B-17を率いて、ドイツ占領下のフランスにおけるルーアンの鉄道駅構内を標的とし、白昼下での米軍による初めてのドイツ軍施設の爆撃を指揮した。その後の攻撃対象は鉄道操車場、造船所、軍用機工場、ドイツ軍のFW190爆撃機基地等であった。ティベッツは卓越した創造性と勇敢さをもって戦争初期の米国の戦術的爆撃戦略を実行に移した。昼間の精密爆撃は米国にとってとりわけ重要であった。英国軍が行った夜間の無差別爆撃は標的を正確に定められないためたくさんの民間人が殺されたが、精密爆撃では軍事標的に的を絞ることができたため民間人の犠牲を最小限に抑えることができたからである。最初の攻撃の前に、ティベッツは記者に対し、民間人に被害が出ることが非常に心配だ

と漏らしている。「この爆撃機で落とした爆弾で民間人が被害を受けると思うと身の毛もよだつ思いである。」実際に爆弾が降下しているのを見下ろしながら、「なんということだ、女性や子どもが殺される[6]！」と思っていたという。結果的にティベッツは、英国では第８空軍で、そして北アフリカでは第１２空軍で合計43回の空爆作戦を実行した。

ティベッツは第12空軍の作戦担当者ローリス・ノースタッド大佐とのもめ事を起こした[7]後、米国に戻され、最大で最先端の機器を搭載した最新の爆撃機、「超空の要塞」と呼ばれたB-29の飛行試験と完成段階の仕事を任された。1944年８月にはコロラド・スプリングズに呼ばれ、マンハッタン計画の機密保持の責任者ジョン・ランズデール大佐、第２空軍を指揮していたウザル・エント大将、ロスアラモス実験場の副所長であった海軍大佐ウィリアム（「ディーク」）・パーソンズ、物理学者のノーマン・ラムジーと面会した。ランズデールからは、ティベッツが車の後部座席で若い女性と一緒にいたところを北マイアミ警察に逮捕されたことについて絞りあげられた。エントとパーソンズとラムジーは、その程度の前科でティベッツをこの計画から外すほどのことはないと判断し、原爆計画の経緯を説明し、ティベッツが果たす特別な役割について話した[8]。エント大将の最初の言葉はティベッツにとって深く印象に残るものだった。「これはとてつもなく大きな計画だ。」とエントはまだ若いパイロットに語った。「これで戦争を終わらせられるかもしれない」[9]。その最初の会合で、ラムジーは言った。「この爆弾について唯一言えることは、一発がTNT２万トン分の威力で爆発するということだ[10]。」

エントは、原爆が完成した時点でその搬送計画を担当するようティベッツに命じた。それは原爆の組み立てとその作業を行うチームの養成も含む任務だった。陸軍航空軍の司令官であったヘンリー（「ハップ」）・アーノルドから「陸軍航空軍の中で断トツのパイロット」と評価されていたティベッツ[11]は、トップレベルのパイロット、爆撃手、レーダー技術士、航法士、航空機関士、乗組員らを自ら抜擢し、厳しい訓練を課した。ティベッツは1989年の著書『エノラ・ゲイの飛行』で、「私の仕事は簡単に言うと、核戦争を始めることだった。」と記

第 2 章　自己弁護の余生

している。ティベッツが率いた第509混成部隊はB-29「超空要塞」乗組員と1800人の兵士で構成された。ティベッツにとって若年でここまで責任ある任務を任されたことは恐れ多いことであった。後年振り返って「29歳の人間がここまでの責任と権限を持たされることは後にも先にもこの時だけと言えるのではないか」と語っている。

　ティベッツが選り抜いた乗組員たちは、ユタ州ウェンドーバーの人気のない航空基地で与えられた任務の準備に当たったが、機密が漏れないように厳しく管理された。30人の機密保持のための特別調査官が電話の盗聴、郵便物の検査、会話の盗み聞きに当たった。調査官たちが信用できないとみなした人間はどんどん任務から外された。ティベッツは同程度の厳しさで自分自身をも管理し、妻や自分に一番近い人たちにも決して計画について話すことはなかった。「自分は世界一の嘘つきになった。何をしているのかと人によく聞かれたが、いつも先へ先へと頭を回して返事をした。6カ月後に同じ人と会ったら前は何と答えたのかしっかり覚えているようにしておいた」とティベッツは告白している。

　ティベッツはウェンドーバーの地を「この世の果てで、最高だ」と表現したが、彼の部下たちにとってはそうでもなかった。ジェイコブ（「ジェイク」）・ビーザー中尉の言葉の方が隊員たちの気持ちを代弁していただろう。「もし北米大陸に浣腸が必要だったら、その管はここ、ウェンドーバーに取りつけたらいい。」セオドア（「ダッチ」）・バン・カークは白アリに食われた、鼻をつくような飲み水しかない兵舎を指し「水道の通った貧民街」と呼んだ。1945年6月27日、ティベッツは乗組員たちをティニアン島とマリアナ諸島に配備し最終準備に臨んだ。

　ティベッツは開発中の兵器がどういうものなのかを漏らすことは決してしなかったが、部下たちにこの任務がいかに大事なものであるかということを知らしめるためには努力を惜しまなかった。40年後に、当時24歳だったビーザーは、初めて乗組員たちがウェンドーバーに全員招集されたときに「もし今準備していることが成功すれば、戦争終結をぐっと早めることができるだろう」と

言われたと回想している。ヨーロッパでティベッツとともに爆撃機に乗った航法士バン・カークは、「前もそんなこと言っていたが……」と内心思ったという。戦後バン・カークは当時を思い起こし、ティベッツが言ったことは「確かに正しかった」と語った。

開戦のときジョンズ・ホプキンス大学で工学を学んでいたビーザーとバン・カークは、自分たちがどんな爆弾を落とすための準備をしているのか想像がついたと後に語っている。ウェンドーバーに到着した後、ビーザーはロスアラモスに送られ、ノーマン・ラムジーから機密保持についての説明を受けた。そこでラムジーが基本力や連鎖反応について語っていたこと、その場には名前を聞いたらすぐにわかるような著名な物理学者たちがいたことから、すぐにどんな爆弾を開発しているのか察しがついた。バン・カークも同じように言っていた。「理科系の人間だったら核分裂について何らかの知識はあるはずだ。核分裂について知っていれば、核兵器というものが技術的には可能だということはわかるはずだ。プラス訓練中はずっとその当時のトップクラスの原子物理学者たちに囲まれていた。それが何なのか察することは難しいことではなかった。」ウェンドーバーにいた他の乗組員たちは何かとてつもないことが起こるとは感じていたが、広島原爆の日まではほとんど見当もつかなかったようだ。当時30歳だったエノラ・ゲイのレーダー技術士ジョー・スティボリック軍曹は、当時を振り返って「自分たちが何を扱っていたのかもちろん何も気づかなかった」と語った。スティボリックは「あれ」と呼んでいたが、高性能の大型爆弾ぐらいにしか思っていなかった。ほとんどの乗組員は「あの道具」とか「あの仕掛け」とか呼んでいた。

その後11ヶ月間、ティベッツは計画のほとんどの過程に参加した。ロスアラモスに何度か行って、ロバート・オッペンハイマーにも少なくとも3回会っている。民間人が標的にされることは明らかに分かっていて、それについて良心の呵責を覚えることもなかった。

1945年8月6日、ティベッツに日本を打ち負かす機会が訪れた。B-29の82号を操縦し広島に原爆投下したときだ。ティベッツは自分の母親、エノラ・ゲ

イ・ハガード（アイオワ州グリデン出身だがその時点ではフロリダ州マイアミにいた）にちなんで機体に名前をつけた。そもそもティベッツが陸軍航空隊に入るべく大学を中退したとき、父親は猛烈に反対したが、母親は喜んで賛成した。結果的にティベッツは歴史上もっとも議論を呼んだ飛行ミッションと母親の名前を関連づけることによって恩返しをするような形となった。[26]

　広島への飛行の日が近づくにつれ、乗組員たちはこの歴史に残るであろう作戦についてより多くのことを知らされ、自分たちが戦争終結を早めるために多大な貢献をするのだということを再三聞かされた。そして乗組員たちはその後の人生を通してこの見解に必死にしがみつくこととなる。8月4日、ティベッツとパーソンズは、この歴史的な作戦に参加する7機の爆撃機の乗組員たちを集めて、作戦会議をもった。パーソンズは言った。「君らが投下しようとしている爆弾は軍事史上未曾有のものである。今まで開発された武器の中でもっとも破壊力の高いもので、直径3マイル（4.8キロ）に及ぶ地域を全て破壊し尽くすだろう。実際その範囲はもう少し広いかもしれないし、狭いかも知れない。」ティベッツはその後発言し、乗組員たちに、この作戦は戦争を6カ月は縮めるであろうと語った。「最低6カ月」と彼は強調した。[27] 次の晩には関係者のみの空爆作戦任務説明会議を開き、ティベッツはこの爆弾がTNT2万トンに値する威力を持つと伝えた。[28] ティベッツは誇らしげに「明日、世界はこの第509混成部隊が戦争を終結に導くことを知るであろう。」と発表した。[29] エイブ・スピッツァーは日記に「ティベッツがこの爆弾が戦争を終わらせると本当に確信していることは間違いなかった」と書いている。[30] 離陸した時点では、原爆点火装置設定担当として同乗した「ディーク」・パーソンズとティベッツのみが、原爆を落とすのだということを確実に知っていた。他の乗組員がこの作戦の歴史的意味を実感したのは、搭乗の際にクリーグ灯やフラッシュバルブやカメラのまぶしい光に照らされたときだった。ティベッツはコックピットに座り微笑んで、後代に残す撮影をしているカメラ陣に向けて手を振った。24歳だったバン・カークはハリウッド映画のオープニングにたとえた。[31] スティボリックも同感で、「ハリウッドみたいだった」とその情景について語った。[32] ビーザーにと

第Ⅱ部　米国側の原爆投下認識

っては「ブロードウェイミュージカルの幕開けのよう」だった[33]。エノラ・ゲイと広島に同行したB-29の一機に乗っていた物理学者のハロルド・アグニューは「ドラッグストアの開店イベント」にたとえた[34]。エノラ・ゲイの乗組員たちは機体の前で最後の記念写真にポーズした。後尾機銃手のジョージ（「ボブ」）・キャロンは大事にしているブルックリン・ドジャーズの野球帽をかぶって構えた。ティベッツはタバコと葉巻とパイプを用意した。

　出発の前に、ティベッツは航空医官から青酸カリのカプセル1ダースを手渡された。万が一エノラ・ゲイが撃墜されたときのためだ。飲めば3分で死ねるものだった。乗組員たちはほとんど情報を持たなかったが、捕虜になるという選択肢はなかった。そのような状況になったらティベッツは、カプセルを飲むことを拒む乗組員は銃殺するように命令されていた。「離陸直前に太平洋軍総司令官からそのように指示されていた。自分が部下を手にかけなければいけないなんてとんでもないことだと思った。」しかし実際に撃墜されるという可能性はほとんどないことは分かっていた。発射準備（電気回路制御）担当として乗ったモリス（「ディック」）・ジェプソンによると、ティベッツがこの飛行のことを朝めし前と思っていたらしいし、実際に本当に簡単だったらしい。「何の問題もなく、日本軍からの反撃もなかった。我々の飛んでいた高度はものすごく高く、日本軍の戦闘機はそこまで高く飛べなかった。」[35]ティベッツはこう言って自慢していた。「緊張なんかしていなかった。自信満々だったって皆に言っている。自分にできないことなんてなかった。」27歳、ブルックリン生まれのアイルランド系アメリカ人のロバート・ルイスは多少違う形でその自信を示していた。フライトジャケットにコンドームを一つしのばせて、戦い後のパーティに備えていた。ティベッツが万一のための自殺用カプセルをルイスに見せたとき、ルイスはそのコンドームを見せた。ティベッツにとっては面白いとは思えなかった[36]。

　エノラ・ゲイは午前2時45分に離陸した。パーソンズとジェプソンは空中で原爆の組み立てと発射準備を終えた。気象観測機ストレート・フラッシュを操縦するクロード・イーザリーから広島の天候は良好との報告を無線で受けたの

ち、硫黄島上空で後に乗組員が「ネセサリー・イーブル」(「必要悪」)と呼ぶ91号機と、グレート・アーティスト機と無事合流し、目的地に向かった。ティベッツは飛行中、乗組員に対してこれから落とすのは原子爆弾であると告げた。この情報自体で乗組員たちがその時やっていた作業に対する態度が特に変わるということはなかった。寝不足だった乗組員の中には任務の本番前に仮眠を取るものもいた。ジェイク・ビーザーはエノラ・ゲイが離陸して間もなく眠りについた。日本に近づいてきたとき、機内前方にいた乗組員たちは後方で寝ていたビーザーの頭を的にしてオレンジでボーリングごっこをしていた。目的地まで30マイル(48キロ)の最終飛行に入った時点で、ジェプソンは原爆の電源プラグを取り換え内部電池を作動させ、原爆を投下準備状態にした。ティベッツは3分前にカウントダウンを開始した。対空射撃もなく、目標時間から17秒遅れただけで目的地に着いた。26歳のフィヤビー少佐は写真の記憶をもとに標的であるT字型の相生橋を見つけた。フィヤビーはこの橋のことを「指の一本一本が集まったような……手首のような」形だったと語っている。橋は広島の市街地にあった。広島市には当時約30万人の民間人と、4万3千人の軍人と、4万5千人の朝鮮人強制連行者と、数千人の米国人(ほとんどが米国で強制収容された日系人の子どもたち)が住んでいて、人口密度は平方マイルあたり3万5千人(平方キロメートルあたり約1万3千5百人)であった。

　8時15分、フィヤビーは「リトル・ボーイ」と呼ばれた8900ポンド(約4000キログラム)のウラン爆弾を広島上空3万1600フィート(約9600メートル)で投下し、「行け、爆弾!」と叫んだ。ティベッツはマイクを握り機内放送した。「諸君、たった今君たちは史上最初の原子爆弾を落としたのだ。」プレキシグラスでできた機首から見下ろしていたフィヤビーには一瞬爆弾が停止したかのように見え、「スピードがつくまでに少しもたついた」と言っている。爆弾は投下後43秒、標的から数百フィート離れた地点の高度1890フィート(576メートル)で炸裂した。現在の推定では爆発の威力は16キロトンの威力だったと言われている。[37] 数秒の間に数万人が死んだ。その後数週間のうちにさらに数万人が死ぬことになる。生き残った人たちも爆風、熱線、放射線による被害を生涯に

わたって負い、今もたくさんの人たちが苦しんでいる。

　爆弾を投下してすぐに、ティベッツは何カ月も練習してきた脱出飛行体勢に入った。予想していた通り投下時に機体が上に155度の角度で大きく傾き1700フィート（約500メートル）急降下したのを立て直し、重力の2.5倍の衝撃波からの影響を最小限にするために急速避難した。ティベッツは「2.5重力の力でぶっ飛ばされた」と語っている。乗組員たちは対空射撃を受けたと思った。ルイスは、巨人が電柱で機体に一打を加えたように感じたと語っている。エノラ・ゲイは原爆が炸裂したときには爆心から9マイル（約14.5キロ）離れていた。それでも閃光の眩しさは相当のもので、数名の乗組員は失明したかと思った。

　機体後部の銃座に座っていたボブ・キャロン軍曹が唯一炸裂時の原爆を見ている。他の乗組員たちは回避飛行が終わるまで30秒間待ち、バン・カークによれば「顔が12個窓際に突進した」そうだ。ティベッツは翌日、グアムの報道関係者に対しその光景を話している。「目の前のことが信じられなかった。地上から巨大な黒い雲がもくもくと膨らんできた。数分前まではっきり見えていた街の様子、道路、建物、海岸の埠頭などが何も見えなくなっていた。全てが一瞬のことで何も見えず、閃光から来る熱さと爆発の振動を感じることしかできなかった。」「広島という街だった場所が煙の山となって消えていった。最初は煮えたぎる粉塵の雲が（その中にはがれき類が混じっていた）2万フィート（約6千メートル）の高さまで昇ってきて、それが3～4分続いた。その後黒雲の中心から今度は白い雲が立ち上り、4万フィート（約1万2千メートル）ぐらいの高さまで上ったと思う。怒り狂った粉塵の雲が市全体を覆い尽くした。周辺のあちこちから火が上っていた。建物が崩壊しガス管が壊れたのだろう。」ティベッツはその回顧録『ティベッツ物語』で、「機首を方向転換し、破壊され炎上する街を片目に見ながら飛行したとき目の当たりにした恐ろしい光景」を記述している。「巨大な紫色の雲が自分たちのいる高度よりさらに3マイル（約4.8キロ）高い4万5千フィート（約1万3千7百メートル）の高さまで立ち上っていて、何か恐ろしい生き物のように煮えたぎり上昇していた。もっと怖かったのは地上の風景である。泡立つ熱いタールのように見える荒れ狂う煙のかた

第 2 章　自己弁護の余生

まりの中であちらからこちらから火が上っていた。」[43] 別の機会にはこう言っていた。「もしダンテが同乗していたら、震えあがっていたであろう。晴天の下に見えていたあの街、数分にして汚いしみみたいになった。すさまじい火炎に覆われて街が完全になくなってしまった。」[44]

　エノラ・ゲイと、同行した二機の乗組員たちにとって、たとえ原爆を落とされた後の広島から何マイルも上空で何マイルも離れたところにいたとしても、一瞬にして全てが破壊されたイメージは恐怖に満ちたもので忘れられるものではなかった。呪われた終末観的イメージを頭から払拭することはできなかった。脳裏に焼きついたその光景はとても消せるものではなく、乗組員たちはその後何年も同じ言葉を使ってその当時の状況を語った。[45] ティベッツはビーザーに乗組員の反応を録音するように命じ、特別のディスクレコーダーを持ってきた。ティベッツは部下たちに「言葉づかいに注意するように——下品な言葉は使うな」と警告した。乗組員たちは概ね言う通りにしたが、生々しい光景は頭から離れることはなかった。そして現代の人間が、この比較的小さな原爆にもどれだけの威力があるかということを忘れかけたときに、彼らの話を改めて聞くことは役に立ってきたのである。24歳のキャロンはそのときの光景について、「地獄を垣間見た」と話している。[46] 機体後部の銃座に座っていたキャロンは唯一爆発の瞬間を見ていた。「煙の柱がどんどん上ってくる。柱には真っ赤な芯があった。泡立っているかたまり、紫っぽい灰色で例の真っ赤な芯があった。全てが荒れ狂っていた。あちこちで火が燃え上がった。石炭をそこら中に敷き詰めて一斉に火をつけたようだった。自分は火を数え始めた。1、2、3、4、5、6……14、15……無理だ。とても数え切れない。」「これだ、パーソンズ大佐が言ってたキノコ雲というのは。こっちに向かってくる。泡を吹く糖蜜の巨大なかたまりのようだ。」「キノコ雲がどんどん膨らんでいる。多分1～2マイル（1.6～3.2キロ）の幅で、半マイル（0.8キロ）の高さだ。どんどんどんどん上ってくる。もうほとんど自分たちのいるあたりまで来てまだ上り続けている。どす黒い色だが紫っぽい色合いもある。キノコ雲の下の方は火炎と共に噴き出したような分厚い柱のようだ。」「あの下に街があるはずだ。火と煙が

第Ⅱ部　米国側の原爆投下認識

もうもうと吹き出し、ぐるぐると渦をまきながら丘陵地帯に襲いかかる。煙の下で山々が消えていっている。」[47]

フィヤビーは思いだして語った。「あの閃光がどれだけ眩しかったか言葉で表しようもない。太陽なんか比にならない。」[48] フィヤビーはこうも語った。「最初は地上の方が煮えたぎっているのが見えて（キノコ雲の）柱の部分が上昇して建物がその柱と一緒に舞い上がっていった。いろんな色が見えた。想像がつくかい――茶色、赤、白――キノコ雲はあらゆる方向に広がっていた。最終的には柱のところが完全に出来上がって、傘の部分があって、その後なんとなく切れていった。」[49] 1995年7月に『ロンドン・メール』誌に取材を受けたときフィヤビーは、「すべてのものがキノコ雲に覆われていた。キノコの柱の部分ができていって家や建物の部分部分が吸い込まれていって、いろんなもののかけらが空中を飛んでいた。自分たちが飛行していたあたりでは人を見ることはなかった。」[50] と語った。

ロバート・ルイスは1982年に回想した。「あの感覚は忘れられるものではない。それなりの大きさの街が見えていたのに、その後すぐ見えなくなった。ただ無に帰してしまった。」[51]

バン・カークは燃える広島の街を「どす黒い煮えたぎるタールの鍋」と表現した。[52] 24歳でエノラ・ゲイに技術助手として乗ったロバート・シュマードは「あの雲の中には死があるのみだった」と語った。「日本人たちの魂が天に昇っていった」[53] と。

エノラ・ゲイに同行したB-29の91号機を操縦したジョージ・マクォートは1995年に『ソルトレーク・トリビューン』紙に語っている。「まるで太陽が地中から出てきて爆発したようだった。閃光の周りを煙がもくもくと覆った。機体の横を怪獣の手で平手打ちされたような感じがした。」[54] エイブ・スピッツァーは「グレート・アーティスト」機から見ていて幻覚を見ているような気がしたという。「見下ろすと、見渡す限りが劫火に覆われていた。火とは言っても普通の火とは違う。たくさんの色が見えて、どの色も目を開けていられないくらい眩しく、こんなに色というものは色々あったのかと思うほどの色の数

で、その中心部に一番さん然と輝いていたのが太陽よりも大きいんじゃないかと思うほど巨大で真っ赤な火の玉だった。本当、空から太陽が落ちてきて地上に当たって、また上昇してきて自分たちに向かってすごい勢いで迫ってきたような感じだった。」「と同時にその火の玉は外側に向かってどんどん膨らみ、街全体を覆い隠して炎の外側はどこも、灰白色で分厚い見通しのきかない煙の柱に半分隠されたように包まれている。その煙が街の向こう、周囲の丘陵地帯まで拡がり、外側に噴出して信じられないようなスピードで我々の方に向かって上昇してきた。」「それでまた機体が揺れた。今度は巨大な銃砲——大きな大砲みたいなもの——にあらゆる方向から射撃され、機体のあちこちに命中しているようだった。」「紫の光は端の方が黄色がかっているほかは緑青色に変わり、下の方から逆さまの太陽のような火の玉が立ち上る煙を追うように上昇し、測り知れない速さで我々の方に迫ってきた——我々も同時に、そんなに速いとは言えないが、広島の街であったところから急いで飛び去った。そうしたら急に我々は煙の柱の左側にいて、煙は上昇し続けて、後から知ったところによると５万フィート（約１万５千２百メートル）もの高さまで上った。巨大な柱が上に上るにつれて細くなっていき、成層圏に届いたように見えた。後になって科学者たちから聞いたところによると、この煙の柱は地上では４〜５マイル（6.4~8キロ）もの幅があり、一番上は1.5マイル（2.4キロ）かそれ以上あったということだ。」「驚嘆してこれを見ていた私の目前で、この煙柱は色を灰白色から褐色に変え、その後コハク色になり、それからその三色全部が混ぜこぜになって鮮やかで激しい虹色となった。一瞬この恐怖の光景は終わるのかと思ったが、その後すぐに、きのこのようなものがてっぺんから突き出し６万、７万フィート（約２万１千３百メートル）とも言われる高さまで上昇していった……柱全体が渦巻き荒れ狂っていたが、きのこの傘の部分は暴風時の大波のようにあらゆる方向に膨らみ、そして急激に傘の部分が鋭い刃物で切ったように柱の部分から分断され、もっと上に膨らんでいった。どれくらいかなんてわからない。誰もわからなかったし今も誰も知らない。たとえ写真を見てもわからないしどんな器具を持ってしても正確に測ることなんてできなかっただろう。人によっては

8万フィート（約2万4千4百メートル）と言ったり、8万5千フィート（約2万5千9百メートル）だったり、それ以上と言う人もいる……」「その後もう一つの、今度は少し小さめのキノコ雲が柱から湧き上がってきた……」スピッツァーは誰かがこう言うのを聞いた。「俺たちはとんでもない世界に首を突っ込んじゃったんじゃあないのか。」

米国の指導部に原爆投下を無線で「素晴らしい結果」と報告する役目を担ったのは乗組員でも最年少20歳のリチャード（「ジュニア」）・ネルソンであった。バン・カークは機内から地上が壊滅するのを目撃したあとに、ネルソンが「戦争は終わった」とつぶやいたのを覚えていた。

エノラ・ゲイの乗組員たちは帰りの飛行中にサンドイッチを食べた。250マイル（約400キロ）離れてもまだキノコ雲は見えていた。400マイル（約650キロ）離れてもまだ見えていたという乗組員もいた。ジョー・スティボリックの記憶では機内は水を打ったように静まり返っていたという。唯一覚えているのはロバート・ルイスが「ああ、何ということをしてしまったんだ。」と言ったことだった。スティボリックは語った。「ただ呆然としていた。考えてもみろ、原爆がどれだけのものかなんて誰も知らなかったんだ。ダラスぐらいの街が見えたかと思ったら次の瞬間には炎上して煙に包まれたんだ。基地に戻るまで誰も何も言わなかった。とても言葉にはならなかったと思う。みんなショック状態だった。皆が自分に言い聞かせようとしていたことは何よりも、これが戦争を早く終わらせるんだということだった。」

スピッツァーはグレート・アーティスト機でも皆がおし黙っていたと報告している。後部銃座担当のアル（「パピー」）・デハートは、原爆を目の当たりにしたことを後悔している。「将来孫に向かって話せるようなことではない。絶対に。とても子どもに話せるようなことではない。他のことは話せても、あのとき見たことは話せない。」帰りの航行中スピッツァーにとって慰めになったのは、戦争が終わったという確信だった。日本はすぐに降伏するしかないであろう。そうしたら自分たちは国に帰れると。

乗組員たちは帰ったとき英雄として歓迎を受けた。誘導路には何百もの兵士

がびっしりと並び歓声を送っていた。バン・カークによると「大将級の人たちがこれだけ揃っているのを見るのは生まれて初めてだった」というが、その人たちも含む200人余りが見守る中で、太平洋戦略航空軍指揮官に就任したばかりのカール（「トゥーイー」）・スパーツ中将がティベッツの軍服の胸に殊勲十字章を授与した。前日にエノラ・ゲイの爆弾倉に「リトル・ボーイ」を運搬したビル・ロング大尉は、乗組員たちが原爆の破壊力のことをどう言っていたかを回想し、「皆圧倒され、あんなものは見たことがなかったと言っていた。『あんなものを落としたあとに戦争が続くわけはない。もう確実に終わりだ。』」[62]

軍指導部は、疲れ切った乗組員たちの聞き取り調査を行った。バン・カークによるとそこには「カーターの薬よりもたくさんの大将たちがいた」（訳者注：「カーターズ・リトル・リバー・ピルズ」という滋養強壮薬が当時出回っていた）そうだ。[63] 調査の日、スピッツァーが若い黒髪の科学者に、原爆投下成功の一端を担えて誇りに思うかと聞いたところ、「いや。今自分に誇りを持っているかと言われたら、そうとはいえない。」と答えたという。[64]

乗組員の報告聴取が終わった後は祝賀ムードとなった。ソフトボールの試合、ジルバのコンテスト、ソニア・ヘニー主演の『イッツ・ア・プレジャー』の上映をはじめ飲み食いもすごかった。乗組員はそれぞれ、配給カードも不要で4本のビールを支給された。ビーバーは後に、このときの兵士たちの暴飲ぶりはお祝いというよりも、自分たちがしてしまったことの重圧からしばし解放されるための必死の行為だったと言っている。[65] スピッツァーは人生でこんなに飲んだことはないというほど飲んだ。それでも自分が見てしまった光景を頭から追い出すことはできずに不眠で苦しんだ。広島の木々や青々とした野原、橋や住宅が、もくもくと立ち上る黒煙と色とりどりのキノコ雲に覆われていく夢を繰り返し見て、夜中頻繁に目が覚めた。[66]

3日後ティベッツは第509混成部隊に属する特別仕様のB-29からもう一機を、今度は二つ目の原爆を落とす目的で選定した。カーティス・ルメイ少将は8月9日もティベッツに操縦させたかったが、ティベッツはその栄誉をチャールズ・スィーニー少佐に譲るようルメイを説得した。[67] スピッツァーと他のグ

レート・アーティスト機の乗組員たちは、広島で目の当たりにしたことの後で、二番目の街を地上から抹消しようという計画があることが信じられなかった。今しばらく静観して日本に降伏する時間を与えるべきだと思った。「これ以上作戦はいらない、爆弾もいらない、恐怖も死もいらない。そんなこと馬鹿でもわかる。」それに加え、二発目の原爆投下作戦が実行される数時間前、ソビエト連邦が日本に宣戦布告した。

最近は多くの歴史家が、日本の外交的軍事的手段を封じ降伏に導いたのは、原爆投下よりもソ連侵攻であったと認識している[69]。エノラ・ゲイやボックス・カーの乗組員たちは、ソ連の侵攻が近づいていることを知る由もなかったが、トルーマンやその側近たちは、日本の指導者たちの息の根を止める最後の一撃になるであろうと確かに認識していた。トルーマンは、ポツダムに行った主目的はソビエトの参戦を求め、確認することだったと述べている。スターリンから参戦の確認を得たとき、トルーマンは歓喜した様子で「スターリンが8月15日にジャップとの戦いに加わる。ジャップはもうおさらばだ[70]。」と記している。6月30日の陸軍省の報告書では、「ソ連の参戦で日本はやっと、完全敗北は不可避だということを納得するであろう。」とある[71]。

スィーニーは、当初の投下目的地であった小倉が雲に覆われ、前日の八幡近くの空襲の煙でさらに視界が悪くなっていたので、第二候補地の長崎に変更することに決めた[72]。ボックス・カー機が長崎に近づくにつれ、3日前グレート・アーティスト機で広島の破壊を見たドン・アルベリー大尉は、「これから我々がしようとすることに対し、神に赦しを求めた」と告白している[73]。長崎近辺の視界もひどく限られていた。雲の隙間ができたとき、爆撃手のカーミット・ビーハンは標的を見つけたと思い、プルトニウム爆弾「ファット・マン」を投下した。実際に落ちたのは標的から2マイル（3.2キロ）ほど離れた浦上地区、市の工業地域の北側であった。ビーハンは地上の光景をこう語った。「キノコ雲がもくもくと膨らみ、オレンジ、赤、緑といった色を発していた。地獄絵とはこういうものだろう。地面は吹き荒れる黒煙に包まれていた。一帯は壊滅状態になると聞いてはいたが、原爆というものがどういうものなのか知らなかっ

た。[74]」副操縦士のフレドリック・オリビ中尉はこのように表現した。「原爆の雲は自分たちの方に向かって上ってきた。きっと数秒の出来事だったのだろうが一世紀もかかったように感じた。キノコ雲の口から炎の舌がたくさん吹き出ていて、煮えたぎる大がまのように見えた。恐ろしい光景だった。」オリビはそれでも「東洋人の常軌を逸した防衛力」を考えると他に選択肢はなかったと強調した。[75]

9月2日の戦艦ミズーリ船上での日本降伏文書調印式の後、ティベッツと、スィーニーとフィヤビーは被害状況を直接見るために長崎を訪れた。拳銃に弾を込めたことはなかったスィーニーだが長崎では込めた。ホテルでチェックインするときも、自分たちの名前が日本ではよく知られてるのではないかと思いどうしようか迷った。ティベッツが最初にフロントに行って「ポール・ティベッツ大佐」と記した。[76]フィヤビーによると、三人はある日本人の男性に「日本に原爆を落とした男たちに会ったことがあるか」と聞かれ、「いや、ないと答えた」という。[77]この旅で三人は低空飛行で広島を見るだけは見たが、ティベッツは結局広島に行くことはなかった。

戦後エノラ・ゲイの乗組員たちは民間人に戻り家庭を持った。ビーザー、キャロン、フィヤビー、ジェプソンとバン・カークはそれぞれ四人の子の父となった。ルイスは五人の子を持った。[78]彼らはたくさんのアメリカ人に英雄視された——とりわけ原爆が戦争を終結させ、その結果本土侵攻を防いだことで自分たちの命が助かったと思い込まされた何十万もの軍人からは。

戦後を通じて、ティベッツは自分がしたことを後悔しているかとたくさんの人から聞かれた。ティベッツは、ハリー・トルーマンと同じようにいつ聞いても「全く後悔はない」と強調した。原爆が戦争を終結させたとし、原爆で失われた人命よりも本土侵攻を防いだことで救われた人命を強調することによって、自分の行動は正しかったとする見解が公の場で揺らぐことはなかった。ティベッツは2002年にスタッズ・ターケルに語っている。「悩んだことなどない。我々は正しいことをしたのだ。自分は確かにたくさんの人たちを殺すことになるが、考えてもみてくれ、たくさんの人々の命を助けるのだ。日本に攻め

入る必要がなくなるんだ。」(圏点の部分、原文は斜字体) 2003年には『コロンバス・ディスパッチ』紙に「戦争を終わらせるのに必要なことだった。自分が殺戮を止めに行ったのだ。」と語った。1994年、空軍軍曹協会で「自由の賞」を受賞したとき、原爆の正当化の理由をさらに広げ、日本人の命が救われたことと、原爆が長期的にもたらした結果を加えた。「自分たちには使命があった。単純に言って、第二次世界大戦を終わらせることだった。戦いを終わらせ、敵味方双方にこれ以上犠牲を増やさないということだった……」「その勝利をもたらした我々に何も恥ずべきことはないし、謝罪をすることもない。苦しんだ人もいたし、死んだ人もいた。しかし生き残った我々百万人(訳者注：第二次世界大戦を戦い1995年の時点で生存していた退役軍人の数と推定される)は、我々の努力の結果、戦後から今まで50年近くもの間の平和をもたらしたのだ、この世界をより良い場所にしたのだという確信と共に死んでいくだろう。」別の機会でティベッツは「我々は人命を救いたかった。戦後、日本人からさえも日本人の命を救ったと言われた。本土侵攻となったら血みどろの戦いとなっていたことは間違いないし、悲惨な結果となったであろう。」と述べた。恥じるどころかティベッツは自分の功績に誇りを持っていた。1975年に取材に答えて、「8万人の人を殺したことを誇りには思わないが、何もないところから始めて計画して、あれだけ完璧に成し遂げたことについては誇りに思っている。」と語っている。

　ティベッツは、戦争中の国は持てる兵器はどんなものでも使うものであって、これはいいとかこれは悪いとかいう基準に制約されることはないと信じていた。1995年に取材に答え、「第一に、戦争に倫理など通用しない。第二に、戦争に勝つために戦っているのであって、勝つためなら使えるものは何でも使う。」と語った。同じ年、アメリカの公共放送局のドキュメンタリー番組『夜明けをもたらした男たち』でこの倫理の問題を逆手に取り、「こういう兵器があるということを知っていながら使わずに、みすみす100万人の命が奪われるのを見ているとしたら、それこそ倫理的に問題があったのではないか。」と言っている。

第2章　自己弁護の余生

　ティベッツはときどき持論から逸脱して、失言もあった。ティベッツは、日本人は全員が戦争に協力していたからという理由で非戦闘員の殺戮を正当化していたが、1995年に一度、面白いことに日本人の民間人を殺すことを、日本がデトロイトのジェネラル・モーターズ社の工場を爆撃することにたとえたことがある。ティベッツはこう説明した。「私の言いたいことは、区別なんかできないということだ。自分の国を守るために全員が戦争に貢献する。だからやらなければいけないことは敵の戦争能力をつぶすことだ。残念だがそれは必然的に人が死ぬ結果となる。」別の機会には「広島は連合国の本土侵攻に抵抗する中心地だったのだ。」と言っている。2002年の8月の発言では、ティベッツは1944年9月の時点でヨーロッパと日本の同時攻撃に準備するように指示されていたと明かした。「命令の意味ははっきりしていた。ヨーロッパと太平洋に同時に原爆投下して、秘密の漏えいを防ぐためだった。世界の片側に落としてもう片側に落とさないというのは筋が通らない。」2005年には驚くべきことを言った。「事態は緊迫し、自分たちが先に原爆を使うしかなかった──自分たちがやられる前に。」しかし誰がアメリカを原爆攻撃できるような立場にあったかについては触れなかった。

　ティベッツは原爆投下の法的正当性も主張した。1961年のアイヒマン裁判のとき、ティベッツの名前が挙がり、ナチスの虐殺犯であるアイヒマンと同じ裁きを受けるべきだとする者もいた。ティベッツはそれを受けて、アイヒマンの行動は違法であったが自分は当時の国際法に則って行動していたので、そのような非難は気にかけないと主張した。戦時日本中の64の都市の空爆を指揮したルメイでさえも、意図的に民間人を標的にすることは戦争犯罪であると理解していた。ルメイがグアムで「もしこの戦争に負けたら我々は戦犯として裁かれるであろう」と語ったとき居合わせたロバート・マクナマラは同調した。「最後の点についてはルメイの言う通りだ。そうなっていたと思う」と。

　1995年には、『グラスゴー・ヘラルド』紙のウィリアム・ロウザーの取材に答え、ティベッツは「原爆を落とした後の気持ちは今と何ら差はない。あの朝に比べたら今日はそれほどコーヒーを飲んではいないが。」と語り、「使命を果

たせて満足していた。それについてどんな気持ちかと聞かれても今日までこれといった感情というものはない。ただ戦争は地獄だ、ということだけだ。経験した自分にはわかる。私から何か感情的な反応を引き出そうとしても無駄だよ。私は血も涙もない人間だ。」[92]

ティベッツが本当に「血も涙もない人間」だったのか、内心の葛藤を必死で繕っていたのか、いずせにせよ頑として後悔の念を見せることは拒否した。1985年に気持ちを聞かれたとき、「いつだって答えは同じだ。特に何も感じることはない……あの雲の下で焼かれた高橋さん（訳者注：被爆者の高橋昭博さんのこと）や他の被爆者は気の毒だったと思うが真珠湾の被害者も気の毒だと思う。自分がこれを言うと皆さんは気を害するが、この件について個人的な感情というものはないんだ……」と語り、「私が道義的にとやかく言えるような立場にはなかった。命令に従っただけだし、私が原爆を発明したわけじゃない。ただ落としただけだ。任務は成功だった、ただそれだけのことだ。皆さんと同じように夜は安眠できている……」と言った。毎年8月6日が近付いても、「誰かに言われないと忘れてしまうときもある。自分にとっては特別な日ではない。」と言った。[93] 1980年にはこう言った。「自責の念にかられているなんて言ったらそれこそ偽善的だろう。国益のためにやらなければいけなかったんだ。優秀な指導者たちの命令に従ったのだ。」[94] この自己弁護の論理をティベッツが使うことは稀であったが、彼の友人であるバン・カークの次のような発言は間違っていたことになる。「私がいつも誇りに思うのは、ドイツ人たちと違って、ただ命令に従っていただけだという言い訳を我々は絶対に使わなかったことだ。」[95] 精神科医のロバート・ジェイ・リフトンと共著者のグレッグ・ミッチェルは、ティベッツの頑固なまでに後悔を拒否する姿を「罪の意識を回避するため」の「極端な形の感覚麻痺」と特徴づけている。[96]

ティベッツはいつも冷静さを美徳としていた。「患者の症状を我が身にかぶってしまうような医者は失格といえよう。患者にあまり思い入れしてはいけないんだ。原爆投下のとき下で何が起こっていたかといったことに考えが行くとしたらそれは患者に同情しすぎる医者と一緒だ。」ウェンドーバーでの規律違

第 2 章　自己弁護の余生

反にどう対応したかというと「自分の考えていることが誰にもわからないように自己規律を徹底し、それはときには両親や仲のよかった人たちにとっては悲しいぐらいだった。自分の行動に一切感情を滑り込ませないように訓練した。」と言った。1985年にはティベッツは、苦痛な考えは頭から追い払うとさえ漏らしていた。「こういうことは考えたくないと思ったとき、スイッチオフするんだ」と。

　ティベッツは、良心がとがめることは全くなかったことの証拠として、トルーマンと同じように、自分がいかによく眠れるかを自慢していた。1975年には「毎晩熟睡している」と取材でも答えている。「一晩も眠れなかったようなことはなかったしこれからもない」と、カナダのテレビ局のインタビューでも答えている。良心が痛んでいないことについてはティベッツ以上に自信があったトルーマンも、原爆について眠れなかったことは一分たりともないと言っている。

　よく眠れる同士の二人は一度だけ顔を合わせた。原爆投下から数年後のその会合の目的といえば何よりも、歴史上でのお互いの居場所を確認するためであった。1948年、トルーマンはティベッツを大統領執務室に招き「それでどう思うのかね」と聞いた。ティベッツは「大統領閣下、私は命令通りにしました。」と答えた。トルーマンはテーブルを叩いて「その通り、上出来だ。私がお前を送りこんだのだ。もし誰かに何か言われたら私のところに寄こせばいい。」と言った。しかし回顧録『ティベッツの物語』には少々違うように書いてある。ティベッツによるとトルーマンはこう言った。「自分が計画実行した作戦だったからって眠れなくなったりするのは許さん。あれは私の決断だったのだ。お前は命令に従っただけだ。」

　ティベッツは1980年には非難されることは稀だと語っている。「私を批判するのは１千人に１人だ。国民に支持された戦争で容赦ない敵と戦っていたということを忘れる輩だけだ。広島の原爆は国を守るための行為だった。実際にそうだったんだ。」

　戦後何十年間を通じて、運命の８月６日と９日の作戦に関わった者たちは自

分たちの行動をティベッツと同じように弁護し、もし再び同じような状況に置かれたら同じことをするだろうとたびたび供述している。そしてやはりティベッツと同じように、原爆の犠牲は本土侵攻していたら出ていたであろう犠牲より少なかったという計算に慰めを見出していた。この疑わしいシナリオにしがみついていた彼らは、その後、原爆を落とさなくても本土侵攻にはならなかったであろうという論を裏付ける資料が続々と出てきてもそれに耳を貸すことはなかったし、自分たちの行為がその後の世界にどんな結果をもたらしたかということに対峙することもなかった。しかしこれは彼らの精神の根源には良識があったという証拠とも言えるだろう。ところで米国指導部が日本に受け入れられるような条件を提示していれば日本側は降伏する用意があったということは、トルーマンをはじめ米国の指導者たちは知っていたが、ティベッツを含む乗組員たちが知っていたという形跡はない。しかしティベッツほど攻撃的に自己弁護をする者も少なかった。2005年に後悔はないかと聞かれたとき、「後悔なんてとんでもない。もう一度そういう状況になったらもちろん同じようにする。」と述べている。ティベッツをはじめとする元乗組員たちは、自分たちの当時の行為はその時代の状況から判断すべきであって現在の基準から価値判断するべきではないと主張した。しかしティベッツは、自分への非難の声にほんの少しでも譲歩すれば取り返しがつかなくなるといった勢いで、自分が信じる歴史のシナリオ（訳者注：原爆が奪った命より救った命の方が多かったという推測）に固執した点においては、他の元乗組員たちよりも責任が重いことは明らかであった。ティベッツ以外の元乗組員たちはほとんどがこの原爆投下に対して、ティベッツよりもはるかに多くの疑念を抱いていることを認めていた。また、多くの元乗組員はこのようなことを二度と起こさないために世界から核兵器をなくしたいとの願いを、ティベッツよりもずっと強く主張していた。

　実際、開き直った、けんか腰とも言えるティベッツの姿勢と、他の乗組員たちの比較的良心的な反応を比較対照することは、乗組員たちがどんな動機で原爆投下に臨んだか、この体験からどのような教訓を得たのかを考察するのに役立つであろうし、ティベッツの行動を当時の状況から理解し評価するための基

第2章　自己弁護の余生

盤となるだろう。乗組員たちの中でも最も原爆投下を擁護した一人であるセオドア（「ダッチ」）・バン・カークは、戦後バックネル大学を卒業し、デュポン社の化学エンジニアとして35年間勤務した。ペンシルベニア州ノーサンバーランド出身のトラック運転手の息子であるバン・カークは、生存するエノラ・ゲイ乗組員二人のうちの一人である。バン・カークはヨーロッパとアフリカで58回の空爆作戦に参加した。彼は原爆投下のおかげで本土侵攻なしで戦争を終結させたと信じていた。沖縄や太平洋諸島で起きたことを考えると本土侵攻も「血の海」になっていたはずである。[106] 戦時中日本人を見下げていたことが自分の見方に影響を与えていたことは認識していた。戦前に日本人に会ったことはなく、新聞等にあふれている出っ歯で怖い化けもののような日本人のイメージしかなかった。日本軍の捕虜となった友人たちがどんな目にあったかも知っていた。バン・カークによると、「航法士をしていた友人がいたが、撃墜され、ひどい辱めを受けた。檻に入れられて東京の動物園で見世物にされた」と回想している。[107] 軍事的には「原爆を落とす前に戦争は終わっていた」のに降伏を拒否していたのは、日本人が狂信的だったからとしていた。原爆は日本がアメリカの降伏条件を呑むことを納得させただけだったという理解だった。[108] さらにバン・カークは、もう力つき死にかけていた何千という連合軍の捕虜の命が原爆のおかげで助かったと信じていた。そういった人たちからたくさんの感謝の手紙が届いて満足していた。[109]

　2000年にも、バン・カークは自分のしたことは正しかったという確信が揺らぐことはなかった。「皆が自分に、膝まずいて泣きながらごめんなさいと言わせようとしている。自分たちはそんなことはしたことがない。」と取材で答えている。[110] しかし『サンフランシスコ・クロニクル』紙が1995年に「悪かったと思っているか」と聞いたとき、少し語調が弱まっていた。「『悪かった』という表現は違っている。遺憾という方がいいだろう。こんな武器が使われたのは遺憾であった。しかし使わなければいけなかったのも確かだ。戦争を終わらせるために使ったのだ、これ以上犠牲を出さないために。二つの悪のうち、よりましな方を選んだのだ。」[111]

第Ⅱ部　米国側の原爆投下認識

　バン・カークは、原爆投下自体は弁護し続けたが、後年にはよりはっきりと、世界は核を手放し戦争を回避すべきだと語るようになった。1994年9月に509混成部隊の同窓会に出た。出席者の一人で情報部員だったノリス・ジャーニガンはこの会合を擁護し、「皆は戦争賛美のために集まっていると思っているだろうが、我々は友情を祝うためにここにいるんだ。みんな戦争に行って帰ってきた。戦争を美化などする者は誰もいない。」と述べた。同窓会中、バン・カークも戦争賛美のための集まりではないと主張した。「我々が核戦争に賛成などとは誰にも思って欲しくない。誰よりも反戦、反核の思いは強いのだ。」[112]

　原爆投下60周年のとき、バン・カークは紛争解決の手段としての戦争を非難し、全ての核兵器は廃絶すべきだとの考えを示した。「第二次世界大戦の経験で、戦争は何も解決できないということが明らかになった。個人的には原爆など、この世に一つもない方がいいと思う。全て廃絶するべきだ。」しかし自国だけが軍縮を選ぶことには躊躇した。アメリカの敵国よりは少なくとも一つは多く所有すべきだと考えていた。[113]

　バン・カークは60周年記念日の前の週に別の記者にこう語っていた。「あんな光景はもう二度と誰も見るべきでない。命が失われ、ひどい犠牲を払った。自分たちは最初の原爆をこの世に投じたがもう二度とそのようなことはないように願う……あの経験からいい教訓を学んだことを願うのだが、実際どれだけ学んでいるのかは疑わしい。」[114]

　バン・カークは戦時中の自分の役割を宣伝することはなかったし、カリフォルニア州ノボトの隣人たちも彼が何をしてきたのか知らなかった。[115] 彼は後続世代が1945年時点のアメリカ人の状況を理解できずにその当時の人間に厳しい評価を下すことを残念に思っていた。「あの頃のことはもう忘れられている。」と1995年に漏らしている。「戦時中は挙国一致体制だった。国民全員が苦労し犠牲を払ったのだ。私の妻は兄弟を二人失くした。一人はバターン死の行進で、一人は南太平洋のマキンの戦いのときだった。」[116]

　バン・カークはソノマ州立大学で1995年に開催されたフォーラムで学生に

第 2 章　自己弁護の余生

「10万人もの人を殺したことについてどう思いますか」と聞かれ、やり取りを見ていたレポーターに、学生たちは当時自分や仲間たちが置かれていた状況を理解していないと言った。「悔悟の念にかられなければいけないといった感覚がはびこっているが……世代間の違いによるんだ。当時と今とでは世界が全く違った。当時を知っている人たちは自分たちのしたことがどうして必要だったかということがわかっている。[117]」

ティベッツやバン・カークとは違って、何年も心中を語らない乗組員たちもいた。公の場で何かを言うことは稀であったが言ったとしても、自分たちの行為を美化することもなかったし否定することもなかった。無線通信士のリチャード・ネルソンはアイダホ州モスクワ生まれ、ロサンジェルスで育った。アイダホ大学に6カ月在籍した後、1943年に陸軍航空部隊に入隊しパイロットを目指したが、視力の弱さのために断念した。戦後は南カリフォルニア大学で経営学を修め、工業用品の営業の仕事をした。1995年にはリバーサイド・プレス・エンタプライズ紙に自分のしたことは後悔していないと語っている。「戦争は悲惨だ。全てを奪い、破壊する。犠牲になった人に対しては誰もが可哀そうにと思うだろう。自分たちは皆人間なのだ。しかし私は自分がそれに参加したことを悪かったとは思っていない。この作戦の結果を前もって知っていたとしても、同じように参加していたと思う。[118]」

ワイアット・ドゥゼンバリーは当時32歳で、エノラ・ゲイの乗組員中最年長であった。大工の息子で、ミシガン州ランシングの高校を中退した後、樹木医とガソリンスタンドの仕事につき、開戦と同時に徴兵された。ティベッツはドゥゼンバリーのエンジン関係の技術を見込んで、全てのエンジンが正常に動くことを確認する仕事をさせるために乗組員として採用した。ドゥゼンバリーは、自分は与えられた仕事をしていたわけだから後悔する理由などないと考えていた。「それが自分の仕事だった」と取材に答えている。「君に兵役の経験があるか知らないが、軍隊では命令が下されたらそれに疑問をさしはさんだり言い返したりはできない。それが正しいことであれ間違ったことであれ、やるしかない。」その一方で、自分や仲間たちがしたことを誇りに思っているという

ような発言もなかった。「命令されてやったのだ。誰だって10万人の命を奪って嬉しいとは思わないだろう。」1970年に空軍退役後、アトランタのカントリークラブの倉庫担当の仕事をした。多くの退役軍人もそうだが、彼も戦争時代のことを滅多に語らなかった。息子の話では、「2回ほど戦争のことを父と話したことがあるが、そんなに深いところまでは行かなかった。戦争時代の体験については話したくなかったようだ。」1985年、『アトランタ・ジャーナル・コンスティチューション』紙は、その4年前の妻の死以来のドゥゼンバリーの「孤独な生活」についての記事を載せている。ドゥゼンバリーは509混成部隊の同窓会に出ることもなかった。『アトランタ』紙には「正直云って、自分は今何もしていない。ただ家にいるだけだ」と語っている。白髪と白髭を長く伸ばしたままずっとテレビばかり見ていた。1989年には前立腺がんの手術を受け、1992年には骨肉腫で死去した。[119)]

テキサス生まれで、陸軍航空隊に志願する前はテキサスA&M大学で綿の選別を学んだレーダー技士のジョー・スティボリックは、眠れなかったことはないかと聞かれ、「いや。誰かが手を汚さなければいけなかった仕事だ。自分たちがやらなかったら他の人間がやったまでのことだ。」と答えた。チェコ系だったスティボリックはヒットラーのチェコスロバキア侵攻に刺激を受け志願した。戦後は電力会社の保守点検の管理者として勤め、彼が知る限りでは、乗組員たちは皆音信不通になり戦後集まることはなかった。[120)]

ボブ・キャロンは1978年に語った。「悪夢を見たことはない。良心の呵責もない。急を要する作戦だった。統計学者によれば、日本の本土侵攻を防いだおかげで100万人のアメリカ人の命が救われたそうだ。同じぐらいの数の日本人の命も救われたのではないかと思う。」[121)] キャロンは「罪」という言葉を一度だけ使った。子どもを含む火傷を負った人々の写真を見たときだった。「あのときだけ、部分的に罪の意識を持った。」そして「見なければよかった」と付け加えた。ロバート・シュマードも同感だった。「一遍に6万も7万もの命を奪っておいて自慢することなんてない。」と語った。[122)] 他の乗組員たちと同じように原爆投下は正当だったと考え、「もしもう一回やれと言われても躊躇はしな

いだろう」と宣言している。シュマードはその後デトロイトに引っ越し配管関係の用具を販売する仕事をした。46歳で白血病に倒れた。彼の医者も妻も、放射線被曝が原因だと理解していた。[123]

　ジェイコブ・ビーザーの記憶によると、ユタ州ローガン出身のモルモン教徒、23歳のディック・ジェプソンは8月6日にティニアン島に帰着したとき、「軽く震えていて……見てしまったものと自分の人間性の折り合いをつけられない」ような様子だったという。[124]しかし、ジェプソンは後に原爆は「実際に戦争を終わらせたのだ」と語った。「アメリカの軍隊をはじめ、日本の民間人や軍の命も救った。ティベッツを批判する必要はないことを歴史が証明した。」[125]戦後、ジェプソンはカリフォルニア大学バークレー校で物理学を学んだ。起業する前は、ローレンス・リバモア研究所で水爆の開発に携わった。[126]ジェプソンは、がん治療のための電子ビーム加速器を作る会社を興し、工業加熱のためのマイクロ波システムを作る会社も作った。1960年にジェプソンは取材に答え、原爆実験をどこかで行えば「都市を破壊することなく」戦争を終わらせられたかもしれないと語っている。ジェプソンは後にこの「大きな悲劇」に対する「悲しみ」があると書き記している。[127]また、自分が原爆投下の決定を下すのではなくてよかったと語っている。「他に戦争の終わらせ方があったんじゃないかといつも心のどこかで思っている。しかしあの頃自分たちは皆若かった。軍隊に属し、戦争の真っただ中にいたら、命令に従うしかないし、それが口実になる。」1985年、レーガン大統領に核軍縮の計画の概要を述べた手紙を書いた。「実行可能な形での核削減の方法をずっと考えている。やらなければいけないことだが、今まで適切な方法がなかった。」[128]また、自分が唯一参加した空爆作戦を58年後に振り返って認めた。「自慢になることではない。悲惨なことだった。」しかし原爆が何十万人ものアメリカ人の命を、そしてさらに多くの日本人の命を救ったという考えにやはりこだわっていた。2005年には取材に対し後悔はないと答え、妻の車には「真珠湾がなければ広島もなかった」というバンパー・ステッカーが貼ってあると言っている。[129]

　爆撃手のトーマス・フィヤビーは、戦前は野球選手になるのが夢で、セント

ルイス・カーディナルズへの入団を目指していたほどだ。ノースカロライナ州のモックスビルの牧場で育ち、同州のバナー・エルクにあるリース・マクレイカレッジで二年間学んだ後に陸軍に入った。フットボールで膝を痛め歩兵隊には入れず、操縦士になろうと航空学校を目指したがこれも無理で、爆撃手訓練を受けることになった。イギリスではバン・カークやティベッツと一緒の爆撃機の乗員としてフランスでの初の白昼空爆に参加し、ヨーロッパにおける連合軍の百機昼間爆撃での主爆撃手を務めた。フィヤビーはヨーロッパとアフリカ北部で計64回の空襲作戦に参加した。[130]

　フィヤビーも原爆投下は正当であったという認識を持ち続けた。「あれだけの人を殺したことは誇りには思えないが、あれだけの人命を救ったことについては誇りに思っている。」[131] 1995年には『ロンドン・メール』紙に、「人を殺すことがいいこととは思わない。しかしこの戦争では自分たちが生き残るために戦っていた。我々の作戦が成し遂げたことによって何百万人の人たちが助かって自由になったのだ。」「もちろん広島は悲惨だった。しかし戦争というものは悲惨なものだ。ドイツがコベントリーとロンドンでやったこともそうだし日本が連合軍の捕虜に対してやったこともそうだ。もし自分たちが降伏を強いていなかったら本土侵攻は避けられず、100万人の米軍の犠牲と同じぐらいの日本人の犠牲があったであろう。」「我々エノラ・ゲイの乗組員たちはこのことで眠れなかったことなど一度もない。実際自分はよりよく眠れている。この50年間我々が享受した平和は我々の功績によるところが大きいのだから。」と語っている。[132] 1982年にはフィヤビーは言った。「もしあのときに戻ったとしても同じようにするだろう。自分は日本から生還した米軍の捕虜たちを見た。彼らは骨と皮にやせ細り、目玉は飛び出ていた。」[133] フィヤビーはとにかく早く戦争を終わらせたいとの気持ちがあった。「あの戦争の歴史と、その当時の人々の姿勢というものをちゃんと学んでほしい。誰だって戦争に早く終わってほしかったし、自分もそうだった。原爆投下を成功させて戦争を終結させたかった。」[134]

　1970年に空軍の大佐として退役する前に、フィヤビーはベトナムの空爆にオブザーバーとして加わった。退役後はオーランドに引っ越して不動産売買の仕

事に就いた。自分の戦時体験を生かし、核戦争は絶対再び起こしてはいけないと主張した。1995年には『シャーロット・オブザーバー』紙の取材に対し「我々はあの時を振り返って一つの、いや二つの爆弾がどれだけの被害をもたらしたのか記憶する必要がある。そしてこういうことは二度と起こしてはいけないということを肝に銘じる必要がある。」と語った。[135)] 老後はフロリダ州ウィンダーミアで暮らし、トマトやキャベツや豆を育て、ゴルフや釣りを楽しんだ。[136)]

フィヤビーの両親は、ティベッツの両親と同じように息子のしたことを誇りに思ったが、祖母には「神様にゆるされますように」と言われた。[137)] 1995年に『シャーロット・オブザーバー』紙に語ったところによると、長崎原爆の爆撃手を務めたカーミット・ビーハンが1989年に死んだときに孤独感にさいなまれたという。「ビーハンが生きていたときはまだましだった。原爆を落とした人間が自分も含めて二人いた。しかし今となっては自分一人しかいない。このままであるべきだが（自分が原爆を落とした最後の人間であるべき）。」[138)]

ビーハンはミズーリ州のジョプリン生まれだが、育ちはヒューストンで、フットボールの奨学金でライス大学に進学した。フィヤビーのようにパイロットを目指して陸軍航空隊に入隊したが夢はかなわず、爆撃手となった。爆撃手としてヨーロッパ戦で40回の空襲作戦に参加した。

長崎原爆投下の日に27歳の誕生日を迎えたビーハンは、戦後、ヒューストンのブラウン＆ルート社の宇宙工学コンサルタントを務めた。ビーハンは晩年になって自分のしたことについて葛藤していたという。1985年、ヒューストンの心理療法士グレン・バン・ウォラビーが長崎市に宛てた手紙では、ビーハンは後悔の念にかられており、長崎にもう一度戻って自ら謝罪したいと伝えていた。本島等長崎市長はバン・ウォラビーに、被爆者の中には会ってもいいと思う人はいるかもしれないが「被爆者の苦しみは今日も続いている」ということを説明した上で断った。市長自身がその苦しみを感じていたようだ。「ビーハンさんに会うことはどうしても抵抗がある」と。[139)] しかし日本の新聞がこの長崎市の回答を報道したとき、被爆者や市民から政府に抗議の声が殺到した。長崎

被爆者の救済を担当していた大保輝昭は、式典の後であればビーハンを歓迎するとし「核兵器をこの地球から廃絶する運動に参加するように」要請した。[140] ビーハンは、ウォラビーの伝言の仕方が誤解を招いたと感じた。『ヒューストン・クロニクル』紙に対し「原爆を落としたことは遺憾である。それを言うなら最初に落とした100ポンド弾についても遺憾である。そもそもこの戦争が始まったことについても遺憾である。バン・ウォラビーは『遺憾』と『罪悪感』の違いがわかっていなかった。私は第二次世界大戦を早期終結に導いたことに罪悪感を持っているわけではない。」と述べた。実際ビーハンは原爆が多くの人命を救ったと思っていた。さらに「悲惨な兵器を使ったことは確かだが、本土侵攻になればもっと多くの、何百万もの死傷者が出ていたであろう。それを考えれば、災い転じて福となったと言えるのではないか」と語っている。ビーハンは多くの退役軍人から受け取った手紙が入った袋を使って「眠っていた罪悪感がこみ上げてくるのを抑えた」という。[141]「二つの都市の被爆者が味わったであろう苦しみのことは考えないようにし、救われた命のことを考えるようにしていた。」[142]

　ビーハンは中佐として1963年に退役するまでに、原爆の爆発を10回目撃していた。核兵器全廃を支持するには十分な経験であった。ビーハンは「誰だって核兵器廃絶を望んでいるはずだ」と語っている。1985年に長崎に行く試みは、にべもなく断られてしまったが、人間に原爆を落としたのは自分で最後にしたいという願いを表明した。1989年にビーハンが他界したとき、スウィーニー（長崎原爆機機長）は言った。「我々の飛行機の名前はビーハンにちなんでつけたんだ。やつのことを皆『グレート・アーティスト』（粋な達人）と呼んでいた。仕事のできる奴だった。乗組員の中でも目立つ存在で、皆に人気があった。すごく感じのいい奴だったから『ハニービー』（みつばち）とも呼んだ。」[143] エイブ・スピッツァーは、ビーハンが「グレート・アーティスト」と呼ばれたのは乗組員の間で人気者だったからだけでなく女性にもてたというのもあったと言っている。[144]

　エノラ・ゲイの宿命的な作戦飛行に同行した二機のパイロットたち（そのう

第 2 章　自己弁護の余生

ち一人は、その直後長崎を爆撃した機を操縦した）は、やはり原爆投下を擁護していた。しかし被害者には深い同情を示していた。91号機のジョージ・マークォート大尉は1995年に、「私は原爆投下に関与したことを後悔したことは一度もない。悲惨な戦争を終わらせたのだ。」と語った。[145] しかし1990年にマークォートは、後悔で胸を痛めたことがあると認めた。1989年11月にマークォートは、スウィーニーや他の509混成部隊のメンバーたちと一緒にBBCのドキュメンタリー番組の収録のために広島に行き、そこで自分の父親が原爆を目撃したという日本人医師に出会った。その医師はそこに来ているアメリカ人たちが誰かということを知らずに、「父はここまで残酷なものを見たことがなく、このような目に遭わせた人たちの非人道性は理解しがたいと言っていた」と語った。電話によるインタビューでマークォートが語ったところによるとその会合の最後に、医師はそのアメリカ人たちが誰なのかということを知り、「目に涙を浮かべていた。医師は、『父もここにいて皆さんに会えたらよかった』と言った。医師が困惑していたのは明らかだった。みるみる顔色が変わり……何と言ったらいいのかわからない様子だった」という。マークォートは振り返り、「このときだけは申し訳ないと思った」と認めた。しかし数分後にマークォートは記者にもう一度電話をかけてきて、「さっき使った言葉で一つ変えたいものがある。『申し訳ない』と言ったが、それではよくない。『悲しい思いがした』に変えてほしい」と伝えた。[146] マークォートは、3回目の原爆投下をする場合は指揮するように計画されていた。

　チャールズ・スウィーニー少佐は広島原爆の際グレート・アーティスト機を操縦し、3日後の長崎のときはプルトニウム原爆「ファット・マン」を投下したボックス・カー機の操縦をした。1997年には回顧録『終戦──アメリカの最後の原爆投下の目撃証言』を出版している。スウィーニーは「戦争の残酷さについて誇らしいとか喜ばしいとか当時も今も思ったことはない。それは犠牲者が自国民だったとしても他国民だったとしても同じことである。どの命も貴重なものだ。しかし自分が爆撃した場所に足を踏み入れても、後悔の念とか罪の意識を持つということは一切なかった。」「後悔や罪は日本自身が負うべきだ。

自分たちの壮大な構想を達成するために自国民を生贄として差し出した日本の戦争指導者たちの責任を問うべきであろう。」[147]

1990年、スウィーニーは広島と長崎の正の遺産というものを強調した。「軍人として私が思うには……我々が、来るべき世界大戦を予防したと言えるのではないか。」罪の意識が湧きあがってくるときにはこうして食い止めた。「そういう感情が湧いてきたら、南京大虐殺のことを考える。真珠湾を攻撃する一方で、日本が我々の大統領に使っていた二枚舌のことを思い出す。戦争で死んだ級友たちのことも考える[148]。」スウィーニーは核廃絶に反対していた。2001年には『ボストン・グローブ』紙に対し、「もう核兵器を使うことはないことを願いたいが、核兵器を無くして強国であり続けることはできない。最大の防御力は最大の攻撃力だからだ。」と述べている[149]。しかしスウィーニーは自分の講演料を密かに広島の孤児院に寄付していた[150]。

1995年には、スウィーニーの副操縦士であったフレッド・オリビは講演で語った。「私はもうどこにも原爆が落とされることがないよう切に願う。我々が落とした二つが最後になることを。各国の政府は話し合いで問題を解決すべきであって、戦争をすべきではない。次に戦争が起こったらそれは核戦争になり、たくさんの人が死ぬことになる[151]。」スピッツァーは「原爆のおかげで人間はもう戦争を起こすことができなくなった」という考えに慰めを見出していた。「戦争は人間や世界全体にとって自殺行為になるだろう。」「自分はあの場にいた。」スピッツァーは言った。「だからわかるんだ。」服飾業界の営業の仕事をしていたスピッツァーは、1984年に職場からウェストチェスターの自宅に帰る途中に事故に遭って死んだ。兄弟のマレーによるとスピッツァーは「平和的な男」であり、「原爆は恐ろしい死の道具だ」と語っていたということだ。スピッツァーも原爆は終戦をもたらし、人命を救うと思っていたらしい。この戦争が「人類最後の戦争」になることを望んでいたという[152]。

ロバート・ルイスは、原爆投下について最も苦しんだ部類に属する。この爆弾のあまりの威力を知ったルイスは飛行日誌に「ああ神よ、我々は何ということをしてしまったのだ」と記した。1955年にルイスは、ラルフ・エドワーズの

テレビ番組『ジス・イズ・ヨア・ライフ』に谷本清牧師と、二人の「原爆乙女」と共に出演した。「原爆乙女」とは、谷本とノーマン・カズンズが尽力してアメリカで手術をさせた、顔にケロイドを負った女性被爆者25人のことを指す。エドワーズが原爆の日の谷本の体験を語った後に、ルイスの声がステージの外から響いてきた。「広島の地上何千フィートという高さから眺め、言葉になることといったら『ああ神よ、我々は何ということをしてしまったのだ』ぐらいだった。」エドワーズはルイスをステージに案内し谷本と会わせ、その日の体験について語るように言った。ルイスは話し始めたが途中で詰まり、涙を抑えているように見えた。気を取り直した後でまた話し始め、原爆を落としたあと、「我々の目の前で、広島の街は消滅した」と語った。飛行日誌にどう書いたかとまたエドワーズにきかれ、同じことを答えた。番組の最後にエドワーズは広島の人たちを救うための募金を送る住所を伝えた。ルイスは前に出て、これは乗組員一同からですと伝えて50ドルのチェックを渡した。[153]

その日ルイスを間近で見た人たちの中に谷本紘子がいた。紘子は父親の教会に通ってくる「原爆乙女」（顔にケロイドを負った少女たち）や他の被爆者たちに囲まれて育ち、「乙女」たちを姉のように慕っていた。紘子はお姉さんたちをこんな目に遭わせた悪い奴らをいつか見つけて仇を打ってやろうという気持ちでいた。しかし実際に目の前にいるルイスが目に涙を浮かべて体験を語っているのを見て、その怒りは引いていった。[154]

戦後ルイスは短期間パイロットとして働いた後お菓子の会社の管理職の仕事に就いた。ルイスも原爆は戦争終結を早め人命を救ったと信じていたが、「あの中に女性や子どもや老人たちもいたという事実はどうしても頭から拭い去ることはできない。」とも語っている。[155] ルイスが一番恐れていたのは核兵器が再び使われることだった。「もし核兵器がもう一度使われるような状況になったら、世界そのものがもう無くなるといってもいいであろう」と語っている。ルイスはわかっていた。「あの爆弾ほど残酷無比なものはない。大量破壊兵器、このひと言に尽きる。」ルイスは晩年に彫刻を始めた。とっておきの作品の中にはキノコ雲を形取ったものがあった。[156]

第Ⅱ部　米国側の原爆投下認識

　クロード（「バック」）・イーザリー中佐は原爆投下においては補助的な役割を担ったが、原爆投下の公式見解からもっとも明確に決別した意見を表明し、そのことでしばしば非難された。イーザリーはテキサスのバン・アルスタイン生まれで、北テキサス州立大学をあと一年で卒業というところで航空隊に入団した。原爆投下時は広島に向かって一足早く飛んだ気象観測機「ストレート・フラッシュ」の操縦を担当し、広島が晴天であることを報告することによって、ティベッツに対し実質的な原爆投下のゴーサインを出した人物だ。

　戦後イーザリーは再志願し1946年のビキニ環礁での原爆実験に参加した。最初の実験の後イーザリーと乗組員たちは放射能の雲の中にまで飛行し大気のサンプルを取るように命令された。放射能の雲から脱出するころには全員が相当量の被曝をしていた。[157]

　その後イーザリーは深刻な精神障害を負うようになる。1947年には「精神病的症状を伴う神経症」を患っているとの理由で空軍を除隊した。[158] イーザリーは自分の病気を広島原爆への罪の意識に原因があるとした。1947年以降イーザリーは強盗、窃盗、不渡り小切手の振り出しなど数々の不法行為を犯し、精神症状も悪化する。1950年には自殺未遂を起こし、その後15年は精神病院に入退院を繰り返した。[159] 広島への自責の念を繰り返し語っていたイーザリーは、1954年に衝撃療法を受けた。[160] 1957年3月、『ダラス・モーニング・ニュース』紙はイーザリーが二つの郵便局に強盗に入った罪で裁判が予定されていることと、イーザリーがそれまで7年間の大半の期間を「極度の神経症」により精神病院で治療を受けて過ごしたことを伝えている。新聞では、イーザリーは精神障害を戦争とは関連づけていないとした。[161] しかし続く同年4月の公判では精神科医が、イーザリーは広島原爆で10万人が死んだことについて罪の意識に苛まれていたと証言している。[162] 1957年4月1日発行の『ニューズウィーク』誌にイーザリーについての記事が出たときには国際的な注目をあびた。1959年にダラスのセブン・イレブンで強盗未遂を起こした後、彼の弁護士は、「日本人に追われているという幻覚症状を起こしている。また病院に入りたいと願っている」と述べている。[163] 復員軍人援護局の精神科医により、イーザリーの犯罪歴の原因は

広島の経験であることを確認することが目的で、ダラス郡拘置所に再拘留されている間、イーザリーは取材に答え、「広島の犠牲者は自分が殺したと感じている。死にたい。二度死のうとしたが死ねなかった。」と語っている[164]。

同年7月にイーザリーは広島被爆者に直々、全ての戦争を否定するとともに許しを請う手紙を書いた。整形手術のためにアメリカに行った「原爆乙女」のメンバーの多くを含む30人の「広島の少女たち」からあたたかい返事が届いた。被爆者からの同情はイーザリーにとってある程度の慰めになったようだ。8月には哲学者ギュンター・アンデルスに手紙を書き、新たな生きがいを見出したことを伝えた。「私は平和に対して何か役に立つことだけが願いだ。核競争を止め、人種や肌の色や教義にかかわらず、人間全ての人権が守られるように。」[165] イーザリーは原爆の体験から来る悪夢に繰り返し苦しめられた。1960年には「15年間全く寝ていない」と語っている[166]。1960年には『パレード・マガジン』誌に語っている。「15年間毎晩夢に出てくる。狂ったように渦巻いて燃え上がる真っ赤な炎が自分に迫ってくる。建物は壊れ、子どもたちは逃げまどう……人々は衣服が燃えて火だるまになりながら、「お前たちはどうしてこんなことをしたんだ？」と叫んでいる。私はその問いには答えられず、恐怖におののいて汗びっしょりになって大声を出して目が覚める。」[167]

1960年8月、イーザリーは復員軍人援護局の病院からラルフ・ヤーボロー上院議員（テキサス州選出、民主党）に手紙を書き、核の脅威を無くすために行動するよう強く訴えかけた。人類史上においての最初の4回の原爆爆発のうち3発を目の当たりにしたことと、その後核兵器の破壊力は当初の原爆と比べ物にならないほど増大していることを踏まえ、核戦争は「人類の終わりになる」と警告した。そして「今の文明をこのまま維持したいのなら、いや、人類の存在自体を維持したいのなら、戦争を未然に防ぐべきである」と結論づけた[168]。1961年、イーザリーは精神障害と判断され、テキサス州ウェイコの復員軍人病院に裁判所の命令で入院させられた。公判では4人の精神科医が、イーザリーは頭も良く好感のもてる人物ではあるが精神分裂病を患っており、広島で自分が担った役割への罪の意識から、大規模の軍縮平和運動を率いているという妄想を

抱いていると証言した。その後釈放され再び拘束された後、1964年にガルベストンの判事はラスク州立病院にイーザリーを収容した。

　イーザリーは気がおかしくなっていたのだろうか。このときまでに彼は広島原爆を非難しかつ核廃絶を支持する発言を繰り返していた。アメリカで、それ以上にヨーロッパにおいて、イーザリーは広島原爆という犯罪と核兵器の危険を象徴する存在となった。両大陸でイーザリーについての本や戯曲や詩が書かれた。哲学者で数学者でもある著名人バートランド・ラッセルは、イーザリーという存在は「現代の異常な自滅的傾向の象徴」であると唱えた。ラッセルはこう訴えた。「世の中はイーザリーがその大量虐殺行為の一端を担ったことを讃える用意が出来ていた。しかしイーザリーが悔悟の念を示した瞬間に、それは世の中そのものへの糾弾のしるしと見られ、世の中全体を敵に回した。」ギュンター・アンデルスはイーザリーとのやり取りと手紙の交換を一冊の本として出版し、広島原爆と核の脅威についてのイーザリーの見解を強調した。原爆17周年の1962年には、A・J・ムステとノーマン・トーマスが率いたニューヨーク市での平和行進で「世界平和に特筆すべき貢献をした」4人に授与される「ヒロシマ賞」が発表された。受賞者の中には著名なチェロ奏者パブロ・カザルスとイーザリーがいた。

　イーザリーは癌の診断を受けて3年後の1978年、57歳で死亡した。1946年、マーシャル諸島のビキニ環礁で行われた米国の原爆実験のときに、放射能の雲の中を飛行したことが原因であるという見方があった。兄弟のジョーはイーザリーが放射線障害を受けたと推論している。「一瞬あの雲の中で迷ったようだ。クロードはその時が人生で一番恐ろしい瞬間だったと言っていた。航空士の一人が原爆症にかかったが、その頃はそれが何だったのかわからなかった。未だに何なのかわかっているのかどうかも疑わしい。」イーザリーは多くの退役軍人にとって歓迎されない存在になっていたが、イーザリーの葬式では退役軍人クラブ（VFW）の軍旗衛兵は直立して敬意を表し、ヒューストン国立墓地での埋葬式でラッパ手は永別の曲を吹いた。VFW490支部仲間のポール・グイドリーは取材に答え、友人のイーザリーは「生涯心の平和を見出さなかったか

もしれない。しかし祖国を100%愛していたことは間違いない。何か書くつもりなら、あんなに優しい人間を自分は他に知らないと書いて欲しい」と語っている。葬儀の後、兄弟のジェームズは「クロードは夜な夜なうなされて起きていたことを覚えている。脳に火がついたようだと言っていた。劫火の中で焼かれていった人たちのことが手に取るようにわかると言っていた。あの炎の中で死んでいった何千何万人の人たちを忘れることはなかったのだ。」と語った。親戚の一人も、「クロードは原爆のことから立ち直ることはなかった」と言っていた。[173)]

イーザリーに端を発し、エノラ・ゲイの乗組員たちも苦悩を抱えていて精神的に破たんしているとの噂が広がり、特にティベッツにそれが向けられた。ティベッツは自分をはじめ乗組員たちの名誉が損なわれたと憤慨していた。[174)]ティベッツは自分が投獄されているとか自殺したとかの誤報が流れていることを不快に思った。「気がおかしくなったとか酒に溺れているとか精神病院に入退院しているとかそんなことばかり言われる。」[175)]1990年アトランタ訪問中にティベッツは、こういった噂について、「ソ連に吹き込まれたプロパガンダだ」と言った。[176)]ある新聞は、フィヤビーが自責の念にかられて精神病院に入っていると誤って報じた。[177)]1985年にフィヤビーは、「自分が施設に入っているといったことが随所で書かれている」と不満をもらした。[178)]

ティベッツは戦時中の自らの行動に悔悟の念はなかったかもしれないが、間接的に結婚生活に悪影響が出た可能性がある。1952年にはMGM社映画『決戦攻撃命令』のモデルとなり、報酬をもらってこの映画のコンサルタントとなった。原爆投下の準備期間中の重圧の中の苦悩と、結婚生活の困難を描く映画だ。カーティス・ルメイ大将が戦略空軍のトップであったとき、大将に近い人によりこの映画の案が生まれた。ロバート・テイラーがティベッツを演じ、エレノア・パーカーが妻のルーシーを演じた。映画の中で妻は、ティベッツが任務に夢中になり、だんだん疎遠になっていく様に苦しむ。ティベッツはその任務の真相を妻に話すことは許されず、妻は二人の子どもをほとんど一人だけで育てなければいけない。ティベッツは夫として、また父親として家族を顧みな

かったことや、厳しい秘密保持の義務を守るため、高圧的な態度で些細な違反に対しても仲間を通報したことについて描写されることは構わなかったようだが、あるシーンについては元々の台本にはなかったと腹を立てた。ティベッツをはじめ乗組員たちが良識を持って、自分たちがしたことの重みを自覚するというシーンだが、ティベッツが、広島の壊滅を見て司令本部に無線報告するという設定だ。「結果良好」と報告した後、ティベッツはもう一度、違う意味を込めて同じセリフを繰り返す。ロバート・ジェイ・リフトンとグレッグ・ミッチェルの言葉を借りれば、「暗い皮肉」的な意味をこめていた。映画が公開されたとき、ティベッツは自分のしたことに対するそのような複雑な思いは一切なかったと、このシーンを非難した[179)]。

　他のシーンでもっと手厳しいものもあったがティベッツは問題にしなかった。あるシーンでは、ティベッツがいつものように深夜帰宅して、寝てしまった息子を抱き上げて寝室まで連れていく。ティベッツと妻のルーシーはかわいい子どもたちの寝顔を一緒に見る。しかしそこでルーシーは戦争への不安をもらし、「子どもは本当にかわいいけれど、寝顔を眺めるたびに悲しい気持ちになるのよ。すごく。」と言う。なぜかと訊かれて、「戦争のことを考えるとね、今この瞬間にも爆弾が落ちて子どもたちが死んでいるんだなあと考えるのよ」と答えた。ティベッツはカッとなって「二度とそんなことを言うな。私の前で。」と言い捨て部屋を飛び出した。ルーシーは夫を追い、自分の言ったことの何がそんなにいけなかったのかを訊く。ティベッツは怒り冷めやらぬ様子で説教した。「よく聞いてくれ。善悪ということについて一つはっきりさせておこう。爆弾がひどいということだけじゃないんだ。戦争そのものがいけない。兵器の問題だけじゃないんだ。もちろん戦争では罪のない人たちが犠牲になるしそれはひどいことだ。しかし我々が戦っている敵の連中に負けることほど、寝ているあの子たちに対してひどい仕打ちはないんじゃないか。そのことだけは忘れないでいて欲しい。[180)]」

　映画の最後、ルーシーは戦争に疲れ果てたアメリカ国民全員と同時に、自分の夫は実は英雄であったということを知る。つまらなく、自分勝手で秘密主義

第 2 章　自己弁護の余生

のどうしようもない夫だと思っていたのが間違いだったと知って、二人は熱く抱き合い、その後幸せな結婚生活が末長く続くであろう、という結末だ。しかし実際には二人は戦後離婚した。

　1965年にティベッツは、再婚した妻と共に米軍補給作戦次官としてインドに赴任した。この任務はティベッツにとって最善の選択とは言えなかったかもしれない。ネルー首相のもとで国際的な核兵器反対運動の前線にあったインドにおいて、ティベッツはメディアから激しい非難を浴びた。ティベッツに対する非難合戦を率いていたのは週刊のタブロイド誌『ブリッツ』で、『ニューヨーク・タイムズ』紙の記者アンソニー・ルーカスによると、「インド共産党の親ソ派の代弁者」のような雑誌だったということだ。ブリッツ誌は 6 週間にわたりティベッツを「史上最悪の虐殺者」として激しく非難して国外追放を訴えた。さらに同誌は「西洋の主戦論者、国防総省、原爆や大量破壊の代表格である」軍人が「インドの首都を堂々と歩き、インドの空気を吸って、インドの神聖な大地を汚している」ことが許されていることが信じられないとも書いた。また戦闘機に自分の母親の名前をつけるという「とんでもない悪ふざけ」により「第二次世界大戦と核兵器初使用という歴史の汚点に母親を巻き添えにした」と非難した。ブリッツ誌は、米軍がティベッツの正体をインド側に隠していたと追及し、それに対し米軍側は「敢えて指摘はしなかった」と答えた。ティベッツも「自分が広島で何をしたかなど、わざわざ宣伝して歩かない」とタイムズ紙に語った。「できれば忘れていたいし、わざわざ寝た子を起こすようなことはしないが、あいにくそうはいかない。どこに行ってもいずれはわかってしまうんだ。」[181]

　ティベッツはインドにいたおかげで第393爆撃戦隊の20周年同窓会に出られなかった。20年後のバン・カークの回想によると、自分やティベッツやフィヤビーは509混成部隊（393爆撃戦隊はその一部をなす）の同窓会に出ることは滅多になく、個人的に集まったりヨーロッパ戦の戦友と会う方を好んだようだ。[182]ボルティモアのジェイコブ・ビーザーは同窓会の幹事を務めており、昔の戦友には次のように話すことにしていると語っている。「起こったこと自体を祝う目

155

的で集まるのではなく、自分たちが一端を担った出来事の意義を祝うために集まるのだ。」「都市を破壊し民間人を殺すということはアメリカ人の考え方にはそぐわないものである……」ビーザーはレーザー技士で、電子機器の監視を担当し、地上からの信号が原爆のヒューズを起爆させないように念を入れる役目を担った。ビーザーはエノラ・ゲイとボックス・カー両方に乗った唯一の乗組員である。日本への原爆投下とそれがその後の世界にどのような影響を与えたか、というビーザーの見方を知ると、彼の深い人間性がわかると同時に、彼のように、原爆投下に関わった者たちの中でももっとも良識のある人間でさえもが、戦後何十年も続いている、本土侵攻があった場合の想定犠牲者数、原爆投下の動機、原爆使用の抑止力としての効果といった神話的信仰の残骸にすがりついてきたということが明らかになる。ビーザーは語った。「我々が核の力を最初に入手したということには歴史的意義があり、喜ぶべきものである。過去20年間第三次世界大戦が起こらなかった理由としてこれ以上大きいものは考えられない。」ビーザーは自分のしたことの道義的な面について聞かれ、「原爆を使ったことと道義性は関係ない。道義性を言うのなら戦争自体について言うべきだ。一端戦争が起こったらどのような方法で死ぬかなんて重要ではないのだ……問題は核兵器を我々がもう一度使うのかどうかではなく、使わなくてはいけないような状況が生じないように何をするべきかなのだ。」と語った。[183]

　ビーザーはアメリカが戦争に突入した翌日にジョンズ・ホプキンス大学を中退して志願兵となった。ナチス・ドイツへの憎しみは年々つのってきていた。1939年にハンブルクへ行き、親戚に対し逃げるように説得を試みたが徒労に終わった。ボルティモアのヘブライ人移民支援会の会長を務めていた母親は、救助された子どもたちを引き取って育てた。ビーザーはドイツに原爆を落とす機会がなかったことを悔やんで、「もっと早く作っていればベルリンに落とせたのに」と声高に言っていた。[184] 他の乗組員たちと同様に、日本への原爆投下による犠牲者よりもそれで助かった人数の方が多かったという理由で、原爆投下を正当化していた。「1945年11月には日本の本土侵攻が計画されていた。300万人の兵力が投下される予定だった。300万余の日本人が本土を死守するための決

戦に備えていて、100万人は死ぬ可能性があった。広島長崎両市の犠牲者を合わせた数は一番多い推定で30万人とされているからその数を取っても、100万人と比べたら比較にならない。冷たい見方だと思うかもしれないがこれが唯一の見方なのだ。」[185] ビーザーはいつもたくさんの退役軍人に、命の恩人としていかに感謝されたかを語っていた。また、面と向かって非難を受けたり、夜遅くに電話がかかってきて自分のしたことを責められたりすることもあった。殺人者と咎められたときには「歴史の本読んだことないのか？失われた命だけじゃなくて救われた命があったことを知らないのか？」と言い返した。[186]

ビーザーは1985年に27年間技士として勤めたウェスティングハウス社を退社し、広島と長崎の記念式典に出るためにABC放送の撮影隊とともに日本を再び訪れた。40年前、自分と仲間たちが爆弾を落としたときに広島にいたという一人の女性が言ったことに、いたく感銘を受けた。その女性は単に「仕事だったからね、するしかなかったでしょう。」と言ったのである。ビーザーは「自分だったらあそこまで寛大にはなれない」と振り返って言った。[187] 広島のことを指して「人間が人間に非人道的行為を行う時代の幕開けとなった場所である」と表現している。[188]

ビーザーはアメリカ人の平和運動家が広島に行って自国を批判したということに不満を感じていた。自分の同僚たちと同様に「あの人たちは戦後生まれで1945年に起こったことはわからないだろう。」と感じていた。敢えて「バターン死の行進、南京大虐殺、盧溝橋事件、マニラ大虐殺や、さらに下劣な日本人の行為」を引き合いに出し、自分たちの世代は「日本を完全に敗北させ、無条件降伏させることしか考えていなかった」と主張した。また、自分たちは人種主義者でもなかったし、日本をドイツと同じように見ていたと訴えた。ビーザーは日本人の方がかえってアメリカ人よりもその辺がわかっていて、被爆者でさえわかっていたと言う。日本人からは繰り返し、アメリカ人は「戦争に勝つためにすることをしたに過ぎない」と言われたし、その戦争は日本政府の軍国主義者たちだけが望んだ戦争だったとも言われた。それに比べ「アメリカの子どもたちが自分の国を恥ずかしいと思うだけで、どうしてそういったことが

起きたのか知らずにいることほど恥ずかしいことはない。子どもたちに間違ったことを教えていると思う。学ぶべきことは『戦争は起こしてはいけない』ということだ。平和的に意見の相違を解決していかないと確実に皆が滅んでしまう。」

ビーザーは知り合った日本人たちに、政府と国連に対し広島での核軍縮会議開催を要請し、この地で市民たちがどんな苦しみを味わったか世界中の人たちに見せるように促した。189) 広島と長崎の式典に出た後、ビーザーはいつも聞かれる質問に対する答えを要約した。「原爆のせいで苦しんだ人たちは気の毒だと思うし核兵器が二度と使われないようにとの願いもいいことだと思う。しかし私が繰り返し言ってきたように、広島長崎までの戦争の経過を考え合わせたら、罪の意識とか悔悟の念とかいうものはない。190)」

ビーザーは1985年インタビューに答えて、「今日の視点から判断はできない。自分たちにとってはそれが任務だったのだ。乗組員の誰一人として、たとえラバの一団をもって引きずり降ろそうと思っても降ろせなかっただろう。これが成功すれば戦争は早く終わらせられると最初から言われており、誰もがその任務につきたかったのだ。191)」

ビーザーは1988年に書き終えた回顧録『広島長崎を再び訪ねて』をこのような言葉で締めくくった。「繰り返すが、後悔するなんて考えられない。すべきことは、人間としての自分たちを振り返り、ここまで自己破壊の可能性への道を開いてきてしまったこと、人間同士がここまで残酷になれるということに目を向け、過去何千年間の間にどうしてこうなることを許してしまったのかを問うことだ。我々が取るべき道は起こってしまったことを後悔したり謝罪したりするのではなく、個人で、そして皆で、戦争の原因や戦争そのものをなくしていくよう努力していくことなのではないか。人間として共に理想の世の中を作ることではないか。」「抑止力という考え方は今までは通用したが、永久にというわけにはいかない。平和を願う世界の人々と心を一つにしていかなければいけない。」「これが原子の時代40周年の年に広島と長崎にきて実感したことだ。192)」

戦後自分たちが原爆を落とした地を訪れた乗組員は他にもいた。ボックス・

カー機の副操縦士ドン・アルベリーはイースタン航空のパイロットとなり戦後二回日本に来ている。1970年代に初めて行ったときはこれといって特別なことはなかった。「日本の人はよくしてくれた」と言った後、「もちろん我々が誰なのかは知らなかったがね。」と付け加えた。ビーザーは509混成部隊の退役軍人4人とともにBBCのドキュメンタリー番組の撮影でティニアン島と広島に行っていた。広島平和記念資料館を見終わった直後の感想として「被害や苦しみにばかりに」重点が置かれていて「グロテスクすぎた」と語った。被爆者のための病院を訪問したときは、さまざまな感情が呼び起こされたという。最初は自分たちのことを明かしていなかった。動物学で博士号を持っていたフレド・ボックによると、自分たちが誰なのか伝えたとき、被爆者たちは「泣き崩れた。皆にとってさまざまな思いがこみ上げる瞬間だった」という。ビーザーとスウィーニーはその後長崎に行って原爆資料館に行き、爆心地の碑の前で写真を撮った。自分たちが誰であるということは言わないでおいた。[193]

原爆を落とした者たちの広島長崎訪問は、全てがスムーズに行ったわけではない。2005年には原爆投下時広島に随行した観測機「グレート・アーティスト」機に乗り込んだ科学者の一人ハロルド・アグニューを、東京のテレビ局が広島に呼んだ。生涯核兵器開発の仕事に携わり、ロスアラモス国立研究所長まで上りつめたアグニューは、自らが関わった原爆投下にこれっぽちの疑念を抱くこともなかった。1985年に彼は告白した。「8月6日が来るごとに仲間たちと電話し合うんだ、そしてお互いに『当然の報いだった』と言い合う。」[194] 20年後広島で被爆者と面会し謝罪を要求されたときには、立ちあがって「真珠湾を忘れないように！」と叫んで出ていったという。その後言うには「謝ることなど何もない。中国人がまだ日本人に怒っているのも同じ理由だ。多くの日本人は自分たちが戦争を始めたということに対し責任を取ることを拒んでいる。責めることは簡単だが、考えてもみろ、日本人は本当にひどいことをしたんだ。あの爆弾では日本人の命も助かったのだ。本土侵攻になっていたらもっと悲惨になっていただろう。」[195]

ビーザーはある人に抗議を受け、「死んだ若い人たちに何の気持ちも湧かな

かったのですか」と詰め寄られた。ビーザーの答えは「我々はあのとき何歳だったと思いますか。自分らだって子どもだったんですよ。」というものだった。[196] ドレスデンの空爆を扱ったカート・ボネガットの秀作『スローターハウス5』ではあの戦争自体を「子どもたちの戦争」と呼んでいる。この小説の力強い前書きでボネガットは、戦友のバーナード・V・オヘアを訪問したときに、彼の妻に冷たくされたことを記している。その妻は最後になってボネガットに向かって「あんたたちはただの赤ん坊だったでしょう！」と怒った調子で言い、ボネガットは「は？」と答えた。「二階で今寝てる子たちと同じだったということよ！」と言われ、「確かにその通りだとうなずいた。少年期の終わりで、戦争のことなんか知らない愚かなウブだった。」妻は続けた。「でもそんな風には書かないわよね。」ボネガットはそこで気付いた。「それは質問ではなく、詰問だった。」と振り返っている。「はあ……よくわかりませんが。」と答えたボネガットに対しその妻は言った。「どうせ小説に書くときは子どもじゃなくて立派な男だったみたいに書くんでしょ。それで映画化されたときにあんたたちの役はフランク・シナトラとか、ジョン・ウェインとか、華美で戦争好きのいやらしい男たちが演じるんでしょう。それで戦争がすばらしいものみたいに描かれて、これからもっともっと戦争が起こるのよ。それで実際に戦争が起こったときは今上で寝てる子たちみたいな赤ん坊が駆り出されるのよ。」ボネガットはようやく意味がわかった。「友だちの妻は戦争そのものに怒っていたのだ。自分の子でも誰の子であっても戦争で死んで欲しくはなかったんだ。彼女は本や映画が戦争を賛美し助長していると考えていた。」ボネガットは友人の妻に、これから書く本にはフランク・シナトラやジョン・ウェインが演じるような登場人物は出さないことと、本のことを『子どもたちの戦争』と呼ぶことを約束した。そしてさらにこの本をこの女性に捧げることとした。[197]

1945年8月時点でたったの23歳だったディック・ジェプソンの妻、モリー・ジェプソンはこう打ち明けた。「皆さんは夫やその仲間たちがこの飛行機に乗ってここまで飛んで行ってたくさんの人を殺したとか言いますけど、みんなわかっていないんですよ。いや、わかりたくないのかもしれません。」「乗ってい

た人たちはみんな若くて、ただ言われた仕事をしていただけなんです。夫はもちろんその後自分たちが何をしたのかということがわかって恐ろしくなって、だからあまり出てこなくなったんです。もともとシャイな人ですし。ああいうことをしなければいけなかったということに自分自身傷ついているんです。」夫と同じようにモリーも「原爆はたくさんの命を救った」と信じ救いを見出していた。[198]

当時29歳で自分の部下たちの大半が年下だったティベッツも、乗組員たちの若さを指摘している。「フィヤビーやバン・カークなしではとても成し得なかった作戦だった。二人は落ち着いて仕事を正確にこなしていった。自分たちはみんなガキだった……でもこの二人のプロ意識といったら並大抵のものではなかった。」[199]

1966年、ティベッツは准将として退役しビジネスに転身し、コロンバス拠点のエアタクシーの会社エグゼクティブ・ジェット・アビエーション社の社長となる。しかし自身にまとわりつく論争から逃れることはできなかった。

自らの行為がもたらした苦しみに対するティベッツの無神経さがもっとも顕著に現れたのが、1976年にテキサス州ハーリントンで南部連合航空隊（CAF──第二次大戦時の爆撃機を復元する「愛国的な」団体）により開催された航空ショーで、参加費5ドルを払って入場した4万人の観衆の前でB29を操縦し、原爆投下の再現を演出したときだった。ティベッツの飛行で近づいてきた瞬間、米国陸軍の解体作業専門家が発煙弾に点火し、キノコ雲のような煙を出して原爆のキノコ雲の再現シーンのように演出したのだ。荒木武広島市長はこの報告をうけて「グロテスク」なイベントであると非難した。市長は在日アメリカ大使館に抗議の手紙を書き、このショーは「広島の精神を踏みにじるもので、原爆の後遺症でいまだに苦しみ続けるたくさんの人たちへの冒とく行為である」と訴えた。市長はティベッツにも手紙を書いた。荒木市長は声明を発表し、この催しの主催者に対して「あなた方がしたことは原爆の被害を受けた日本の人たちへの侮辱的行為です。非常な怒りを感じ、アメリカ政府と関係者全てに強く抗議します」と表明した。日本の外務大臣小坂善太郎も抗議を表明し、「日本人

第Ⅱ部　米国側の原爆投下認識

にとって原爆とキノコ雲は忌まわしい記憶です。民間の航空ショーだったとはいえ遺憾を禁じえない。人の気持ちを配慮したものとは思えない」と語った。『ワシントン・ポスト』紙は、これは日本人に共通した感情であると報じた。朝日新聞はこの出来事を「無神経で非情なもの」と呼び、ティベッツに対し「どうしてここまで愚かなことができたのか」と疑問を呈している。大使館の関係者はこの出来事に、特に陸軍の関与を聞いて「呆れ果てた」と、ワシントン・ポストは報じた。匿名の政府関係者は「信じられない」と言った。アメリカの外交関係者はこれを、日本の退役軍人がバターン死の行進を再現することにたとえた。ティベッツは今回のショーは「侮辱するつもりで行ったのではない」と主張した。アメリカ政府は正式にこの趣味の悪い催しについて謝罪した。CAFのディレクターである空軍少将トラビス・マクニールは、正しく「歴史を伝える」という観点から自分たちのしたことを弁護し、「広島の原爆投下は悲惨なことであったが、結果的には第二次大戦を早期終結させたくさんの人命を救った」と述べた。この出来事から一年近く経ち、CAFは議会とカーター政権からの重圧に屈し、再現ショーの続編を行うのは中止したと発表した。ティベッツはもうその「栄光の瞬間」を再現させる機会は失ったが、それでも次回の航空ショーで再びB29を操縦することとなった。政府関係者とは逆に、ティベッツは一切謝罪しなかった。「最初の原爆投下について自分は感情的な関わりというものは持たなかった。自分にとっては軍の作戦であり、無事に終わったときにはほっとした。」[200]

ティベッツはほとんどの場面ではこういった冷淡な態度を崩すことはなかったが、原爆の被害者に対する同情を時折口にしてしまうときがあった。14歳で被爆しひどい怪我を負った高橋昭博は、1980年にワシントンDCでティベッツと面会したときのことを話してくれた。広島平和記念資料館館長も務めた長年の反核運動家である高橋の外見は、原爆によってひどく損なわれ、全身にたくさんの火傷を負い、ガラスの破片が体内に埋め込まれたままになっていた。紹介を受けたとき、ティベッツは高橋に、変形している右手は原爆によるものかと尋ね、高橋はそうだと答えた。話し合いの中で高橋は、当初は原爆投下責任

第 2 章　自己弁護の余生

者であったトルーマン大統領や他の米国戦争指導者たちを憎んだが、そういった感情を乗り越えて核廃絶運動の道を進むようになったと伝えた。そして会話を続ける中で、高橋は、ティベッツがもし再び同じ状況に置かれたらどうしていたかと聞いた。ティベッツは軍人としては同じようにするしか選択肢はないであろうと答えた上で、だからこそこれ以上戦争を起こさないようにしなければいけないと言った。高橋はこのような言葉に元気づけられ、何よりも、この30分間の会話の最中ずっとティベッツが高橋の変形した手を握りしめていたことに感銘を受けた。高橋は後から振り返って、「謝罪はなかったが、心に痛みを感じているようだった」と言った[201]。そのとき高橋にはティベッツの目に涙さえ浮かんでいるように見えた[202]。その5年後に、グレッグ・ミッチェルがティベッツにそのときのことを尋ねたら、涙については「ばかばかしい」と一蹴した[203]。

　不運に終わった1995年のスミソニアン国立航空宇宙博物館でのエノラ・ゲイ展示への批判の声の中でも、ティベッツによる批判は中心的存在であった。50周年にあたり、原爆投下についてのよりバランスの取れた展示をしようと博物館の歴史家や学芸員は尽力していたが、米国在郷軍人会と空軍協会は博物館に圧力をかけて広島と長崎の人的被害の展示を取りやめ、主流である原爆を正当化し賛美するような展示をするような運動を展開した。議会の共和党もこれに賛同した。ミシシッピ州共和党上院議員サッド・コクランは「これは国立の博物館であって、修正主義の歴史家たちが第二次大戦の史実を変える場所ではない」と勧告した。81人の連邦議会議員が、博物館長のマーティン・ハーウィットの辞任を要求した。非難の先頭に立っていたのはマサチューセッツの共和党下院議員、ピーター・ブルートで、学芸員たちを「正論を振りかざし核時代を罵倒する」展示を企画したとして、非難した[204]。ティベッツは批判の嵐に拍車をかけた。1994年には展示原稿を「侮辱に満ちたもので、邪悪な雰囲気を生み出しその中にエノラ・ゲイが投げ込まれている」といって相手にしなかった。また歴史家たちにはトルーマンとその補佐役たちのことを後付けで批判しないように求めた。そして「アメリカの公衆に自分たちの政治的意見を押し付け、軍

事の歴史を中傷するために原爆投下作戦を戦争犯罪呼ばわりする人間たち」を非難した。[205]

博物館側としてはティベッツの友人のフィヤビーやバン・カークについては説得が成功したと信じていたということもあり、ハーウィットは諦めずにティベッツの理解と協力を求めていく努力をした。ティベッツが展示原稿を読んでいないと確信していたので、戦史家や退役軍人などに「日本人に同情的過ぎてアメリカに厳しすぎる」と批判された後に修正した原稿を送りたいと申し出た。ハーウィットは６月に手紙を書いて、７月にも再度返事を求めるためにこのような手紙を出した。「原爆投下については一般の人たちはさまざまな疑問を抱いていることを博物館側としては十分承知しています。原爆についての議論は無視したり、なかったことにしたりするわけにはいきません。そのような態度は我々の国が歴史を正視していないと言われるような結果を招くだけです。国立博物館として、論争を呼ぶような事柄もオープンに話せ何でも忌憚なく質問をしていいのだということを示すいい機会でもあり、またそのようにする義務があるとも言えます。そのためには時折議論されてきたような問題も含め全ての問題を扱わなければいけないのであり、論争を呼ばないと合意できているものだけ選んでいてはだめなのです。」[206] 結局ティベッツからの返事はなかった。ティベッツは後日、原稿を読んだときには「気分が悪くなった」と言った。「歴史が侮辱を受けたと感じた。エノラ・ゲイは不当な役割を担わされ、勇敢なアメリカ人のグループが正しい歴史を大衆に示す機会を奪われた。」[207] ティベッツはスミソニアン協会事務局長のマイケル・ヘイマンに、ハーウィットと学芸員二人を解雇するように促した。その後企画はティベッツらの要求に応じ変更されたにもかかわらず、ティベッツは「あんな展示には100％反対票を投じる」と言い切っていた。[208]

フィヤビーは、ティベッツの「関係者たち」と話し、米国在郷軍人会がいかに「怒っているか」を知った後に、スミソニアンで計画されている展示を公然と非難し始めた。８月に学芸員のジョアン・ガーンスタインは、フィヤビーと話したとき、彼が次のような見解を持っていると伝えた。「１）原爆投下はす

るべきではなかった、2）アメリカ人は復讐心に燃え、残酷であり、人種主義者であった。」フィヤビーは10月には取材にこたえさらに「あの展示計画は原爆投下に対する謝罪をしようとしているようだった。」とし、米軍戦闘員たちが「偏向していて人種主義であり、我々が残酷で復讐のためにやったかのように」描かれていると言って展示計画に反対の意を唱えた。「我々のしたことは戦争を終わらせ人命を救ったのだ。」バン・カークも否定的態度を取るようになり、展示原稿を「ごみくずのようなもの」と呼んだ。彼は気まずくなるような論点を避ける形で必要最低限の展示をするよう提案した。「私が思うにはエノラ・ゲイ機をただ展示して何をしたかということを書いた解説だけをつければいい。」バン・カークは数カ月後に取材に答え「ハーウィットが核戦争の悲惨さを訴える展示をしたいということなら支持してもいいだろう」と言った。「ただし人は来ないと思うけれどね」と付け加えた。チャールズ・スウィーニーも加勢し、展示の企画者たちを「教育を受けすぎた机上の空論を唱える愛国者」と呼んだ。展示内容を「不愉快で反米的なもの」と見た。

　最終的には必要最小限の自己弁護的な展示となり、『ニューヨーク・タイムズ』記者のデイビッド・サンガーに言わせると「スミソニアン博物館の歴史上最も深みを欠いた展示」であった。「戦争史の中でも最も軍事的に決定的な意味を持ち、悲惨な結果をもたらした作戦であったにもかかわらず、どのような過程を経て原爆投下の決定が下されたのか、原爆投下の影響はどうだったのかなどが来館者にまったくわからない驚くほど不十分な展示である。」実際の展示では、原爆投下の決定やその人的被害については、エノラ・ゲイの機体の横に設置された一枚のパネルに書いてあるだけだった。それには「ティベッツは1945年8月6日原爆投下作戦を担当した爆撃機を操縦した。広島原爆と三日後に投下した長崎原爆は両方の都市を破壊し尽くし何万もの犠牲者を出した。しかし原爆使用は日本を直ちに降伏に追い込み、計画されていた日本の本土への侵攻は不必要となった。もし侵攻が実行されていたら、特に、計画されていた九州と本州への侵攻が両方なされていたら、米軍をはじめ連合軍、日本の民間人と軍人の犠牲は多大なものとなっていたであろう。当時日本は既に軍事的に

は劣勢に追い込まれていたとはいえ、本土侵攻なしで無条件降伏する可能性は低いと見られていた。」とあった。[215]

　展示は1995年6月28日公開予定であったが、その前週にティベッツは特別に招待された。サンガーの見方とは異なり、ティベッツは適正な展示であると判断した。後日ヘイマンに手紙を書き、「この展示を見て喜ばしく、また誇りに思います。内容については基本的な史実が展示されていると確信しました。見る人に何かを説得するような内容ではありませんでしたし、それを有難く思います。」と伝えた。「(展示場で上映されていた)ビデオを通して私たちも意見を伝えることができました。これで私たちも安心して墓場に行けます。」[216]

　1994年10月の時点で、ティベッツをはじめとする退役軍人たちが展示を自分たちの歴史解釈に合うように変更するように要求していることを知って、高橋はティベッツに手紙を書き、歴史を覆い隠す試みに反対の意を示した。高橋はティベッツに対し、日本が戦時中のアジアでの残虐行為に対し責任を取らなければいけないのと同じように、アメリカも原爆投下に対しての責任をこれ以上逃れることはできないと訴えた。また、原爆がアメリカ人と日本人の命を救ったという説を否定し、「この展示は戦争の現実というものを率直に描写することによって、核兵器そのものが絶対悪なのであるということを来館者に教えなければいけない」と伝えた。[217] 高橋は日本の加害行為の展示は歓迎したが、反対派が日本人の被害を示す展示物を取り除こうとしていたことについては特に憤慨していた。「私は(日本の加害行為の)展示を加えることには100％賛成します。しかしどうして原爆の悲惨な現実を伝える展示物をアメリカ人の目から隠すのでしょうか。」[218]

　その後スミソニアン博物館は再び論争を起こした。この20世紀アメリカ史で最も重要な歴史の一幕を意味のある形で展示することを再び拒否したのである。2003年にエノラ・ゲイが完全に修復され航空宇宙博物館別館に展示されたときティベッツは見に行っている。そのとき「よじ登ってもう一度操縦したくなった」と語った。[219]

　ティベッツは2001年『パーム・ビーチ・ポスト』紙に、広島論争は「頭に来

第2章　自己弁護の余生

た」と語った。自分の歴史観に頑なにこだわり、原爆は終戦に必要ではなかったとの証拠に目を向けることを拒み、何十万もの人が死んだということや核の時代の到来を招いてしまったことに対する道義的問題を考慮することも拒否しておいて、「今のアメリカの若者たちは歴史をしっかり教わっておらず何も知らない。それどころか今になって本当でもないことを教え込まれている。」と批判した。[220]

　ティベッツはある意味で正しかった。歴史への批判的な見方を阻む試みは功を奏し無知は蔓延した。『ソルジャー・オブ・フォーチュン』誌は1998年に、その「ヒューマニタリアン（人道的な業績に対する）賞」の初受賞者としてティベッツを選んだのである。賞を授与した発行人のロバート・ブラウンの発言は、どこまで歴史の歪曲が進んでいたかを示すいい例である。ブラウンは『ラスベガス・サン』紙に対し、「ティベッツ大佐は少なくとも100万人のアメリカ人と何百万人もの日本人を救い、日本の完全な破滅を防いだ」と語っている。[221]

　ティベッツはまた、核兵器は二度と使われてはいけないという発言も時折している。アメリカ退役軍人の日の授賞式晩さん会の聴衆に対し、「こういった兵器が戦争に使われることを未然に防ぐためにできることは全てしなければいけない」と言っている。[222] 1985年にはチャーリー・ローズの番組に出て、「誤解しないでください。核戦争に賛成というわけではないんです。正直言って戦争だって好ましいと思っているわけではありません」と語っている。[223] しかし原爆に反対する者たちを好んでいるわけでもなかった。1982年8月、原爆投下37周年に予定されていたデモ行進の前日に取材に答え、「ああいう人たちは自分たちが何をやっているかわかっていないんだ。デモのためにデモをやっているだけ。デモに加わること自体が面白いようなんだ。やっている人たちに聞いたことがあるが、何をやっているのか自分もわかっておらず、お金をもらってやっていると言っていた」と語った。ティベッツは平和や軍縮についてユートピア的な思想にしがみついている人たちに対し、いつも否定的であった。1982年には「戦争がなくなればいいと思う人もいるし自分もそうなればいいと思う。しかし現実的ではないし実際に戦争がなくなるなんてことはない。」と言ってい

ティベッツは1985年には「ベトナム戦争時にハノイに核兵器を落とせと言われたらどうするか」と聞かれ、「何の疑問もなしに落とすだろう」と答えた。イスラム過激派にも同じようにするだろうと言った。2002年にはスタッズ・ターケルに、現在の米国の敵に対して核兵器を使うことを支持すると語っている。「もし自分が決めていいのなら何の躊躇もなく使うだろう。この世から奴らを消し去ってやる。罪のない人々が死ぬことになるが、世界中の今までの戦争で罪のない人が死ななかったことなどあったか。マスコミがああいうたわごとを言うのさえやめればな。『民間人がこんなに死んだんですよ』とか。たまたまそこにいた人が不運だったと言うしかない。」

　罪のない市民の死や苦しみに対しての無神経さは、戦後を通してティベッツの発言の中にちりばめられていた。オリバー・カムはティベッツには人間味があると言った。しかし広島長崎の原爆に関わった他の乗組員たちとは対照的に、ティベッツは原爆投下や原爆によって失われた命、またもっと深い意味で後世に残した核の時代という遺産について、しっかり振り返り、考えを公にするということはなかった。自分の人間性を示す機会はたくさんあったにもかかわらず拒んできた背景には強い罪の意識があったのかもしれないし、あるいは自分でもずっと主張していたように何の感情も持たなかったのかもしれない。ティベッツは他の乗組員たちと同じように、断片的で部分的、そして徐々に信ぴょう性を失うようになった歴史観に頑ななまでにしがみついた。原爆が戦争を終わらせたのではないし、本土侵攻を防ぐために必要だったというのも間違いだという証拠が次々と出てきても、目を向けようともしなかった。イーザリーを除く全員が「遺憾であった」という気持ちから「悔悟」の気持ちへ変えていくことができなかったのは、この辺に起因するのではないだろうか。

　ティベッツはその人生の晩年も原爆を擁護し続けた。2005年には原爆論争について「もういい加減古いだろう。自分も年を取ってきた。自分を命の恩人と思ってくれていた者たちももうほとんどは死んでいる。」自分にも死期が近づいてきていることはわかっていたがそれを恐れる風は全くなかった。ティベッ

ツは「死が怖いなんて全然思わない」と強調した。「死ぬことは恐れていない。死亡証明書を書いてもらったらさっさと火葬してもらいたい。葬式なんて要らない。弔辞もいらない。記念碑も記念額も要らない。」「火葬した後の灰は、飛ぶのが大好きだった空に撒いてほしい。」[227]

ティベッツは戦争中よくその上空を飛んでいたイギリス海峡に灰を撒いてくれるよう希望していた。孫娘のキア・ティベッツは「祖父は自分をよく思わない人が墓石に中傷を書いたりするのが嫌だったから葬式を望まなかったのです。」[228] と説明した。『コロンバス・ディスパッチ』紙の報道によると、ティベッツの孫息子であるポール・ティベッツ（四世）中佐は空軍のＢ２型重爆撃機の操縦指揮官であり、そのあだ名は「ニューク（核）」であったが、このティベッツが祖父の灰を空から撒く役割を担うということだった。[229] ティベッツの死後残されたのは、1956年に再婚したフランス人アンドレア・カタローム・ティベッツと、最初の結婚のときの二人の息子、再婚でのもう一人の息子と、6人の孫であった。ティベッツは最期までその頑固でぶっきらぼうで悪びれない雰囲気のままであった。しかしティベッツの家で育った孫娘のキア・ティベッツにとっての祖父は違った。「いつも、愛していると言ってくれました。他の人は知らない祖父の顔だったと思います。」とキアは語った。[230]

この論文に助言をいただいたガー・アルペロビッツ、バートン・バーンスタイン、ダニエル・エルズバーグ、ウデイ・モーハン、マーク・セルダン諸氏に感謝したい。

【注】

1) Oliver Kamm, "Paul Tibbets and Enola Gay... About those Obits," History News Network.(http://hnn.us/roundup/entries/44318.html)
2) 2007年7月、the International People's Tribunal on the Dropping of the Atomic Bombs on Hiroshima and Nagasaki (http://www.k3.dion.ne.jp/~a-bomb/indexen.htm)（「原爆投下を裁く国際民衆法廷・広島」http://www.k3.dion.ne.jp/~a-bomb/index.htm）において、ティベッツは戦争犯罪および人道に対する罪で有罪とされた。他14名のアメリカ人が原爆投下の責任者として有罪となった。
3) Michael Killian, "Two Pilots Log Their Memoirs," Chicago Tribune, 5 November

第Ⅱ部　米国側の原爆投下認識

1978, G11.
4) Mike Hardin, "Just 'Doing His Job' at Hiroshima, Globe and Mail（Canada, online）, 6 August 1985.
5) Mike Harden, "Still No Regrets for Frail Enola Gay Pilot," Columbus Dispatch, 6 August 2005, 1.
6) Greg Mitchell, "On the Death of 'Hiroshima Bomb' Pilot Paul Tibbets," Editor and Publisher, 1 November 2007.（on line）
7) ティベッツによると、これは1943年初頭の出来事であった。空襲計画の会議でティベッツは、ノースタッドの命令通り6千フィート（約1800メートル）の高度で爆撃機を飛ばしたら自殺行為になると反対意見を述べた。ノースタッドはティベッツに、あまりたくさんの空爆作戦に参加したからおじけづいているんだろうと言った。ティベッツの記憶によると、「皆の前で自分はノースタッドを睨みつけて言ってやった―あなたが副操縦士として同行するのなら喜んでこの作戦を実行しますと。その後すぐティベッツは部隊から外された。"Tibbets, Top B-17 Pilot, Chosen to Get B-29s Started," Chicago Tribune, 13 March 1968, 2.
8) Wayne Thomis, "Tibbets Keeps Busy with B-29s—But Biggest Surprise is Ahead," Chicago Tribune, 14 March 1968, 10. コロラド・スプリングズでの会合は9月であったという証言もある。
9) Wayne Thomis, "U.S. Dropped A-Bomb Delivery on Target in My Lap: Tibbets," Chicago Tribune, 15 March 1968, B1.
10) Studs Terkel, Hope Dies Last: Keeping the Faith in Difficult Times（New York: The New Press, 2003）, 49.
11) Eric Malnic, "Paul Tibbets, Pilot Who Bombed Hiroshima, Dies at 92," Los Angeles Times, 2 November 2007, 1.
12) Malnic, 1.
13) Kay Bartlett, "The Man Who Dropped the Bomb: Thirty Years Later," Dallas Morning Star, 3 August 1975, 1.
14) Bartlett,1
15) Andrea Stone, "For Air Crews, A-Bombings a Matter of Duty, USA Today, 17 April 1995, 6.
16) Jacob Beser, Hiroshima and Nagasaki Revisited,（Memphis: Global Press, 1988）, 32.
17) Stone, 6.
18) "The Outlook Interview: Jacob Beser Talks to Bruce Goldfarb," Washington Post, 19 May 1985, D3.
19) Daniel Yee, "Navigator Says 'Easy Mission' of Enola Gay Led to End of WWII," Associated Press（online）, 6 August 2005.
20) Beser, 38.
21) Glen Martin, "Dropping the Bomb," San Francisco Chronicle（online）, 6 August

1995. 10年後、バン・カークは Atlanta Journal-Constitution 誌にこう語っている。「少しでも脳みそがあれば原爆だっていうことはわかったはずだ。自分たちはそこまで馬鹿じゃなかった。」Bill Torpy, "'Our Objective Was to Shorten the War' : 60 Years Later, No Regrets over Hiroshima," Atlanta Journal-Constitution, 6 August 2005, E1.

22) フィヤビーも原爆のことを知っていたという証言もある。その一例は "B-29 Reunion : Fliers Proud of Job but Regret Need," Los Angeles Times, 7 August 1965, 1. にある。フィヤビーは、落とそうとしているのは原爆であるとティベッツに伝えられたときには自分は寝ていたと語っている。そしておかしなことに、投下後にテニアン島に戻って准将に「大統領が、君たちが落としたのは人類最初の原始爆弾であると発表した」と伝えられるまで「原子爆弾」という言葉は聞かなかったと回想している。Brad Manning, "Enola Gay Bombardier Was Quite Cool ; Man Slept on Way to Drop A-Bomb," Charlotte Observer, 5 August 1990, 1 ; Sharon Churcher and Bill Lowther, "'I never lost a moment's sleep after dropping the atom bomb on Hiroshima... I saved millions of lives with a single press of a button on the Enola Gay' ; On the 50th Anniversary of the Nuclear Attack on Japan, the Airmen Who Released the Bomb Break their Silence," Mail (London), 16 July 1995, 49. 1995年にフィヤビーは、「ティベッツは自分には何マイルにも及ぶ地域を破壊する爆弾の弾道計算をするように命令するのみで、他のことを話すのは禁じられていた。実際何がその爆発を起こすのかは全く知らなかった。」と述べている (Churcher and Lowther, 48)。ロスアラモスにいたジェプソンも知っていたかもしれない。以下の資料を参照。Ferguson, "Enola Gay Crew Member Jeppson Remembers Famed Flight," Las Vegas Sun (online edition), 25 May 2000.

23) Thomas Turner, "Only Texas Crew Member Recalls Hiroshima Bombing," Dallas Morning News, 6 August, 1956, 7.

24) Merle Miller and Abe Spitzer, We Dropped the A-Bomb (New York : Thomas Y. Crowell, Company, 1946, v.

25) ティベッツは取材に答えて語っている。「日本をやっつけるためにできることは何でもしようと思っていた。あの悪い奴らを殺してやりたかった。」民間人の犠牲については前言っていることと矛盾しているが、その心の変化がどこから来ているものなのかはっきりしていない。多くのアメリカ人に知られていた日本の戦時の残虐行為の数々によって増長した思いだったのか。それとも戦時中によくあるように人命を軽視するようになったのか。ティベッツは「級友が日本兵の刀の練習に使われ首を切られた」と主張している。"Richard Goldstein, "Paul W. Tibbets Jr., Pilot of Enola Gay, Dies at 92," New York Times, 2 November 2007, C11 ; Kay Bartlett, "Pilot of 1st A-Bomb Plane : Quiet Man with No Regrets," Chicago Tribune, 3 August 1975, 14.

26) 副操縦士ロバート・ルイスはティベッツの母親の名前を機体に見つけて激怒した。すでにティベッツが自分の爆撃機を自分の乗組員とともに操縦するということに不満だったルイスは、ティベッツが選んだ名前を機体に見つけ「俺の飛行機に書いてあるあれは

一体何なんだ！」と叫んだと言われている。ティベッツの母親は少なくとも当初はこのことを聞いて喜んだという。母親は何と言ったかと聞かれ、ティベッツは答えた。「父が言ったことなら話せる。母はあまり喜怒哀楽を顔に出さない方だけれど面白がったときだけお腹がブルブルする感じがあるんだ。マイアミの自宅の電話が鳴ったとき、母は静かだった。でもラジオで発表されたとき、父には『母さんのおなかがブルブル震えるのを見せたかった』と言われた。」Terkel, 54-55.

27) Miller and Spitzer, 11, 15.
28) Miller and Spitzer, 26. Other accounts attribute that information to Parsons.
29) Beser, 102.
30) Richard Rhodes, The Making of the Atomic Bomb (New York : Simon and Schuster, 1986), 701. 爆撃手のトム・フィヤビーはより懐疑的であった。「戦争を終わらせる作戦とか言っているが今まで自分が飛んだ作戦について全てそう言われていた。」Churcher and Lowther, 48.
31) Gustav Niebuhr, "Enola Gay's Crew Recalls the Flight into a New Era," New York Times, 6 August 1995, 10.
32) Turner, 7.
33) Beser, 96.
34) Infield, 1.
35) Ferguson, "Enola Gay Crew Member Jeppson Remembers Famed Flight," Las Vegas Sun (online edition), 25 May 2000.
36) David Remnick, "Hiroshima, With No Regrets," Washington Post, 31 July 1985, D1 ; Gordon Thomas, "The Man Who Gazed into Hell... ; Review," Sunday Express, 31 July 1005, 55. ティベッツとルイスの間はこのときすでに緊張が高まっていた。ルイスにとって、ティベッツが自分の担当のB29の機長になって自分の乗組員を使っているだけでなく、ティベッツの母親の名前までつけられたことが不満だった。
37) Wayne Thomis, "Fateful Moment Arrives ; Atom Bomb Dropped," Chicago Tribune, 20 March 1968, 2 ; Douglas Martin, "Thomas Ferebee Dies at 81 ; Dropped First Atomic Bomb," New York Times, 18 March 2000, 11 ; "B-29 Reunion : Fliers Proud of Job but Regret Need," 1 ; Richard Goldstein, "G.W. Marquardt, War Pilot, Dies at 84," New York Times, 25 August 2003, B6 ; Mullener, "Pearl Attack Led to Mushroom Cloud for Paul Tibbets," Times-Picayune (New Orleans, online edition), 6 December 2000 ; Manning, 1. リトル・ボーイは「リーン・ボーイ（痩せた少年）」、「シン・マン（痩せた男）」と呼ばれるときもあった。原爆の威力が15キロトンだとする見方がある中、広島の放射線影響研究所の専門家はまもなく正式推測を16キロトンに上方修正すると言っている。また爆弾の重量については9700ポンド（約4400キログラム）であるという見方もある。これらの例は米国エネルギー省のマンハッタン計画の歴史のウェブサイト http://www.cfo.doe.gov/me70/manhattan/hiroshima.htm に見られる。
38) Mullener, "Pearl Attack Led to Mushroom Cloud for Paul Tibbets," Times-Picayune

(New Orleans, online edition), 6 December 2000.
39) Stephen Walker, Shockwave : Countdown to Hiroshima (New York : HarperCollins, 2005), 260 ; バン・カークは後にこの衝撃波が大したものではなかったと語っている。「それほどじゃなかった……6 G（重力加速度の単位）ぐらいだったかな。でもどんな戦争の武勇談にもあるように、年が経るにつれてだんだん話は膨らむんだよ。」San Francisco Chronicle (online), 6 August 1995.
40) Sam Heys, "A Fateful Dozen 40 Years Later," Atlanta Journal and the Atlanta Constitution, 5 August 1985, B1.
41) Torpy, E1.
42) W. H. Lawrence, "5 Plants Vanished," New York Times, 8 August 1945, 1.
43) Richard Goldstein, "Paul W. Tibbets Jr., Pilot of Enola Gay, Dies at 92," New York Times, 2 November 2007, C11 ; Malnic, 1.
44) Adam Bernstein, "Paul Tibbets Jr. ; Piloted Plane that Dropped First Atom Bomb," Washington Post, 2 November 2007, B7.
45) ティベッツは2005年にある取材を断ったが、理由として「もう何も付け加えることはない。できる話は一つしかないんだ」と言った。Christina Almeida, "Navigator Says 'Easy Mission' of Enola Gay Led to End of WWII," Associated Press (online), 6 August 2005.
46) Malnic, 1.
47) Rodney Chester, "Result Excellent : Mission Over," Courier Mail (Queensland, Australia), 6 August 2005, 27 ; Jacquin Sanders, "The Day the Bomb Dropped on Hiroshima," St. Petersburg Times, 6 August 1995, 1 ; Beser, 111.
48) John Platero, "Retired Colonel Looks Back at Dropping of A-Bomb on Hiroshima," Los Angeles Times, 1 August 1982, 2.
49) Manning, 1.
50) Churcher and Lowther, 48.
51) Burt A. Folkart, "Co-Pilot on First Atomic Bomb Run Dies," Los Angeles Times, 21 June 1983, E17.
52) Niebuhr, 10.
53) Walker, 262.
54) Goldstein, "G.W. Marquardt, War Pilot, Dies at 84," B6.
55) Miller and Spitzer, 42-45.
56) Nigel Fountain, "Obituary : Richard Nelson : The Man Who Told the President about Hiroshima," Guardian, 7 February 2003, 24.
57) Paula Kerr, "08 : 15, Aug 6, 1945 : Hiroshima 60 Years On : I Dropped the Bomb ; We Vaporised 50,000 People in 43 Seconds Enola Gay Navigator's Ist," Sunday Mirror, 31 July 2005, 41.
58) For the higher estimate, see Walker, 272 ; Van Kirk wrote "Cloud Gone" in his

navigator's log when they were more than 250 miles away. Jesse Hamlin, "Frozen in Time : Enola Gay's Navigator Takes Atomic Artifacts to Auction Block," San Francisco Chronicle (online), 27 May 2002.
59) Turner, 7.
60) Miller and Spitzer, 47.
61) Miller and Spitzer, 48.
62) Kerr, 41 ; Sanders, 1.
63) Hamlin, "Frozen in Time : Enola Gay's Navigator Takes Atomic Artifacts to Auction Block," San Francisco Chronicle (online), 27 May 2002.
64) Miller and Spitzer, 50.
65) Henry Allen, "Reunion of the Enola Gay," Washington Post, 11 August 1980, B2 ; Michael Olesker, "Jacob Beser Remembered Lives Lost—and Saved," Baltimore Sun (online edition), 28 June 1992.
66) Miller and Spitzer, 50.
67) Thomis, "Fateful Moment Arrives ; Atom Bomb Dropped," 2.
68) Miller and Spitzer, 57-59.
69) この点についての一番の資料は長谷川毅によるこの本である。Tsuyoshi Hasegawa, Racing the Enemy : Stalin, Truman, and the Surrender of Japan (Cambridge, MA : Belknap Harvard, 2005).
70) Robert H. Ferrell, ed. Off the Record : The Private Papers of Harry S. Truman (New York : Harper and Row, Publishers, 1980), 53.
71) Gar Alperovitz, The Decision to Use the Atomic Bomb : And the Architecture of an American Myth (New York : Alfred A. Knopf, 1995), 124.
72) Beser, 98, note 7.
73) "Copilot : God Forgive Us," Dallas Morning News, 10 August 1975, 2.
74) Cindy Horswell, "Regrets? Yes—But No Guilt," Houston Chronicle, 10 August 1985, 1.
75) Frederick Olivi, "Pilot on Plane Which Bombed Nagasaki Recalls Necessity for Using A-Weapon," Dallas Morning News, 8 August 1960, 10.
76) John Powers, "A Rain of Ruin," (Part 2), Boston Globe Magazine, 6 August 1995, 16 ; Peter Goldman, "Forty Years On," Newsweek, 29 July 1985, p. 40 ff.
77) Bartlett, 1.
78) Heys, B1.
79) Terkel, 53.
80) Mira Oberman, "Pilot of Hiroshima Bomber Dies," Agence France Press, 1 November 2007.
81) Chester, 27.
82) Kamm, "Paul Tibbets and Enola Gay... About those Obits," History News Network.

　　　　　　　　　　　　　　　　　　　　　　　　　　　第 2 章　自己弁護の余生

83)　Bartlett, "Pilot of 1st A-Bomb Plane : Quiet Man with No Regrets," 14.
84)　Niebuhr, 10.
85)　Bernstein, B7.
86)　Infield, 1.
87)　Eugene L. Meyer, "Target : Smithsonian ; The Man Who Dropped the Bomb on Hiroshima Wants Exhibit Scuttled," Washington Post, 30 January 1995, D1.
88)　Nazis, Japan both A-Bomb Targets : Pilot," Japan Times (on line), 8 August 2002.
89)　Chester, 27.
90)　Bartlett, "Pilot of 1st A-Bomb Plane : Quiet Man with No Regrets," 14.
91)　Robert S. McNamara, "International Court Could Help Clarify the Rules for War," Milwaukee Journal Sentinel, 10 August 2003, 11.
92)　William Lowther, "It Was the Only Choice," Herald (Glasgow), 3 August 1995, 13.
93)　Mitchell, "On the Death of 'Hiroshima Bomb' Pilot Paul Tibbets," Editor and Publisher, 1 November 2007. (on line)
94)　Vernon Scott, "'Scott's World' A-Bomb Pilot : 'I'd Do It Again,'" United Press International, 24 November 1980.
95)　Scott Winokur, "Why Dutch Dropped the A-Bomb," San Francisco Chronicle (online), 4 April 1995.
96)　Robert Jay Lifton and Greg Mitchell, Hiroshima in America : Fifty Years of Denial (New York : G. P. Putnam's Sons, 1995), 230-231.
97)　Bartlett, "The Man Who Dropped the Bomb : Thirty Years Later," 1.
98)　Lee Leonard, "A-Bomb Pilot Recalls Hiroshima 40 Years Later," United Press International (on line), 3 August 1985.
99)　Bartlett, "Pilot of 1st A-Bomb Plane : Quiet Man with No Regrets," 14.
100)　Meyer, D1.
101)　Terkel, 53.
102)　Lifton and Mitchell, 176.
103)　Scott, "'Scott's World' A-Bomb Pilot : 'I'd Do It Again,'" United Press International, 24 November 1980.
104)　原爆投下の歴史的意義の議論については以下を参照。Peter J. Kuznick, The Decision to Risk the Future : Harry Truman, the Atomic Bomb and the Apocalyptic Narrative, Japan Focus, 23 July 2007. http://www.japanfocus.org/-Peter_J_Kuznick/2479
105)　"Children of Hiroshma," Irish Times, 30 July 2005, 3.
106)　Martin, "Dropping the Bomb," San Francisco Chronicle (online), 6 August 1995.
107)　Kerr, 40.
108)　Duncan Mansfield, "Enola Gay Navigator Confident in Bomb's Use," Asssociated Press, 9 June 2000 (online).
109)　Martin, "Dropping the Bomb," San Francisco Chronicle (online), 6 August 1995.

第Ⅱ部　米国側の原爆投下認識

110) Mansfield, "Enola Gay Navigator Confident in Bomb's Use," Asssociated Press, 9 June 2000 (online).

111) Martin, "Dropping the Bomb," San Francisco Chronicle (online), 6 August 1995. 2005年、NBCニュースのキャスターであるブライアン・ウィリアムズに「良心の呵責」はないかと聞かれ、バン・カークは堂々と答えた。「良心の呵責などない！そこにいた人たちには同情する。しかしブライアン、原爆を落とすことは戦争を終わらせるための戦争行為だったのだ。」John McCaslin, "Inside the Beltway," Washington Times, 30 March 2006, 10.. その20年前（1985年）にも、質問者に答え、戦後40年間そのことで眠れなかったことなど一晩もないと確信を持って伝えている。Goldman, "Forty Years On," Newsweek, 29 July 1985, 40.

112) Eugene L. Meyer, "Comrades in Controversy ; Hiroshima, Nagasaki. They Were Just Two Missions," Washington Post, 3 September 1994, D1. バン・カークは同じ質問を何度も聞かれているが、1995年に広島を焼き尽くす行為にもう一度参加するかと聞かれ答えている。「同じ状況だったら──本当に同じ状況だったら──もう一度やると思う。戦争は5年目に入っていた。我々は絶対降伏しないし絶対敗北を認めないと言われていた敵と戦っていたのだ。」「道義性と戦争を同一の文で語るのは本当に難しい。戦争では普通では考えられないようなことがたくさん起こるのだ。」Niebuhr, 10.

113) Yee, "Navigator Says 'Easy Mission' of Enola Gay Led to End of WWII," Associated Press (online), 6 August 2005. バン・カークは軍隊を否定することもできなかった。60周年のとき孫を空軍士官学校に入学させようと説得にかかっていたのだが、両親は戦時に入隊することに反対した。Torpy, E1.

114) Kerr, 40.

115) Mansfield, "Enola Gay Navigator Confident in Bomb's Use," Asssociated Press, 9 June 2000 (online).

116) Martin, "Dropping the Bomb," San Francisco Chronicle (online), 6 August 1995.

117) Winokur, "Why Dutch Dropped the A-Bomb," San Francisco Chronicle (online), 4 April 1995.

118) "Richard Nelson, 77, Crewman on Hiroshima Mission in '45," New York Times, B11 ; Fountain, 24.

119) Sam Heys, "Enola Gay's Flight Engineer Leads Lonely Life," Atlanta Journal and the Atlanta Constiution, 5 August 1985, B1 ; Tom Bennett, "Wyatt E. Duzenbury, 79, Flight Engineer on A-Bomb Mission," Atlanta Journal and the Atlanta Constitution, 2 September 1992, D5.

120) Turner, 7 ; "Radar Operator on Plane that Dropped Hiroshima Bomb Is Dead," Associated Press (online), 3 July 1984.

121) "Hiroshima Blast Had 'Fiery Red Core," Los Angeles Times, 6 August 1978, 16.

122) Walker, 318-319.

123) "Atomic Bomb Crewman Dies of Leukemia at 46," Los Angeles Times, 26 April

1967, 2 ; "Robert Shumard Dead ; A-Bomber at Hiroshima," Washington Post, 26 April 1967, B8.
124) Beser, 114.
125) Julie Carr Smyth, "Pilot of Plane that Dropped A-Bomb Dies," Associated Press, 1 November 2007.
126) Ferguson, "Enola Gay Crew Member Jeppson Remembers Famed Flight," Las Vegas Sun (online edition), 25 May 2000.
127) Walker, 318.
128) Sam Heys, "An Event that Linked a Crew for Life," Atlanta Journal and Atlanta Constitution, 5 August 1985, B4.
129) Almeida, "Navigator Says 'Easy Mission' of Enola Gay Led to End of WWII," Associated Press (online), 6 August 2005.
130) Manning, 1 ; David Perlmutt, "Enola Gay Bombardier Tom Ferebee Dead at 81," Charlotte Observer, 18 March 2003, 1.
131) Bartlett, "Pilot of 1st A-Bomb Plane : Quiet Man with No Regrets," 14 ; "Thomas Wilson Ferebee," San Francisco Chronicle (online), 17 March 2000.
132) Churcher and Lowther, 48.
133) Platero, 28.
134) Manning, 1.
135) Perlmutt, 1.
136) Manning, 1 ; Perlmutt, 1.
137) Bartlett, "Pilot of 1st A-Bomb Plane : Quiet Man with No Regrets," 14.
138) Perlmutt, 1.
139) Clyde Haberman, "Japanese Recall Attack that Wasn't," New York Times, 9 August 1985, 8.
140) "American Bombardier Said Seeking to Visit Nagasaki to Apologize," Associated Press, 17 July 1985.
141) Horswell, 1.
142) Lifton and Mitchell, 232.
143) "Atomic Bomber Dies," United Press International, 10 March 1989 ; Horswell, 1.
144) Miller and Spitzer, 5.
145) Goldstein, "G.W. Marquardt, War Pilot, Dies at 84," B6.
146) Mike Carter, "Survivors of Nuclear Bomber Group to Dedicate Peace Monument," Associated Press, 30 July 1990.
147) Goldstein, "G.W. Marquardt, War Pilot, Dies at 84," B6.
148) Carter, "Survivors of Nuclear Bomber Group to Dedicate Peace Monument," Associated Press, 30 July 1990.
149) Emma R. Stickgold, "Charles Sweeney : Pilot Dropped Nagasaki A-Bomb," Boston

第Ⅱ部　米国側の原爆投下認識

   　　Globe, 18 July 2004, D18.
150)　Powers, 16.
151)　Sue Major Holmes, "Atomic Warfare Unit Reuniting 50 Years after Bomb with US-Enola Gay," Associated Press, 3 August 1995.
152)　"Abe Spitzer, B-29 Crewman," New York 'times, 29 May 1984, D19. 兄弟のマレーは、エイブは「世界で一番危険な作戦を生き抜いたあとに自宅からたった2分の場所で死んだ」その皮肉をとらえていた。
153)　Rodney Barker, Hiroshima Maidens : A Story of Courage, Compassion, and Survival (New York : Penguin, 1985), 8-12. 番組の間、二人の被爆者はスクリーン越しに映し出され、谷本の妻と四人の子どもたちも登場し谷本を驚かせた。
154)　毎年私が広島に連れていく学生たちに体験を語ってくれており、ご自身とルイスが出演した「ジス・イズ・ヨア・ライフ」の録画テープを提供してくれた近藤（旧姓谷本）紘子さんにお礼を申し上げたい。近藤（谷本）紘子さんの体験については、彼女の著書『ヒロシマ、60年の記憶』リヨン社（2005年）113-119頁を参照。
155)　Walker, 318.
156)　Folkart, E17.
157)　Ronnie Dugger, Dark Star : Hiroshima Reconsidered in the Life of Claude Eatherly of Lincoln Park, Texas (Cleveland : World Publishing Co., 1967), 88-89.
158)　"Pilot at Hiroshima Finds Guilt Easing," New York Times, 20 December 1960, 12.
159)　"Raiders Seize Huge Pile of War Supplies," Chicago Daily Tribune, 2 March 1947, 1.
160)　Dugger, 129.
161)　"AF Hero Awaiting his Trial," Dallas Morning News, 21 March, 1957, 1.
162)　James Ewell, "Dallas Store Holdup Denied by Atomic Attack Pilot," Dallas Morning News, 15 March 1959, 3. このころイーザリーと接した人たちはほとんどが彼のことを誠実で好感のもてる人物としている。彼の精神障害を報道した、『ロサンゼルス・タイムズ』紙も「感じがよく」「気のおけない」人であるとしている。"Atom Bombers' Guide Sent to Mental Clinic," Los Angeles Times, 12 April 1959, 29 ; "Hiroshima Scout Flier Sent Back to Hospital," Los Angeles Times, 14 January 1961, 15.『ダラス・モーニング・ニュース』紙も「好意的な人」と書いている。"VA Hospital Won't Press for Return of Eatherly," Dallas Morning News, 6 December 1960, 5.
163)　John Mashek, "War Hero Given Lunacy Hearing," Dallas Morning News, 11 April 1959, 1.
164)　"Psychiatrists' Tests Planned for Eatherly," Dallas Morning News, 13 April 1959, 14.
165)　Hideko Sumimura et al to Claude Eatherly, 24 July 1959 ; Claude Eatherly to Gunther Anders, 22 August 1959, copies in Burning Conscience : The Case of the Hiroshima Pilot, Claude Eatherly, Told in his Letters to Gunther Anders, with a Postscript for American Readers by Anders (New York : Monthly Review Press, 1961), 25-26, 30-32.

第2章　自己弁護の余生

166)　"Pilot at Hiroshima Finds Guilt Easing," New York Times, 20 December 1960, 12.
167)　J. Y. Smith, "C. R. Eatherly, Had Role in Bombing of Hiroshima," Washington Post, 7 July 1978, D6.
168)　Claude R. Eatherly to Ralph Yarborough, 10 August 1960, copy in Burning Conscience, 84-85.
169)　"Hiroshima Scout Flier Sent Back to Hospital," Los Angeles Times, 14 January 1961, 15 ; Thomas Turner, "Eatherly Still Mentally Ill, Not Incompetent, Court Says, Dallas Morning News, 13 January 1961.
170)　"Hiroshima Pilot Is Under Arrest," Washington Post, 27 September 1964, 12 ; "Maj. Eatherly, A-bomb Figure, Judged Insane," Los Angeles Times, 8 December 1964, 4.
171)　Bertrand Russell, "Preface," Burning Conscience.
172)　Foster Hailey, "2,000 March to U.N. to Recall Hirshima Bombing," New York Times, 7 August 1962, 1.
173)　Smith, D6 ; Joseph B. Treaster, "Claude Eatherly, Hiroshima Spotter," New York Times, 7 July 1978, B2. イーザリーについての簡潔な評論は Lifton and Mitchell, 234-236を参照。より詳しい評価については Dugger を参照。
174)　Hardin, "Just 'Doing His Job' at Hiroshima, Globe and Mail（Canada, online）, 6 August 1985.
175)　"Pilot of Plane that Dropped Hiroshima Bomb Dies," USA Today（online）, 1 November 2007.
176)　Chuck Bell, "Pilot of Enola Gay Denies Remorse Over Bombing of Hiroshima," Atlanta Journal and Atlanta Constitution, 20 May 1990, D12.
177)　Bartlett, "The Man Who Dropped the Bomb : Thirty Years Later," 1.
178)　Heys, "A Fateful Dozen 40 Years Later," B1.
179)　Robert Jay Lifton and Greg Mitchell, "Hiroshima Films : Always a Political Fallout," New York Times, 30 July 1955, H9 ; Lifton and Mitchell, Hiroshima in America : Fifty Years of Denial, 366.
180)　1980年にティベッツはインタビューに答えこのように語っている。「あの映画は戦略空軍の隊員にかかる重圧からの離婚率が高くなっていることを受けて、プロパガンダとして作られたのだ。カーティス・ルメイ大将が、状況は苦しくとも結婚は維持できるということを示すための宣伝（プロパガンダ）映画を作る必要があると言っていた。」Jerry Buck, "TV Talk : Paul Tibbets and "Enola Gay" on NBC," Associated Press, 20 May 1980.
181)　J. Anthony Lukas, "Reds in India Assail Hiroshima Pilot," New York Times, 17 May 1965, 2 ; "Reports from Abroad," New York Times, 23 May, 1965, E5. ブリッツ誌はティベッツが原爆投下したときの冷静な様子に触れ、「人間性や良心のかけらがあるどころか、血も涙もなく残酷に原爆を投下した」と書いている。
182)　Goldman, "Forty Years On," Newsweek, 29 July 1985（記事は40ページから始まるが

この記述が何ページかは不明。)
183) "B-29 Reunion : Fliers Proud of Job but Regret Need," 1.
184) Michael Olesker, "A-Bomb Vets Anxious for Sign of Appreciation," Baltimore Sun (online edition), 19 August 1999 ; Allen, B2.
185) "The Outlook Interview : Jacob Beser Talks to Bruce Goldfarb," D3.
186) Olesker, "Jacob Beser Remembered Lives Lost—and Saved," Baltimore Sun (online edition), 28 June 1992.
187) Olesker, "Jacob Beser Remembered Lives Lost—and Saved," Baltimore Sun (online edition), 28 June 1992.
188) Beser, 102.
189) Beser, 57-59.
190) Beser, 157.
191) Heys, "A Fateful Dozen 40 Years Later," B1.
192) Beser, 178.
193) Meyer, "Comrades in Controversy ; Hiroshima, Nagasaki. They Were Just Two Missions," D1.
194) Rudy Abramson and David Smollar, "" Inside the Manhattan Project : Bomb Builders Recall Tense Race with Nazis," Los Angeles Times, 5 August 1985, 1.
195) Anthony Fabiola, "60 Years After A-Bomb, Old Foes Meet Over a Deep Divide," Washington Post, 7 August 2005, 1.
196) Michael Olesker, "Bomb Dropped Pikesville Man into History," Batimore Sun (online edition), 9 August 2005.
197) Kurt Vonnegut, Jr., Slaughter-House Five (New York : Dell, 1966), 14-15.
198) Ferguson, "Enola Gay Crew Member Jeppson Remembers Famed Flight," Las Vegas Sun (online edition), 25 May 2000.
199) Manning, 1.
200) "'Enola Gay' Pilot Drops Fake A-Bomb for Show," Dallas Morning Star, 11 October 1976, 10 ; John Saar, "Hiroshima Rerun an 'Insult,'" Washington Post, 14 October 1976, 3 ; "Hiroshima Protests Show on Atom Attack," New York Times, 13 October 1976, 4 ; "U.S. Apologizes to Japan in Reenactment of A-Blast," Los Angeles Times, 14 October 1976, 1 ; "Japan Receives Apology for Texas 'Bomb' Show," Dallas Morning News, 15 October 1976, 4. "Repeat Performance Scheduled for 'Bomb,'" Dallas Morning News, 28 August 1977, 11 ; "A-Bomb Reenactment Dropped from Show," Dallas Morning News, 29 September 1977.『ダラス・モーニング・スター』紙は観衆は1万8千人であったと、より少ない人数を報道していた。東京では28歳の秘書タナカ・ヒサコが「許すことはできません。どうしようもない、人種差別的な行為です。そういう人たちがまだアメリカにいるなんて信じられません。」と声を大にして言っていた。Saar, 3.
201) 2005年広島での著者による高橋へのインタビュー。高橋さんの他の発言については田

第 2 章　自己弁護の余生

中利幸が高橋さんの証言の前書きを書いたもの Introduction to the Testimony of Atomic Bomb Survivor Akihiro Takahashi' in Ground Zero 1945 : A School Boy's Story を参照。Visualizing Cultures of MIT に掲載されている。(http://ocw.mit.edu/ans7870/21f/21f.027/home/index.html)

202) "Postwar 60 : Large Gap Between Japanese, Americans on A-Bomb Attacks," Japan Economic Newswire, 26 July 2005. その後広島市長となった秋葉忠利がこの会合の通訳を務めたが、ティベッツのこのときの反応についてはそこまで親切な解釈はしていなかった。
203) Greg Mitchell, "On the Death of 'Hiroshima Bomb' Pilot Paul Tibbets," Editor and Publisher, 1 November 2007. (on line)
204) Andrea Stone, "A-Bomb Exhibit Cut/ On View : Fuselage of B-29/ Hiroshima Diesplay Ends in Rancor," USA Today, 31 January 1995, 1.
205) Martin Harwit, An Exhibit Denied : Lobbying the History of Enola Gay, (New York : Springer-Verlag, 1996, 289.
206) Harwit, 295.
207) Thomas B. Allen, "Atomic Bomb Five Decades Later, the Enola Gay Ignites a Dispute in the Ashes of Hiroshima," Globe and Mail (Canada) (online edition), 6 August 1994.
208) Meyer, "Target : Smithsonian ; The Man Who Dropped the Bomb on Hiroshima Wants Exhibit Scuttled," D1.
209) Harwit, 325.
210) C. J. Clemmons, "WWII Vets Needn't Apologize, Says Hiroshima Bombardier," Charlotte Observer, 16 October 1994.
211) Stone, "A-Bomb Exhibit Cut/ On View : Fuselage of B-29/ Hiroshima Diesplay Ends in Rancor," 1.
212) Meyer, "Comrades in Controversy ; Hiroshima, Nagasaki. They Were Just Two Missions," D1.
213) Stone, "A-Bomb Exhibit Cut/ On View : Fuselage of B-29/ Hiroshima Diesplay Ends in Rancor," 1.
214) David E. Sanger, "Enola Gay and Little Boy, Exactly 50 Years Later," New York Times, 6 August 1995, XX3.
215) Sanger, XX3.
216) Rowan Scarborough, "Smithsonian Opens Enola Gay Exhibit ; Veterans Elated with New Show," Washington Times, 28 June 1995, 3.
217) "Review of A-Bomb Controversy Sought," Daily Yomiuri, 21 October 1994, 2.
218) Satoshi Isaka, "Atomic Bombing Perspectives Roil Emotions, Debate," Nikkei Weekly, 12 December 1994, 1.
219) "Enola Gay Pilot Wants Ashes Scattered Over English Channel," Associated Press, 8

August 2005. エノラ・ゲイ展示で再び起こった論争についての詳細は以下を参照。Lawrence S. Wittner, "The Enola Gay Exhibits, the Hiroshima Bombing, and American Nationalism," Social Alternatives 24 (2005), 38-42.

220) Malnic, 1.
221) "Magazine to Honor Hiroshima Bomber," Las Vegas Sun (online edition), 23 September 1998.
222) "Prevent Nuclear War, Hiroshima Pilot Urges," New York Times, 12 November 1978, 17.
223) Remnick, D1.
224) "Hiroshima Pilot 'Wouldn't Hesitate to Do It Again," Washington Post, 6 August 1982, 10.
225) Hardin, "Just 'Doing His Job' at Hiroshima, Globe and Mail (Canada, online), 6 August 1985.
226) Bernstein, B7 ; Terkel, 54.
227) Mike Harden, "Paul W. Tibbets, Jr./ 1915-2007 ; Pilot Didn't Regret A-Bomb," Columbus Dispatch 2 November 2007, 1.
228) Goldstein, "Paul W. Tibbets Jr., Pilot of Enola Gay, Dies at 92," C11.
229) Harden, "Paul W. Tibbets, Jr./ 1915-2007 ; Pilot Didn't Regret A-Bomb," 1.
230) Harden, "Paul W. Tibbets, Jr./ 1915-2007 ; Pilot Didn't Regret A-Bomb," 1.

第Ⅲ部
原爆投下認識に関する討議

第Ⅲ部には、昨年（2009年）8月8日（土）に長崎市の「被爆者の店」（2階会議室）において開催された長崎セミナーで行った私の**講演**「なぜ原爆は投下されたのか──日本が降伏した真の理由は？」（通訳：カナダ在住の乗松聡子氏）とカズニック先生からの**コメント**、そして藤岡惇先生と乗松聡子氏、お二人の**コラム**を掲載している。

　この長崎セミナーは、アメリカン大学のピーター・カズニック先生と立命館大学の藤岡惇先生が原爆投下50周年である1995年にはじめて実施されて以来（長崎は1998年から）、毎年開催・運営されている国際平和交流セミナー（広島・長崎プログラム）で、当日は日本（立命館大学）と米国（アメリカン大学）の学生だけでなく、乗松聡子氏（UBC講師、ピース・フィロソフィー・センター）が引率されたカナダからの学生（所属は、UBC、サイモンフレイザー大学、ロイヤルローズ大学）も含めた50名近くの参加があった。

　このセミナーの冒頭には、長崎市在住の被爆者である谷口稜曄氏（たにぐち・すみてる：1929年生まれ。16歳で本博多郵便局に勤務。集配中、住吉町の路上で被爆したが、奇跡的に一命をとりとめ、国の内外で被爆者の実態と核兵器廃絶を訴える。「原爆青年乙女の会」副会長）からの貴重な被爆体験の証言があり、それを熱心に聞き入っていた学生たちの姿が特に印象に残っている。

講　演　なぜ原爆は投下されたのか
　　　——日本が降伏した真の理由は？

木村　朗

　これから「"原爆神話"からの解放」ということでお話をさせていただくのですが、最初に四つのポイントを話しておきたいと思います。

　第一番目のポイントは、原爆投下を捉える場合、アメリカの戦争犯罪であるというような一方的な糾弾の視点からこれを捉えるのではなくて、「日米両政府の共同責任」という視点から捉えたいという点です。それは、よく言われる「真珠湾攻撃があって原爆投下がある」というような相殺説に立つのではありません。それはひとつには、原爆投下に至る経緯で、日本側があくまでも「国体護持」にこだわったこと、一方アメリカは「無条件降伏」に固執したということです。それがコインの裏表のように原爆投下に繋がっていった、という風に見ているということです。もうひとつはそれに関連して、「無差別爆撃の延長としての原爆投下」という見方をしているということです。本格的な無差別爆撃は、ヨーロッパにおいて1937年にナチスドイツがスペインのゲルニカに対して行ったのが最初ですが、アジアにおいては日本軍が1938年に中国の当時の臨時首都である重慶に対して行ったのが最初でした。その後、米英連合軍がドイツのドレスデンなどに行い、そして米軍が東京など大都市に行い、そしてそれが最終的に広島長崎に繋がったという視点です。これは、日本軍が行った重慶爆撃がのちに東京大空襲や広島長崎への原爆投下へと、ブーメランのように返って来たということにもなるということですね。だから、無差別爆撃と原爆投下に対しては、アメリカだけでなく日本にも同じような責任があると、いわゆる共犯関係にあるということです。

　第二番目のポイントですが、これまで原爆投下の問題を議論する場合、「軍事的必要性があったかなかったか」という視点、すなわち「軍事的必要性があれば、原爆投下は正当化できる、正しい」、或いは逆に「軍事的必要性がなか

ったら原爆投下は正しくなかった」というような枠組みの中で議論されてきたと思いますが、これは大きな間違いだと思います。わたしはそもそも原爆を開発したこと自体が最初の誤りであり、また原爆実験をしたことも、さらには、原爆という大量殺戮兵器を実戦で使用し多くの民間人を殺傷したことはいかなる理由をつけようとも正当化できないという視点に立つべきだと思っています。原爆投下については明白な戦争犯罪であるという法的な責任問題と共に、原爆開発も含めて道義的責任が根本的に問われなければならないという視点であります。これに関連して、「広島への最初の原爆投下は正当性についてまだ議論の余地があるけれども、長崎への二発目の原爆投下については、これは間違いなく不必要であり正しくなかった」という議論がありますが、わたしはこの議論も絶対に正しくないと思っています。

　それから第三番目のポイントですが、これは、あの原爆神話からの解放という課題は、現在の核抑止論の克服・放棄という新しい課題と裏表一体だということですね。つまり、原爆神話からの解放は、オバマ大統領もプラハで言及した核廃絶の実現に不可欠であるという認識です。

　それから第四番目の視点ですけれども、長崎からの視点の重要性です。これまで原爆投下が語られる場合には、広島だけ、或いは広島と長崎を一体にして、一つのものとして語られてきたんですね。世界の多くの人々は広島は知っていても長崎は知らないという人が多いと思います。そこで実は、この忘れられた長崎から見れば、原爆投下の本当の意味というか真相が見えてくるというのがわたしの立場です。

　ただいま述べたような四つのポイントをまず押さえてもらって、つぎに原爆神話とは何かという問題に入って行きたいと思います。原爆神話というものは二つの柱があります。その一つはなぜ原爆を落としたのか、という目的・動機ですね。もう一つは原爆投下が日本降伏に結びついたかどうかという結果・影響ですね。

　これまで語られてきた原爆神話は、日本を降伏させる為には原爆投下が不可欠であり、当時はそれ以外に他の選択肢がなかった、というのが一つの柱です

ね。それから、原爆投下が日本政府の降伏決定に最も大きな影響を与えたと、日本は何よりも原爆投下によって降伏したんだというのがもう一つの柱です。この二つの柱が原爆神話の基本的な枠組みになります。しかしわたしは、結論的に言えば、この原爆神話は、動機・目的においても結果・影響においても、実際には当時の事実関係から遠く離れたまったくの虚構、ねつ造であり、戦後になって日米両政府によってつくられた大きな嘘ではないかと思っています。

　この原爆神話に関しては、これまで日本では西島有厚氏やアメリカのガー・アルペロヴィッツ氏ら多くの研究者から説得力ある批判的見解が出されてきました。その代表的な見解が、原爆投下の本当の目的はソ連に対する威嚇・抑止であり、また日本が降伏した最大の要因はソ連参戦であるというものです。こうした見解は、原爆神話を否定・克服するうえでかなり有力な武器となったことは事実です。でもわたしは、そうした見解だけではまだ不十分だと思っています。というのは、わたしはやはり原爆投下の最大の目的はですね、新型兵器の実戦使用による実験であった、とりわけ、人体実験を兼ねたものであったのではないかと思います。そして日本が降伏したのは、原爆投下以上にソ連参戦の衝撃が確かに大きかったと思うんですが、少なくとも8月15日に降伏することになった最後の決定的な要因は、天皇制容認を示唆したバーンズ回答であったと思います。そのことを今から説明して行きたいと思います。最初に一番強調しておきたいことは、原爆投下によって戦争終結が早められたのではなくて、原爆投下、或いは原爆開発のために戦争終結は意図的に延ばされたのであり、その結果、日米双方の犠牲者も増えたのだという事実です。これはアメリカの研究者では、マーチン・シャーウィン氏も指摘されていることだと思います。

　それはどういうことかと言えば、1945年の7月16日に行われたアラモゴードの原爆実験以前のことをまず考える必要があるということです。その当時、日本を降伏させる手段は大きく言えば二つありました。一つは軍事的な手段ですね。もう一つは非軍事的な平和的な交渉による降伏という手段です。

　7月16日の実験までは、その平和的な降伏実現の選択肢は実際にありまし

た。でも、7月16日に原爆実験が成功した結果、その選択肢は完全になくなってしまったということですね。この問題を考える時にはですね、つぎの2つの問題を考える必要があります。一つはですね、1945年の春の日米両政府の動きです。日本は1945年の2月以来ですね、実はすでに降伏を模索し始めていました。その2月というのは、天皇に降伏を勧めた近衛上奏文が出された時期で、それは結果的に却下されたんですが、それが最初の動きです。そして5月。3月に沖縄戦がはじまり、5月8日にドイツが降伏しますけれども、その時期ですね。2月から5月にかけての時期が一つのポイントで、この時期が日本の降伏を求める最初のチャンスであったと思います。アメリカは日本にそういう降伏・終戦を模索する動きがあるということをすでにつかんでいたんですね。でも、その情報を知ったアメリカは、それを歓迎するのではなく、むしろ困ったというか喜ばしくないように受け止めたのではないかと思います。これはマンハッタン計画の主導者であるグローブズ将軍の動きによくあらわれています。彼は、このままでは原爆開発が成功しない前に、日本に原爆を投下する前に、日本が降伏してしまうかもしれないということで非常に焦って、マンハッタン計画のスピードアップを命じました。またトルーマン大統領の動きですが、ポツダム会談を早ければ5月か6月にも開催するという可能性もあったんですが、それをわざわざ原爆実験が予定されていた7月半ば以降に延期したんです。それは戦争終結を意図的に延期した、ということと同じだと思います。もう一つは、アラモゴードの原爆実験の結果ですが、それは不幸にも成功したわけです。これがもし失敗したらどうしたであろうかという問題意識が非常に重要だと思います。この点で明確な根拠、証拠、資料は現在まで出ていないと思いますけれども、アラモゴードの原爆実験が失敗した場合、アメリカは間違いなく、平和的手段による交渉で日本に多くの譲歩をした上でソ連参戦前に日本の降伏を実現させるよう動いたと思います。

　当時アメリカは、ウラン型原爆はもう完成し持っていましたけれども、プルトニウム型原爆については実験次第でありました。だからこの原爆実験に失敗した時は、たとえウラン型原爆一発を持っていたとしても、それは虎の子の一

発であって、戦後の冷戦、ソ連との対決を考えたら、その一発だけを落とすという選択肢はなかったのではないかと考えられます。

　それともう一つ重要な視点は、グローブズ将軍が一番明確にそのことを言っているんですが、日本への原爆投下は常にウラン型とプラトニウム型をセットで二発落とすということが必須の命題として考えられていたということです。

　グローブズ将軍はアラモゴードで原爆実験が成功した後に部下からこれで日本との戦争が終りますね、と言われたときに、「いや、まだだ。原爆を二発投下するまでは終らない」と語ったと伝えられています（アラモゴードでの実験は、プルトニウム型の原爆）。

　ここで重要なのは、長崎からの視点で、「なぜ二発目の原爆を長崎に落とす必要があったのか」という問題です。アメリカはソ連を参戦させるということをヤルタ会談で確認し、ポツダム会談でも、スターリンが8月15日に参戦するという最終確認をしたという事実があります。そして、トルーマン大統領は当然そのことを知っていたんです。そこでアメリカは、ソ連参戦前に原爆を投下することによってあわよくば日本を降伏させたい、それが出来ないまでも、ソ連参戦の影響を最小限にとどめたいと考えたと思います。だからこそ、原爆実験をして時間をおかずに原爆投下をソ連参戦の前に行ったのではないでしょうか。

　それで広島への原爆投下後、それによって日本が降伏、ポツダム宣言受諾に動くかどうか、十分、時間的余裕を与えないまま、さらに二発目の原爆投下を、しかもソ連参戦があった直後に、長崎に対して行いました。それで長崎に何故落としたかと言えば、もし長崎に原爆を落とさないで、ソ連参戦後に日本が降伏した場合には、ソ連参戦によって日本が降伏したということにもなりかねない。日本人みんながそういう風に信じるようになるかもしれない。それで、もしそのようなことになったら大変ですので、それを避ける為にも直ちにソ連参戦直後に落とす必要があったということではないか、と思います。

　本来ならば広島に原爆を落とした三日後の8月9日未明にソ連参戦があった（対日宣戦布告は8月8日）わけですから、それで日本降伏を待つのが当たり前

第Ⅲ部　原爆投下認識に関する討議

なのですが、それをせずに長崎に続いて原爆を落とした理由は、ソ連参戦の影響を最小限にしたいということの他に言えば、やはり広島に落としたウラン型原爆の他に、まだ一個残されていたプルトニウム型原爆の実戦での使用をおこなう必要があったということだと思います。つまり、プルトニウム型原爆は実験では成功しましたけれども、実戦で成功するかどうかはやってみないと分らないという部分があって、やはり実戦での使用の可否、その影響を知るという、新型兵器の実験をどうしてもする必要があったのだと思います。

それでは、つぎに日本降伏の問題に話を移したいと思います。

アラモゴードの原爆実験が成功する前のポツダム宣言の草案の中には、実は天皇制を容認する文言が入っていました。その文言を原爆実験が成功した後で、バーンズ国務長官の進言を受けて、トルーマン大統領がポツダム宣言発表前に最終的に削除したんです。トルーマン大統領はポツダム宣言に天皇制容認の文言がなければ、日本側がほとんど間違いなくポツダム宣言を受け入れないであろうという風に確信していました。結果的に日本政府はポツダム宣言を黙殺するということで、実際にその通りになったんですね。当時の多くのアメリカ国民は、日本政府がポツダム宣言を拒否したことに怒りました。しかしトルーマン大統領たちにとっては、それは予想の範囲内で、むしろ歓迎すべき出来事だと受け止めたのだと思います。なぜならば、ポツダム宣言でせっかくアメリカが降伏のチャンスを与えたのに日本側がそれを無視したから、あくまでも戦争を継続しようとする狂気の日本を降伏させるためには、最後の手段である原爆を使わざるを得なかったという理屈が通ることになったからです。

もうひとつここで考えなければならないのは、日本を降伏させるのに二つの大きな手段があると最初に言いました。それは軍事的手段と、非軍事的手段ですね。そしてその軍事的手段には実は、四つありました。一番目は原爆投下、二番目はソ連参戦、三番目は日本上陸、そして最後は無差別爆撃と海上封鎖の継続です。アメリカは原爆投下よりもソ連参戦の方が大きな影響力になるであろうと考えていたと思います。また、原爆投下がなくてもソ連参戦があれば11月1日に予定されていた米軍による本土上陸作戦（オリンピック作戦）前に日本

が降伏する可能性が強いと考えていたと思います。

　日本降伏に原爆投下以上に影響を与えたのは、ソ連参戦でした。なぜならば、当時の日本は有利な和平条件を引き出すための仲介役をソ連、スターリンに委ねていたという事実があります。ポツダム会談でスターリンは、8月15日に対日参戦を行う予定であると伝えるとともに、日本の天皇ヒロヒトからも降伏仲介の打診が来ているという報告を直接トルーマン大統領に伝えました。それに対してトルーマン大統領は、日本側の要請は無視しておくようにという対応をとりました。というのは、原爆実験が成功したあとでは、日本の交渉による和平実現を日本への原爆投下を行う前に受け入れる意思は一切なかったからです。

　その後の日本政府の動きを見れば、広島への原爆投下後も日本政府はただちに降伏には動きませんでした。日本政府はソ連参戦の報告を受けてようやく本格的な降伏のための会議の招集に動いたんです。原爆投下よりもソ連参戦の方が日本政府に大きな衝撃を与えたという明白な証拠は、広島への原爆投下のあとも鈴木首相など日本政府側はソ連からの仲介の返事をまだ待っていたということです。すなわち、広島原爆の後も、一縷の望みをソ連からの回答に期待していたという事実があるのです。それに対する最悪の回答が、スターリンによる宣戦布告、その直後のソ連参戦だったわけです。

　ソ連参戦を受けて日本はようやく降伏を受け入れることになったんですが、それでもやはり条件付きでした。実は「国体護持、保障占領は最小限、自主的武装解除、戦争犯罪人の自己裁判」の四つの条件があったんですが、最終的には一つの条件、すなわち国体護持、天皇制の維持だけをアメリカ側に打診して、その条件付きであるならばポツダム宣言を受け入れると打診したんですね。

　また、それに対するアメリカ側の答えがバーンズ回答だったんですね。バーンズ回答には、ポツダム宣言に当初盛り込まれていたような形で天皇制を認めるとは明確には書いていなかったのですが、明らかにそれを示唆するような内容であったのです。日本に天皇制を認めるというのは実はアメリカ側のニュー

第Ⅲ部　原爆投下認識に関する討議

ス（ニューヨーク・タイムズなど）でより明確に出ていて、それを日本の外務省は密かに掴んでおり、その情報を外務省から天皇は聞かされていたのではないかと推測できます。そこで最終的に、天皇自身が戦後戦犯になったり天皇制が廃止されたりすることはないという確信を持った上で、ポツダム宣言を受け入れて降伏することになったと思います。天皇の最後の身を捨てた決断、いわゆる「聖断」によって戦争が終結した、それによって多くの日本国民が救われたという風に戦後ずっと語られて来たんですが、これも原爆神話と裏腹の虚構、作り話であったと思います。

　なぜならば、昭和天皇は２月の近衛上奏文に対しても、「もうひとつ戦果をあげてからだ」ということで沖縄戦の成り行きを注目していました。また、東京大空襲をはじめ、日本のあらゆる都市で多くの犠牲者が出ているにもかかわらず、そういった犠牲者に対して本当に配慮するということは一切なかったわけです。あくまでも最大の関心事は天皇制の保持と自らの身の処し方であったと思います。

　わたし自身は、ポツダム宣言にたとえ、天皇制の容認が文言として明確に盛り込まれていなくても日本政府は受け入れるべきだったと思います。また、トルーマン政権は早めに交渉による和平で天皇制を容認するメッセージを伝える、或いは、原爆実験が成功したとしても事前警告を与える、或いは、ソ連参戦を明確にした形でポツダム宣言にソ連を署名させる、そういう原爆投下を必要としない他の手段を講じれば、早ければ５月、遅くても７月中には日本は降伏した可能性は高いと思います。

　まだ色々とお話ししたいことはありますが、最後に触れておきたいのは、原爆投下はある意味で日米両政府の共同責任だという場合の具体的な意味合いです。それについては、まず７月16日のアラモゴードでの原爆実験が行われる前までのイニシアティブは日本側に基本的にあったと思います。なぜならば、原爆実験が成功する前に日本が降伏を全面的に表明していたら、アメリカ側は原爆を落としたくても落とせなかったはずですよね。だからその時点までは、原爆投下についての絶対的なイニシアティブは日本に確かにあった、逆に言えば

原爆投下責任は日本側にもあったと。しかし、アラモゴードで原爆実験した後は、アメリカ側はいかなる日本側からの降伏の意思表示に対しても、それを無視してでも、二発の原爆投下をあえて行った可能性が強い、そういった意味ではアメリカ側の責任が非常に大きかったと思います。

わたしは先ほど、日本はポツダム宣言を天皇制の容認がたとえなかったとしてもそれを受け入れるべきだと言いました。しかし、もし日本がポツダム宣言を受け入れると言っても、やはり国体護持、すなわち天皇制の容認を求める打診をしたと思います。そういう中途半端な条件付きの降伏の受け入れの意思をポツダム宣言発表直後に日本政府が表明したとしても、アメリカ側は無条件降伏をあくまで盾にしてそれをそのまま受け入れずに原爆投下を強引に行った可能性が強いと思います。

事実関係からしても、ポツダム宣言は1945年の7月26日に出されていますが、原爆投下決定そのものは実はその前日の25日に行われているんです。その投下命令は、投下準備ができ次第連続して原爆を落とせ、という命令なんです。トルーマン大統領は広島に原爆を落とした後、原爆投下中止命令を出すことはできたと思います。しかし、トルーマン大統領はあえて意図的に、それをしなかったんですね。その結果、長崎に二発目の原爆（プルトニウム型原爆）が落とされたんですね。そして、日本がポツダム宣言受諾で降伏を受け入れるかどうかの深刻な議論をしている会議の途中で、その長崎への原爆投下の第一報がありましたが、その後の議論展開に何ら大きな影響を与えていません。

コメント

ピーター・カズニック

カズニック：木村先生が言われたことには95％賛成できます。最初に指摘したい点はこの問題のとらえ方に関連しています。

　木村先生の原爆投下決定への理解は、ここ20年ほどのアメリカの歴史学者たちの見方とほぼ一致しています。しかし私が試みようとしているのは、この議論の枠組み自体を変えることです。日本の降伏条件についての議論が中心になる枠組みではなく、原爆使用がもたらしたもっと大きな歴史的意義が反映されるような枠組みにしたいのです。

　トルーマン大統領の決断は、地球の全ての生命を絶滅の危機にさらすような歴史の過程の幕開けを意味しているのです。トルーマンはそれを認識していたにもかかわらず原爆投下の決定を下してしまいました。私にしてみれば、最大の罪は広島長崎の人々を惨殺したということだけでなく、その決定が人類全体の運命に及ぼした影響にあるのです。第二次大戦について何が正しく何が間違っていたか、トルーマンの行為の是非については木村先生の見解に100％賛成しますが、それにさらに付け加えると、我々人類が全員トルーマンの行為の被害者となったということです。トルーマンの行為から今日生きる我々が学べることがあるとすれば、ヒットラーではなく、アメリカの大統領が地球上の生命を絶滅させるような危険性の伴う決定を下したこと、そしてそれは当時軍事的に必要なものでもなかったし、倫理的に正当化できるものでもなかったということです。

　二番目に問いかけたいことですが、アメリカが原爆を落としたといいます。しかしひと口にアメリカといっても一体具体的に誰のことなのかということを問う必要があります。一体誰に責任があるのでしょうか。原爆投下の動機を語るにしても、トルーマンの動機とバーンズ国務長官のそれとはまた

異なるでしょうし、グローブズ准将のとも違うでしょう。またスティムソン陸軍長官の動機と比べたら全く異なると言えるだろうし、この人たちの行動をひと括りにして論じるのは難しいのです。

　トルーマンは大統領としての知性や知識はどうだったかと言えば、決してずば抜けていたとは言えませんでした。フランクリン・ルーズベルト大統領が死んだ時点でトルーマンは副大統領に就任してたったの82日目でした。1945年の4月12日にトルーマンが大統領に就任したとき、自国が原爆を開発していたことすら知らなかったのです。トルーマンがそういう大事なことを知らせるに値する相手だとは誰も思っていなかったのです。

　トルーマンが原爆をどこまでしっかり理解していたかと言えば、限られたものでした。アラモゴードでの原爆実験を聞いて興奮していたようです。しかし科学者たちはウラン爆弾のことはもう十分知っていたので、わざわざ実験しなかったのです。プルトニウム爆弾も成功することは自信があったようですが、アラモゴードでの実験は遂行しました。トルーマンは外交手腕にも長けていたとはいえませんでした。前大統領のルーズベルトは、原爆を使うと最終決定していたわけではなかったのですが、トルーマンはそうだと思いこんでいたのです。マンハッタン計画の指導者であったグローブズは「トルーマンはそりに乗った少年のようだった。乗せてやれば喜んでついてくるだけだった」と言っています。だからと言ってトルーマンの責任が軽くなるという意味ではありませんが、以上のような背景があったのです。

　第三点として、これは木村先生に賛成してもらえるかわかりませんが、考える必要がある点です。アメリカが原爆実験をして実戦使用したことが間違っていたことは明らかですが、アメリカが原爆開発を始めたこと自体がそこまで明白に間違っていたといえるのかということです。この問いについては自分自身、確信をもってこうだという答えには至っていません。そもそもアメリカが原爆を作ろうと思ったきっかけは、ヒットラーとナチスが原爆を作るのではないかという恐れがあったからなのです。原爆は抑止力としての意味を持っていました。ヨーロッパのファシストに支配された地域から亡命し

てきた科学者たちが、一番積極的にこの原爆開発計画を推し進めたのです。彼らが、ナチスが原爆を持つことを恐れたのは理解できることです。この中から、レオ・シラードや、後にはアインシュタインといった人たちが反核運動の指導者となりました。シラードは戦時中に原爆を日本に対して使わせないように、誰よりも必死に指導者たちを説得しようとしました。

　アメリカ政府に原爆を作るように強く要請したのは右翼的な軍国主義者ではなく、進歩的で自由主義的な科学者たちだったのです。アルベルト・アインシュタイン、レオ・シラード等、人間的にも立派な人たちでした。戦争を挑発するような人たちではなかったのです。原爆開発を始めたときはドイツに対しての抑止力としての目的で、民間人に対して使うなどとは考えていませんでした。というわけでこの問題は複雑なのです。ルーズベルトはまず警告、そして威嚇使用をした上での原爆投下を考えていて、その場合も厳密に軍事施設を対象とするつもりで、民間人に対して落とすことについては反対でした。

　したがってトルーマンやブッシュやレーガンのような、了見が狭く、人格的にも疑わしい部分がある人が大統領になった場合、危険な状態になるのです。このような人たちに核兵器に対する権限を与えてはいけないのです。というより、どのような人にも与えてはいけません。

　四番目の点として、木村先生は日本の降伏にはソ連の参戦よりもバーンズ回答の方が影響力が強かったと言われました。バーンズ回答はアメリカが日本に天皇制維持を許すと示唆したという点では重要な点であるとは思いますが、ソ連が参戦した時点でもう戦争は終わっていたのです。満州でロシアが関東軍に対してしかけた攻撃は非常に素早かった。ロシアの参戦は日本の軍事戦略、決号作戦を完全に弱体化させ、外交面では、連合軍との仲介役としてロシアを当てにしていた期待も完全に打ち砕かれました。

　鈴木首相が1945年8月12日に、ただちに降伏しなければいけない理由としてこのように言いました。もうすでに樺太はソ連に取られていて、このときを外したら北海道にも攻め込んでくる、だから国体護持のためにはソ連では

なく相手がアメリカであるうちに始末をつけなければいけないと。

　五番目として、アメリカが原爆投下の準備ができるまで戦争を引き延ばしたかどうかという点があります。私は実際そうだったと思います。これについて二点重要な論点があります。一つは、原爆が戦争を終結させたという見方はその時点までに実際に戦争を勝利に導いたアメリカの軍人たちの業績を軽視しているという議論です。

　また、木村先生によると日本は5月の時点で降伏の準備ができていたとのことでした。しかし私はそのようには見ていません。日本は5月からロシアへの仲介交渉に入りましたが、最高戦争指導会議の六人は降伏条件で二つに割れたままでした。一方は国体護持のみとし、もう一方はさらに三つの条件を要求していました。その議論は8月まで続いたのです。

　しかし木村先生の議論を裏付ける材料として一つ挙げられることがあります。フーバー前大統領が1945年5月に降伏条件の変更を提案したことについて、当時南西太平洋方面総司令官であったマッカーサーは、戦後になってからフーバーに手紙を送りました。その中で、フーバーの提案は優れたものであり、もし本当にそのようにしていれば日本は5月にも降伏していたであろうと書いています。

　問題は、木村先生が指摘されているような日本の降伏条件について、アメリカの指導者たち自身の中で意見がはっきり分かれていたということです。ポツダム会議の際、スティムソン陸軍長官は結果的にポツダム宣言となった文書とはかなり異なるものを提案していたのです。ほとんど全員がトルーマン大統領に天皇制の維持を許すような降伏条件の変更を要請していたのです。それに反対していたのはバーンズ国務長官と、もっと低いレベルではディーン・アチソン国務次官補がいました。しかし影響力を持つ指導者たちはほとんど全員が6月、7月の時点でトルーマンに降伏条件を変更するよう促していたのです。

　一つ木村先生の言われたことで大変興味深い点があります。木村先生によれば、アメリカはソ連侵攻のせいで日本が降伏したと思わせないために、急

いで二発目の原爆を投下したということです。これには驚きました。我々はこういう議論をすることはあまりありません。これについて証拠はありますか。それとも推論ということでしょうか。

木村：明確な証拠はなくても、当然、推測できるということです。

カズニック：米国はソビエトが参戦するにはもう数日かかるだろうと考えていました。二つ目の原爆投下の許可はそれよりもっと前に出ていたのです。ソビエトが参戦の日を繰り上げたことを米国はいつ知ったのでしょうか？ポツダム会議の段階では、トルーマンは8月15日までは参戦しないだろうと思っていました。長崎に落としたプルトニウム爆弾「ファットマン」は当初8月11日投下を予定していました。天候不順が予想されたため、ポール・ティベッツは日取りの繰り上げをしたのです。二つ目の爆弾を早急に落とすことにより米国はもっとたくさんの原爆を持っているという印象を与えたかったという見方もあったと思います。長崎の爆弾はソビエト侵攻開始の二時間ほど前に搭載しました。したがって第一に問いたいことは、ソビエトの侵攻が予定より早い8月8日の深夜になったことを米国はいつ知ったのかということです。そして二つ目として、それを知ったことが米国の二発目原爆投下決定に影響を及ぼしたという証拠があるのかということです。

　また外務省が天皇に対してニューヨーク・タイムズの報道を知らせたのではないかと言われましたが、これが降伏の決定に影響を与えたということでしょうか。それを示す史料はありますか。

木村：天皇が知ったというか、外務省がそういう情報を掴んで、天皇に伝えたのではないか、と推測できるようなものはあったと思います。

カズニック：アメリカの学者はそのことは知らないですし、学界への重要な貢献となると思います。

コラム1 「原爆投下」の真実を求めて
──ピーター・カズニックさんとの交流の思い出

藤岡　惇

ピーターとの出会い

　ピーター・カズニックさんといえば、ニューヨークの下町生まれ。高校時代から公民権運動やベトナム反戦運動に参加し、1966年にニュージャージ州立ラトガーズ大学に入学した人だ。その後、世界放浪の旅をへて、同大学の米国史専攻の大学院生となり、「実験室を超えて──1930年代米国で政治活動家として活躍した科学者」という博士論文を書きあげ、1986年に首都ワシントンにあるアメリカン大学（AU）の歴史学科の准教授となった。2003年にダレス空港近くのスミソニアン航空宇宙博物館分館に、広島に原爆を投下したエノラ・ゲイが常設展示されたが、展示説明文に被爆者の視点を加えることを求める歴史学者の請願運動の組織者となったのが彼である。核戦争やベトナム戦争の影が米国の映画史や人々のメンタリティにどのような影響を与えてきたかを研究し、『冷戦文化の再考』という本を書いた。「プラトーン」「JFK」といった映画を制作してきたオリバー・ストーン監督の友人で、製作助言者でもある。「オリバー・ストーンのアメリカ」というAU屈指の人気科目を担当している。

　ピーターとの出会いは、1994年8月23日の昼下がりに始まる。この日、直野章子という学生が私を訪ねてきた。被爆2世であること、AUを2ヶ月前に卒業したが、原爆投下についての米国の若者の意識水準の低さにショックをうけたことを直野さんは語った。戦後50周年の1995年度のAUの夏セッション科目として、原爆投下を学ぶ新科目の開設を求める請願運動を始めたい。ついては請願の賛同者になるとともに、新科目が設置された暁には日本での研修プログラムの実施に協力してほしいと要請された。彼女の熱意に心を打たれ、可能な支援を約束した。

第Ⅲ部　原爆投下認識に関する討議

　数ヶ月後、請願運動が功を奏して、95年度のAUの夏セッション科目に「核の歴史——ヒロシマ・ナガサキを超えて」が特設されることになり、ピーターが担当教員、直野さんが企画担当職員となったという吉報が届いた。同じ頃、スミソニアン航空宇宙博物館が企画していた原爆展が、米国各界の反発をよびおこし、中止されるという事件がおこった。出展を予定して米国に渡っていた被爆資料が宙に浮いた。そこで直野さんが中心となって、AUで被爆資料の展示を引き受けることになった。「もう一つの原爆展」は95年の7月に開かれ、広島市長はじめ、多数の被爆者がAUを訪れる機会となった。

　95年8月1日、ピーターと直野さんに引率されて、AUの学生8名が、立命館大学の国際平和ミュージアムにやってきた。私は、平和学の受講学生から10名のボランティアを募り、京都・広島をめぐる10日間の旅を共同実施した。

16回目を迎えた「原爆学習の旅」

　96年以降もひきつづき、AUは、この科目を開設し、ピーターは、毎夏10名から15名の学生を引率して、京都・広島・長崎の地を訪れるようになった。対応して立命館側も、このプログラムを国際平和交流セミナー科目（2単位）として公認し、私が引率教員となった。両大学共同企画の「原爆学習の旅」は、こうして始まったのである。

　1996年以来、被爆者でアメリカン大学の卒業生でもある近藤紘子さんが、2006年以降になるとカナダ側から乗松聡子さん（ピース・フィロソフィー・センター代表）が講師陣に加わった。近藤紘子さんは、「原爆乙女」25名の渡米治療運動リーダーの谷本清牧師の長女で、1946年に出版され、世界に衝撃を与えたジョン・ハーシの記念碑的ルポ『ヒロシマ』に登場する最年少の被爆者という経歴の持ち主だ。

　2010年度も8月1日から10日の旅程で、総勢48名（米国の学生17名、カナダの学生2名、イタリーの学生1名、中国の学生3名、日本の学生16名ほか）の参加を得て、16回目の旅を成功させることができた。過去に参加した先輩学生・卒業生たちも集まってくるので、参加者総数は60名を超える。

コラム1 「原爆投下」の真実を求めて

米国の原爆投下責任をめぐって

　旅のなかで毎年、ホットな討論テーマとなるのが、なぜ米国は日本に原爆を投下したのか、原爆投下の責任は誰が負うべきなのか、という論点である。「日本の降伏を早め、百万人もの米軍兵士の命を救うために、米軍はやむなく原爆を投下した。そのおかげで結果的に数百万の日本人の命も救われたのだ」というのが米国政府の公式見解であるが、この公式見解は正しいのかというテーマを繰り返し議論することになる。

　日本の権力者が侵略戦争を始めたことが原点ではないか。敗戦受け入れをためらったために原爆投下を招いてしまったという日本側の「招爆責任」を明確にすることこそが先決だという意見が、当初の日本の参加者間では強かった。「原爆投下を命令したトルーマン大統領に日本の学生は、なぜこれほど甘いのか」とカズニック教授が憤っていたことを思い出す。

　日本支配層の「招爆責任」の追及は必要だが、この「過ち」につけこむかたちで、米国の支配層の行った原爆投下という「蛮行」も、不必要で許しがたい「戦争犯罪」ではないか。トルーマンたちの犯罪も不問に付さず、謝罪と補償を求めるべきだといった意見を述べる参加者が最近では増えている。

　戦争を早く終わらせるために米国は原爆を投下したのではない。むしろ真相は逆であり、2つのタイプの原爆を投下するまでは日本に降伏を許さなかったのだと主張する研究書が、最近数多く出版されてきたことが背景にある。日本に降伏を勧告したポツダム宣言の原案第12条の末尾に「現在の皇統のもとでの立憲君主制の存続がありうる」という一節があったが、ポツダム会議の直前に削除され、2発の原爆投下が終わった後にこの条項が事実上復活するが、それはなぜか。この決定的に重要な問題を最初に提起したのが、ガー・アルペロヴィッツさんだ。ピーターの招きで、AUの「核の歴史」講座にガーが出講してくれたことがある。1996年のことで、当時AUに留学していた私は、進藤榮一さん（当時筑波大学）を誘って、ガーの授業に参加し、クリアな主張に感銘をうけたことがある。今は九州大学准教授となられた直野さんがAUの学生時代、ガーの助手を務めておられたことも思い出す。

第Ⅲ部　原爆投下認識に関する討議

　1946年7月7日付の『ハリジャン』紙に、インド独立運動指導者のM・K・ガンジーは、「原子爆弾　アメリカと日本」という論説を寄せた。彼はこう書いている。「日本が下劣な野心を貫こうとして行った犯罪を私が弁護しようとしていると早合点しないでください。違いは程度の差にすぎません。日本の強欲のほうがいっそう下劣であったとしましょう。しかし日本が、どんなに下劣であったとしても、日本の特定地域の男、女、子供たちを、情け容赦もなく殺してしまうという下劣なことをやってよい権利はだれにも与えられていません。原子爆弾は、連合国の武器に空虚な勝利をもたらしたにすぎません。ここしばらく、日本の魂は破壊されてしまっているでしょう。爆弾の投ぜられた国の魂にどのようなことが起こるか、本当にわかるには時間が短すぎます」と。

　「爆弾の投ぜられた国の魂」は、その後何を生み出したのか。憲法9条ではないだろうか。こう考えると、ガンジーの慧眼には驚かざるをえない。

　毎年8月4日の夜に、長崎の平和公園内の被爆者の店2階を会場にして、長崎県原爆被災者協議会事務局長の山田拓民さんと交流するが、米国の学生を前にして、山田さんはこう説かれる。「原爆投下という戦争犯罪を行ったことを米国政府は謝罪し、反省してほしい。ただし私たちは、米国に補償金を請求しようとは思わない。そうではなく核兵器廃絶の先頭にたつことを要求したい」と。

（ふじおか・あつし：立命館大学経済学部教授）

コラム2　ヒロシマ・ナガサキから次代に繋ぐ
──「こよな別れが末代まで二度とあっちゃいけん」

乗松聡子

ニューヨークの核不拡散条約再検討会議

　広島・長崎への原爆投下65周年の2010年の5月、原爆を投下した国の最大の都市であるニューヨークには、100人にも迫る被爆者が来ていた。一時に海外に派遣される被爆者の数としては史上最大であったという。5月2日（日）午後1時半、ニューヨークのタイムズスクエアに1万人以上の市民が集まり核兵器廃絶への集会が開かれた。その中心部に用意された座席に、核廃絶を訴えるゼッケンを身に付けた被爆者たちが座り、特設ステージにおける平和団体や労働団体、広島の秋葉市長のスピーチや被爆者代表の証言を聞きながら、これから始まる平和行進に備えていた。取り囲む報道陣はほとんど全部が日本のメディアだった。午後になって平和行進がスタートし、1万5000人が、翌日から始まる核不拡散条約（NPT）再検討会議が開催される国連本部に向かって歩いた。被爆者によっては、医師の忠告を無視して来た人たちもいる。これがおそらく人生最後の海外活動であろうとの決心で来ている人もいるだろう。暑さや疲れで倒れる人がでる中で、被爆者の皆さんは元気そうに行進していた。たくさんの病気を抱えているのに、そんな素振りすら見せないで冗談を言って笑いあっていたりする。そういった限りなくタフで人なつっこい被爆者たちは私の人生の先生である。

被爆者から学ぶ

　今回ニューヨークに来た広島被爆者の一人、岩佐幹三さんとは4年の付き合いである。2006年にバンクーバーで世界平和フォーラムが開催されたとき、私はバンクーバー九条の会の一員として、故・井上ひさしの原爆劇『父と暮せば』英語版の朗読上演をした。爆風で倒壊した家の下敷きになった父親を助け

ることができずに、猛火が迫る中父親を置いて逃げるしかなかった若い女性の元に、死んだ父親が現れて、娘を励ますという設定の劇である。「あんときおまいは泣き泣きこようにいうとったではなーか。『むごいのう、ひどいのう、なひてこがあして別れにゃいけんのかいのう』……。」少年だった岩佐さんも、同じようにお母さんを置いて逃げなければいけなかった。そんな岩佐さんをこの劇の客席に迎えたということは忘れられない体験となった。その後岩佐さんは、「自分のところにも母親があんな風に出てきてくれるといいんだけれどね」と微笑みながら語ってくれた。「こよな別れが末代まで二度とあっちゃいけん……あよなむごい別れがまこと何万もあったちゅうことを覚えてもろうために生かされとるんじゃ。」この劇の父の言葉のような思いで、岩佐さんをはじめ被爆者たちは生きてきたのだろう。そしてその思いは、その言葉は、その活動は、確実に私たち若い世代に引き継がれていく。NPT会議中の5月11日に日本が、ドイツやロシアなどとともに「被爆体験の継承」に留意することを盛り込んだ42カ国共同声明を発表した。NPT再検討会議で教育重視を訴える声明が発表されたのは初めてだという。今までの被爆者の命がけの反核活動の一つの成果が見えたと感じた。

平和の旅から生まれた本

　私は普段カナダ・バンクーバーで平和教育活動をしているが、今回は会議の主催や被爆者の通訳の役割でニューヨークに来た。先述の2006年の平和フォーラムで立命館大学の藤岡惇先生と出会ったことで自分の人生が変わったと言える。藤岡先生とアメリカン大学のピーター・カズニック先生が、1995年以来、毎年日米の学生を広島長崎に連れていく核学習・平和学習の旅に通訳・講師として参加するようになって5年目となり、いまやカナダ人学生も数人参加させてもらうようになった。この旅はジョン・ハーシーの歴史的名著『ヒロシマ』をそのテキストとし、その本に登場する被爆者の一人である故・谷本清牧師の長女である近藤紘子さんが客員講師として毎年参加するという意味でも他に類を見ない特別な旅である。その旅の中、広島や長崎で時々顔を出してくれてい

たのが鹿児島大学の木村朗先生であった。その木村先生が2009年の夏の長崎で、この旅の参加者を相手に、「なぜ原爆は投下されたのか」を解き明かす講義をしてくれた（本書第Ⅲ部に所収）。

そのときに日米の専門家による原爆史認識を問う本を一緒に出さないかという話が出て、木村・カズニック共著の出版が決まり、私が翻訳を担当、藤岡先生と私もコラムで参加するということになった。同じく毎年「平和の旅」の参加者に講義をお願いしている広島市立大学平和研究所の田中利幸先生にも用語についての助言をいただいた。そういう意味でこの本は、長年に渡る広島長崎・日米学生の旅から生まれた本と言えよう。専門家の書いた本でありながら、決して象牙の塔の産物ではなく、被爆地で日米の意見をたたかわせ、共に飲み、歌い、被爆者の話に涙を流してきた体験に基づく本であると言える。

原爆史観論議を核廃絶に生かすために

木村先生とカズニック先生は、原爆が「戦争を早期終結させた」、したがって「本土侵攻によって出ていたであろう被害を防げた」、すなわち「人命を救った」という、「原爆神話」を、数々の歴史的事実や関係者の証言で反証している。「人命を救った」という点については「戦争を早期終結させた」という前提からの演繹であるので、やはりこの「神話」の核心は「原爆が戦争を早期終結させた」という理解である。ソ連の参戦が日本に最後の一撃を加え降伏に追い込むことを米側はわかっていたにもかかわらず、それどころかわかっていたからこそ急いで二種類の原爆と3日という短い間隔で落としたという可能性、そして天皇制維持を認めれば日本はすぐ降伏するとわかっていたのに、いやわかっていたからこそポツダム会議を延期し、ポツダム宣言に盛り込むはずだった天皇制維持を容認する条項を削除して原爆を落とす時間を稼いだという可能性については、被爆者や反核運動家たちでさえも考えたことがなかったのではないだろうか。そういう意味で本書は、いわゆる「原爆神話」を信じている人の多い米国だけでなく、日本における原爆史観にも影響を与えるものである。

また、木村先生も本書で主張しているように、仮に原爆が本当に戦争を早期終結できるものだったら、軍事的に必要なものだったら使ってよかったのかというと、決してそうではなく、いかなる場合にも使ってはいけない非人道的兵器であるという価値観を議論の中で確認することが大事だ。「原爆早期戦争終結説」の反証に過度な重点を置くと、原爆使用を状況によっては正当化する可能性を一方で肯定してしまう危険性があるからである。この点については、木村先生とカズニック先生、そして日米、世界の専門家、市民たちがもっと議論するべきである。原爆使用を状況によっては肯定するという価値観があったら、それは現在、核兵器使用の可能性を手放すことに抵抗している保有国の立場を肯定することになるからである。

核なき世界へ

広島長崎から65年、人類はまだ「抑止」といった愚かな理由で核兵器を手放すことができないでいる。被爆者たちは核兵器の廃絶を見届けるまでは絶対に死なないと言っている。かたや被爆者たちよりずっと若いオバマ大統領が、2009年春の「プラハ演説」で、核廃絶はしたいが自分の生きているうちは無理だろうといった生ぬるいことを言っている。そして被爆国日本には、「拡大抑止」などという謬論を唱え、北東アジアの核軍縮を妨げるような動きもある。

この書によって今一度広島・長崎という原点に戻り、核兵器使用がもたらした夥しい被害とその非人道性を再認識し、その認識を核廃絶の実現に役立てて欲しい。

あ と が き

　本書は、幾つかの偶然といろんな方とのご縁によってこうして出版されることになりました。

　私が客員研究員として開設以来ずっとお世話になっている長崎平和研究所の鎌田信子先生のご紹介で立命館大とアメリカン大学の国際平和交流セミナー（広島・長崎プログラム）で被爆者の方（長崎原爆被災者協議会の山田拓民氏や下平作絵さん）が証言された機会に同席させていただいたこと、また長崎平和研究所の主催で2005年8月9日に開催された「ヒロシマ・長崎――原爆投下の意味を考える」日米歴史学者シンポジウム（福岡大学名誉教授の西嶋有厚先生とピーター・カズニック先生が報告）に参加させていただいたこと、長崎平和研究所主催の2005年度の長崎平和研究講座で「原爆投下問題への共通認識を求めて――とくに長崎の視点から」を報告させていただいたことなどが重なって、ピーター・カズニック先生や藤岡惇先生、乗松聡子さんとも出会うことができ、こうして一つの本にまとめることができたと思っています。その意味で、長崎平和研究所創設者・初代所長の故鎌田定夫先生と事務局を担当されている鎌田信子先生には特に深く感謝しています。

　また、本書は、ピーター・カズニック先生と私との共著という形式にはなっていますが、本書の膨大な翻訳作業を一手に引き受けていただいたばかりでなく、コラムまで書いていただいた乗松聡子さん、国際平和交流セミナー（広島・長崎プログラム）をカズニック先生と共催され、お忙しい中でセミナーでの通訳や本書でのコラム執筆までしていただいた藤岡惇先生、それに2009年のセミナーに参加された学生さんでテープ起こしを手伝っていただいた、畠祥子さん、相澤弾さん、キーン樺衣さんも含めた、皆さんのご協力のおかげで出来上がったものです。本当に有り難うございました。

　最後に、厳しい出版事情の折りに本書の出版をお引き受けいただき、手のか

かる校正作業にも根気よく付き合っていただいた法律文化社の小西英央さんにも厚くお礼を申し上げます。

 2010年9月2日（65回目の第二次大戦終結の日に）

共同執筆者　木村　朗

■著者・訳者紹介

著者

木村　朗（KIMURA Akira）

　鹿児島大学法文学部教授。1954年8月生まれ。北九州市小倉出身。九州大学大学院時代に旧ユーゴのベオグラード大学に留学。主な著作に、単著『危機の時代の平和学』、編著『核の時代と東アジアの平和——冷戦を越えて』、共著『ナガサキから平和学する！』（いずれも、法律文化社）、編著『市民講座 いまに問う　米軍再編と前線基地・日本』、同『9・11事件の省察——偽りの反テロ戦争とつくられる戦争構造』、同『市民講座 いまに問う　メディアは私たちを守れるか？——松本サリン・志布志事件にみる冤罪と報道被害』、共著『市民講座 いまに問う　ヒバクシャと戦後補償』（いずれも、凱風社）がある。日本平和学会理事、九州平和教育研究協議会会長。インターネット新聞NPJに論評「時代の奔流を見据えて——危機の時代の平和学」を連載中。

ピーター・カズニック（Peter J. KUZNICK）

　アメリカン大学歴史学部准教授、核問題研究所長。1948年7月生まれ。米ニューヨーク市出身。1984年、ラトガース大学で博士号（歴史学）を取得。著書に『実験室を超えて——1930年代米国で政治活動家として活躍した科学者』、共著に『冷戦文化の再考』。オリバー・ストーン監督が手掛け、2011年テレビ公開予定の10部からなるドキュメンタリーフィルム「アメリカの隠された歴史」の台本を執筆中。同名の本もストーン監督と共同で執筆している。1995年以来、立命館大学と共同で、アメリカン大学の学生たちを毎夏、広島長崎に引率している。1995年にスミソニアン博物館での原爆被害展示が退役軍人等各方面から反対を受けて中止になったときは、率先してアメリカン大学で原爆展を開催した。アメリカの反核学者の先頭に立つ存在である。

訳者

乗松聡子（NORIMATSU Satoko）

　ピース・フィロソフィー・センター代表、バンクーバー九条の会ディレクター。カナダ・バンクーバーを拠点に、憲法九条、核廃絶への運動、アジア歴史和解、沖縄の米軍基地問題等に取り組む。自らのサイト http://peacephilosophy.com やオンライン学術誌『ジャパン・フォーカス：アジア太平洋ジャーナル』http://japanfocus.org を通じ、執筆活動を行う。アメリカン大学と立命館大学共同の広島長崎の旅には、2006年以来通訳・講師として参加する他、カナダ人学生を引率している。

Horitsu Bunka Sha

2010年11月15日　初版第1刷発行
2011年9月20日　初版第2刷発行

広島・長崎への原爆投下再考
―日米の視点―

著　者　木村　朗（きむら　あきら）
　　　　ピーター・カズニック

発行者　田靡純子

発行所　株式会社法律文化社
〒603-8052　京都市北区上賀茂岩ヶ垣内町71
電話 075(791)7131　FAX 075(721)8400
URL:http://www.hou-bun.co.jp/

©2010 Akira Kimura, Peter J. Kuznick　Printed in Japan
印刷：中村印刷㈱／製本：㈱藤沢製本
装幀　奥野　章
ISBN 978-4-589-03311-6

木村　朗著
危機の時代の平和学
四六判・320頁・2835円

ユーゴ＝ソ連紛争から冷戦の終焉、その後の国際秩序の変容をたどった第二次大戦後の国際関係史の証言と記録。構造的暴力の克服と市民を主体とする積極的平和の創造を説き、平和の研究・教育・運動の三位一体を目指す。

木村　朗編
核の時代と東アジアの平和
―冷戦を越えて―
四六判・236頁・2520円

20世紀の負の遺産（原爆・核兵器・2つの世界政府など）は21世紀に残された課題である。その課題とポスト冷戦の世界秩序のなかで、東アジアにおける平和・安全保障の確立を展開する。

水本和実著
核は廃絶できるか
―核拡散10年の動向と論調―
A5判・260頁・2415円

核廃絶への機運が高まった2009年。しかしそれまでの10年は、核が拡散した「失われた10年」であった。核問題についての動向と論調を各年ごとに整理し、核を取り巻くダイナミズムを概観し、今後の核軍縮の展開への視座を提示する。

高橋眞司・舟越耿一編
ナガサキから平和学する！
A5判・288頁・2310円

最後の被爆地である長崎から「平和」を多角的に考えるための平和学入門書。戦後の軌跡とグローバルな同時代性を座標軸として、被爆・戦争・差別・責任・多文化共生・環境など長崎の独自性をふまえた主題を設定し、論究する。

広島平和研究所編
21世紀の核軍縮
―広島からの発信―
A5判・550頁・5250円

核軍縮に関する過去10年の進展と将来10年に実施されるべき具体的措置を包括的に考察・検討。核保有国を含む各国の第一人者が、それぞれの国の核軍縮政策について考察を行い、核軍縮に向けて課題と展望を明示する。

磯村早苗・山田康博編〔グローバル時代の平和学第2巻〕
いま戦争を問う
―平和学の安全保障論―
四六判・314頁・2625円

平和学は戦争の廃絶を目指す。しかしそれは、安全保障の要請を無視した夢想に浸ることではない。本書は、9・11後の世界における安全保障、平和構築、軍縮の課題を取り上げ、戦争やテロのない世界の条件を探る。

法律文化社

表示価格は定価（税込価格）